Martin Debes

Demokratie unter Schock
Wie die AfD einen Ministerpräsidenten wählte

KLARTEXT

Martin Debes

DEMOKRATIE UNTER SCHOCK
Wie die AfD einen Ministerpräsidenten wählte

Bibliografische Information der Deutschen Nationalbibliothek
Die Deutsche Nationalbibliothek verzeichnet diese Publikation in der
Deutschen Nationalbibliografie; detaillierte bibliografische Daten sind
im Internet über http://dnb.dnb.de abrufbar.

3. Auflage September 2021

Satz und Layout:
Satzzentrale GbR, Marburg

Umschlagabbildung:
dpa Picture-Alliance GmbH, Bodo Schackow (Handschlag Kemmerich/Höcke);
dpa Picture-Alliance GmbH, Martin Schutt (Ramelow); Sascha Fromm/Thüringer
Allgemeine (Merkel; Mohring)

Umschlaggestaltung:
Joachim Bartels, Essen

Druck und Bindung:
Majuskel Medienproduktion GmbH, Elsa-Brandström-Str. 18, 35578 Wetzlar

ISBN 978-3-8375-2431-4

KLARTEXT

Jakob Funke Medien Beteiligungs GmbH & Co. KG
Jakob-Funke-Platz 1, 45127 Essen
info.klartext@funkemedien.de
www.klartext-verlag.de

Inhalt

PROLOG

Es war um 13.28 Uhr, als zum ersten Mal an jenem trüben 5. Februar 2020 die Sonne durch die großen Glasscheiben des Plenarsaals im Erfurter Landtag gleißte. Ein Strahl fiel direkt auf den glattrasierten Kopf eines Mannes, der in marineblauem Anzug, offenem weißen Hemd und schwarzen Cowboystiefeln auf grauer Auslegware stand.

Gerade hatte eine einfache Mehrheit des Parlaments ihn, den FDP-Abgeordneten Thomas Kemmerich, dessen Landespartei mit 5,0066 Prozent ins Parlament gelangt war, zum Ministerpräsidenten des Freistaats Thüringen gewählt. Die Abstimmung war geheim. Aber jeder im Saal wusste, dass die meisten Stimmen für ihn nicht von der CDU oder gar von seiner kleinen FDP stammten – sondern von der selbsternannten Alternative für Deutschland. Die AfD-Fraktion hatte ihrem eigenen Bewerber, einem Dorfbürgermeister, keine einzige Stimme gegeben und damit das höchste Verfassungsorgan des Landes belogen und vorgeführt.

Obwohl der Betrug so offensichtlich wirkte, hatte Thomas Kemmerich die Frage, ob er die Wahl annehme, fast ohne Zögern mit „Ja" beantwortet. Nun stand er, von der Sonne beschienen, vor einer Frau in schwarzem Kostüm. Birgit Keller, die Landtagspräsidentin, gehörte der Linken an, also jener Partei, deren Ministerpräsident Bodo Ramelow gerade abgewählt worden war. Sie soufflierte dem FDP-Mann Halbsatz für Halbsatz den Eidestext, wie er in Artikel 71 der Landesverfassung steht.

Er sprach ihr nach: „Ich schwöre, dass ich meine Kraft dem Wohle des Volkes widmen, Verfassung und Gesetze wahren, meine Pflichten gewissenhaft erfüllen und Gerechtigkeit gegen jedermann üben werde." Dann fügte Kemmerich an: „So wahr mir Gott helfe."

Die Protokollanten notierten: „Beifall AfD, CDU, FDP."

Damit war Thomas Kemmerich im Amt – und die aus den Trümmern der NS-Diktatur gegründete Bundesrepublik im Innersten erschüttert. Erstmals seit 1945 hatte ein Regierungsmitglied, ein Regierungschef gar, mit Hilfe von Rechtsextremen die Macht erlangt.

An der Spitze jener Thüringer AfD, die Kemmerich zum Ministerpräsidenten gemacht hatte, stand ein Mann, der seit Jahren versuchte, die Partei zu einer völkischen „Widerstandsbewegung" zu formen. Björn Höcke hatte den rechtsnationalen „Flügel" gegründet, eine „180-Grad-Wende der Erinnerungskultur" gefordert, auf Demonstrationen „1000 Jahre Deutschland" beschworen und damit gedroht, die CDU-Bundeskanzlerin Angela Merkel „in einer Zwangsjacke" abzuführen.

Und er hatte die Vision eines gewaltsamen Umsturzes beschrieben. „Wenn einmal die Wendezeit gekommen ist, dann machen wir Deutschen keine halben Sachen, dann werden die Schutthalden der Moderne beseitigt"[1], sagte er. „Auch wenn wir leider ein paar Volksteile verlieren werden, die zu schwach oder nicht willens sind, sich der fortschreitenden Afrikanisierung, Orientalisierung und Islamisierung zu widersetzen."

Nach der Wahl Kemmerichs wurden Parallelen zur Weimarer Republik gezogen – und zu Thüringen im Jahr 1924. Damals hatte eine bürgerliche Regierung zum ersten Mal mit Hilfe von Rechtsextremisten eine Linkskoalition abgelöst. Wenige Jahre später konnte die NSDAP den Innenminister stellen. Die Grundlagen der Machtergreifung im Januar 1933 wurden damit auch in Thüringen und dessen damaliger Landeshauptstadt Weimar gelegt.

Nun also, ein knappes Jahrhundert später, hatte das kleine Land, in dem 2,5 Prozent der deutschen Bevölkerung leben und das 1,8 Prozent zum nationalen Bruttoinlandsprodukt beiträgt, für einen „Schock" (Jürgen Habermas) gesorgt, dessen Wellen international wahrgenommen wurden. In einem Gastkommentar in der „New York Times" hieß es, dass Deutschlands Post-Nazi-Tabu

10

„zerstört" worden sei[2]. Der britische Guardian schrieb von „besorgniserregenden Erinnerungen an Weimar"[3].

Die innenpolitischen Auswirkungen waren massiv. Das Ziel, den ersten und einzigen linken Ministerpräsidenten Deutschlands abzulösen, hatte für einen Moment AfD, CDU und FDP insgeheim vereint. Doch erst in der Sekunde, in der Kemmerich die Wahl annahm, sanktionierte er das teils unfreiwillige Bündnis und produzierte einen der größten politischen Skandale in der deutschen Nachkriegsgeschichte.

Gleichzeitig sorgte er damit aber, wie Habermas es formulierte, auch für die „Klärung einer politischen Frontlinie"[4]. Denn nun wurde die Grenze zwischen den beiden bürgerlichen Parteien CDU und FDP auf der einen Seite und der extremen AfD auf der anderen Seite neu und hart gezogen. Kanzlerin Merkel erklärte, dass der Vorgang „unverzeihlich" sei und „rückgängig gemacht" werden müsse. Nur vier Wochen später war das Ultimatum erfüllt. Am 4. März 2020 wählte der Landtag Bodo Ramelow wieder zum Ministerpräsidenten. Er wurde zum Nachfolger seines Nachfolgers.

Der Preis: Die CDU sah sich genötigt, erstmals die Linie gegenüber der SED-Nachfolgepartei Linke zu verwischen. Der so genannte Stabilitätspakt, den die Thüringer Union mit der rot-rot-grünen Minderheitskoalition drei Wochen nach der Wahl Kemmerichs schloss, führte zu einer De-facto-Tolerierung von Ramelows Regierung.

Der 5. Februar 2020 wurde zur Zäsur. Dies galt für die strategische Ausrichtung und Selbstwahrnehmung der deutschen Parteien. Und dies galt für ihre personelle Aufstellung. Mit dem angekündigten Rücktritt der CDU-Vorsitzenden Annegret Kramp-Karrenbauer begann die lange, zermürbende Suche der größten deutschen Partei nach einer neuen Führung in der Nach-Merkel-Ära. Währenddessen begab sich die Thüringer Union mit dem Abgang ihres Landes- und Fraktionsvorsitzenden Mike Mohring auf den schmerzhaften Weg der Selbstfindung.

Doch wie kam es zum Schock von Erfurt, zum Schock der Demokratie? War die Wahl Kemmerichs ein Komplott von AfD, CDU und FDP, ein „von langer Hand" geplanter „Pakt mit dem Faschismus"[5], wie es einige Linke, Sozialdemokraten und Grüne bis heute behaupten? Oder handelte es sich eher um einen „perfiden Trick"[6] der AfD, auf den ahnungslose Christdemokraten und Liberale hereinfielen? So jedenfalls möchte es Thomas Kemmerich gerne betrachtet haben.

Es war komplizierter. Programme mischten sich mit Prinzipien, Ideale mit Ideologien, Ambitionen mit Ansprüchen. Hinzu kamen Dreistigkeit, Dickköpfigkeit und Dummheit – und der eine oder andere Zufall. Gleichzeitig lassen sich die Geschehnisse nicht ohne die handelnden Personen und deren Vorgeschichte erklären. Denn dies ist eine Fortsetzungsserie, mit mindestens zwei Prequels, die in den Jahren 2009 und 2014 spielten. Das Sequel dürfte nach der kommenden Landtagswahl folgen.

Der menschliche Faktor ist groß in diesem kleinen Land, in dem sich niemand wirklich aus dem Weg gehen kann. Die landespolitische Kaste, einschließlich aller Landesbischöfe, Hochschulrektoren, Oberbürgermeister und Landräte, passt mühelos in einen mittleren Saal, wobei sich die Mehrzahl parteiübergreifend duzt.

Im Folgenden wird versucht, die politischen und persönlichen Linien darzustellen, die zum 5. Februar 2020 führten. Dies nimmt einen gewissen Raum in Anspruch, bevor dann die eigentlichen Ereignisse um die Wahl von Thomas Kemmerich geschildert werden. Doch dieser Raum ist nötig: Vieles wird nur mit dem Wissen um die gemeinsame Vergangenheit der Beteiligten vollständig verständlich.

Ein Beispiel: Die Idee eines linken Ex-Ministerpräsidenten, seine christdemokratische Amtsvorgängerin als Platzhalterin in die Staatskanzlei zu bugsieren, wirkt ohne Kenntnis der gemeinsamen Vergangenheit der beiden geradezu bizarr. Ebenso wenig lässt sich die Implosion der Thüringer CDU ohne die in Jahrzehnten gewachsene Feindschaft der Männer an ihrer Spitze erklären.

Aber auch sonst ist von dem, was im Herbst 2019 und im Winter 2020 in Thüringen geschah, längst nicht alles erzählt. Dieses Buch leuchtet die Ereignisse auch an jenen Stellen aus, die bislang im Dunkeln oder im Halbschatten blieben. Die konspirativen Treffen, die geheimen Absprachen, die privaten Textnachrichten, die internen Protokolle, die verborgenen Motivlagen: Erst diese Informationen und Details lassen ein annähernd vollständiges Bild der Ereignisse entstehen.

In Zentrum der Handlung steht die Thüringer CDU, die seit ihrer Neugründung im Jahr 1990 nur die Position der Macht gekannt hatte. Umso tiefer war ihr Fall, als sie im Jahr 2014 erstmals in die Opposition musste. Sie betrieb Realitätsverleugnung und versäumte es, sich ernsthaft strategisch und inhaltlich neu aufzustellen. Dies trug neben objektiv widrigen Umständen dazu bei, dass die Partei nach der Landtagswahl 2019 endgültig zwischen Linke und AfD eingeklemmt wurde. Den letzten verbliebenen Bewegungsspielraum nahm ihr die Berliner Parteizentrale.

Ansonsten ist das Versagen – das sich nochmals bei der abgesagten Neuwahl im Juli 2021 zeigte – vornehmlich maskulin. Es waren vor allem Männer und ihre Alpha-Egos, die in Erfurt miteinander rangen. Bodo Ramelow, Mike Mohring, Thomas Kemmerich und Björn Höcke sind Solitäre, die immer dann, wenn es darauf ankam, vor allen anderen auf sich selbst hörten. Auch der Umstand, dass drei von ihnen – Ramelow, Höcke und Kemmerich – aus dem Westen Deutschlands stammen, verdient zumindest Erwähnung. Denn ob sie dies nun wollten oder nicht: Mit ihrer Prägung und Sozialisation hatten sie die ideologischen Rituale und politischen Kämpfe der alten Bundesrepublik in das sogenannte neue Land Thüringen gebracht.

Eine Anmerkung noch. Dieses Buch stellt keine politikwissenschaftliche Abhandlung dar, sondern den journalistischen Versuch, ein politisches Drama zu schildern. Jenseits dessen ist in Thüringen Politik selbstverständlich mehr als die Summe persönlicher Machtkämpfe. Auch hier besteht das demokratische Geschäft hauptsächlich aus harter, zuweilen ehrenamtlicher Arbeit, aus dem Ringen um den nächsten, unbefriedigenden Kompromiss und ja: aus dem Willen, es richtig zu machen.

Doch das, was nach der Landtagswahl 2019 geschah, überforderte alle Beteiligten. Es mag sein, dass die These, mit der Christopher Clark den Ausbruch des Ersten Weltkriegs erklärte, viel zu groß für das kleine Thüringen ist. Aber gefühlt passt sie zu den Geschehnissen von Erfurt: Die etablierten Parteien versuchten, eine neuartige Situation mit den alten, überkommenen Regeln zu bewältigen. Dabei stolperten sie, Schlafwandlern gleich, in eine schwere Regierungskrise. Die Einzigen, die im entscheidenden Moment hellwach wirkten, waren die Abgeordneten der AfD.

KAPITEL 1
THÜRINGER VERHÄLTNISSE

Gut vier Monate vor dem Tag, an dem Thomas Kemmerich im Landtag als Ministerpräsident vereidigt wird, sitzt der Thüringer CDU-Vorsitzende Mike Mohring auf einer großen Dachterrasse in Erfurt. Dunkelheit hat sich über die Stadt gelegt, hinter ihm beleuchten Scheinwerfer die spitzen Türme des Doms und der Kirche St. Severi. Es ist sehr spät geworden an diesem 27. Oktober 2019.

Mohring ist blass, beinahe grau im Gesicht. Einige Freunde aus seiner Landespartei stehen neben ihm, reden leise auf ihn ein. In der Nähe haben sich Mitglieder der Band aufgebaut, die für den Abend bestellt wurde. Sie tragen a cappella die Verse von Paul McCartney vor: „Blackbird fly, blackbird fly, into the light of a dark black night." Amsel flieg, in das Licht einer dunklen, schwarzen Nacht. „All your life, you were only waiting for this moment to be free." Schon dein ganzes Leben wartest du auf diesen Moment, um frei zu sein.

Der Mann, dem sie Trost singen, hat tatsächlich sein halbes Leben auf diesen einen Abend hingearbeitet, auf dieses eine Ziel, auf das Amt des Ministerpräsidenten von Thüringen. Hier, in einem schicken Neubau, der stolz „Dompalais" genannt wird, wollte Mohring die Rückkehr seiner CDU an die Macht feiern, die sie fünf Jahre zuvor an die erste und einzige linksgeführte Regierung Deutschlands verloren hatte.

Doch nun ist er nicht frei, sondern in einer extrem komplizierten Situation gefangen. Und er muss den Medien die größte Niederlage seiner Partei in der Geschichte Thüringens erklären. Denn die Thüringer CDU, die seit 1990 immer die meisten Stimmen erhielt, ist bei der Landtagswahl an diesem Sonntag um fast 12 Prozentpunkte auf 21,7 Prozent abgestürzt. Nachdem sie schon 2014 die Regierungsmacht verlor, hat sie nun die vollständige Demütigung erlitten.

Hingegen konnte die Linke, die mit Bodo Ramelow seit fünf Jahren den Ministerpräsidenten stellt, nochmals leicht zulegen. Mit 31 Prozent ist sie erstmals stärkste Partei in einem deutschen Parlament. Gleichzeitig hat die AfD unter Björn Höcke ihre Stimmenanteile mehr als verdoppelt. Sie ist jetzt mit 23,4 Prozent die zweitstärkste Partei im Parlament – vor der CDU.

In der Summe kommen Linke und AfD auf 54,4 Prozent der Stimmen und 51 der 90 Mandate im Landtag. Gegen diese beiden Parteien kann also keine Mehrheit gebildet werden: Auch dies ist eine bislang nie dagewesene Situation in der Bundesrepublik.

Dennoch birgt die Situation für die CDU noch eine Restchance auf die Macht. Denn die Linke hat auf Kosten ihrer beiden Partner SPD und Grüne hinzugewonnen. Die Sozialdemokraten büßten ein Drittel ihrer Stimmen ein und erreichen nur noch 8,2 Prozent. Die Grünen schafften es mit 5,2 Prozent gerade so in den Landtag. Damit fehlen der Koalition, die zuvor mit knapper Mehrheit regieren konnte, plötzlich vier Stimmen im Landtag.

Allerdings ist eine bürgerliche Allianz noch weiter als das Linksbündnis von einer Mehrheit entfernt. Zwar hat es die FDP unter ihrem Landesvorsitzenden Thomas Kemmerich zurück in den Landtag geschafft. Doch jede ohne Linke oder AfD ausdenkbare Koalition, ob nun Jamaika (Schwarz-Grün-Gelb), Kenia (Schwarz-Rot-Grün) oder Simbabwe (Schwarz-Rot-Gelb-Grün), befände sich in der Minderheit.

Für Mohring persönlich gibt es nur zwei Wege, diesem Dilemma zu entkommen. Der erste wäre sein Rücktritt. Der zweite: Er muss die überkommenen Regeln neu interpretieren oder gar brechen, um eine Neuwahl des Landtags zu vermeiden. So könnte er, vielleicht, politisch überleben.

Dass er abtritt, schließt Mohring kategorisch aus. Er, der Sohn eines Maurers und einer Verkäuferin, ist nicht so weit gekommen, um jetzt aufzugeben. Er, der Mann, der erst Monate zuvor eine Krebserkrankung durchstand, wird sich nicht einfach in diese Niederlage fügen.

Der Aufsteiger

Die Politik ist Mohrings Leben, mit ihr hat er den größten Teil seiner 48 Lebensjahre verbracht. Er kennt kaum etwas anderes. Seinen Einstieg markiert der Herbst 1989, als er mit 17 das FDJ-Amt hinter sich lässt und in seiner Geburtsstadt Apolda die Demonstrationen gegen die DDR-Obrigkeit mitorganisiert. Kurz vor seinem Abitur, im Frühjahr 1990, zieht Mohring für das „Neue Forum" in den örtlichen Kreistag ein. Nachdem der Zivildienst absolviert und das Jura-Studium in Jena begonnen ist, wechselt er 1994 in die CDU, an deren Spitze Ministerpräsident Bernhard Vogel steht. Mohring übernimmt Funktionen in der Jungen Union, wird Fraktionschef im Kreistag. Vor der Landtagswahl 1999 erkämpft er gegen den Willen der Parteispitze einen aussichtsreichen Listenplatz und zieht ins Parlament ein.

Es ist das Jahr, in dem die Thüringer CDU auf den Höhepunkt ihrer Macht gelangt. Sie hat bei der Wahl 51 Prozent der Stimmen erhalten und alle 44 Wahlkreise im Land gewonnen.

Es ist aber auch das Jahr, in dem die PDS mit 21,3 Prozent erstmals vor der SPD liegt. Es ist das Jahr, in dem der Jenaer Jura-Student Christian Carius als jüngster Abgeordneter ins Parlament einzieht. Es ist das Jahr, in dem der Jenaer Politikwissenschaftsstudent Mario Voigt als erster Ostdeutscher an der Spitze des Rings Christlicher Demokratischer Studenten (RCDS) steht. Und es ist das Jahr, in dem der 43-jährige Gewerkschaftsfunktionär Bodo Ramelow, der kurz zuvor in die PDS eingetreten war, Mitglied des Landtags wird.

Die erstmals mit absoluter Mehrheit regierende CDU hat besonders viele Ämter zu vergeben. Mohring ist erst 27, doch er erhält die wichtige Funktion des haushaltspolitischen Sprechers der Fraktion. Sofort profiliert er sich mit medial geschickt platzierten Sparforderungen und Reformvorschlägen. Seinen Parteifreunden, aber auch der politischen Konkurrenz wird rasch klar: Hier will einer nach ganz oben.

Für die CDU wird es eine Wahlperiode des Übergangs. Im Jahr 2000 gibt Bernhard Vogel den Parteivorsitz an Dieter Althaus ab, 2003 übernimmt der Jüngere auch die Staatskanzlei. Allerdings hat die Union damit auch ihren Zenit überschritten. Bei der Landtagswahl 2004 verliert sie unter Althaus deutlich. Nur weil Grüne und FDP an der Fünf-Prozent-Hürde scheitern, kann sie mit 43 Prozent ihre absolute Sitzmehrheit im Parlament knapp verteidigen. Die Linke, die erstmals mit Ramelow als Spitzenkandidat angetreten ist, wächst auf 26,1 Prozent, derweil die SPD, die mit den Protesten gegen die Hartz-Reformen zu kämpfen hat, nur noch bei 14,5 Prozent landet.

Jetzt geht Mike Mohring den entscheidenden Karriereschritt: Er wird von Althaus zum Generalsekretär der Thüringer CDU berufen. Als er vier Jahre später, 2008, auch die Führung der Landtagsfraktion übernimmt, gilt er als Nummer 2 in der Landespartei – und als natürlicher Aspirant auf die Staatskanzlei. Der Ministerpräsident sitzt inzwischen im CDU-Bundespräsidium und scheint sich für einen Kabinettsposten in Berlin zu interessieren. Mohring muss bloß noch warten.

Doch plötzlich ist alles anders. Am Neujahrstag 2009, es ist 14.43 Uhr, fährt Dieter Althaus in der österreichischen Steiermark Ski. Er biegt mit etwa 40 Kilometern pro Stunde von der Piste „Die Sonnige" in die Abfahrt „Panorama" ab. So jedenfalls wird es später ein Gutachten feststellen. Althaus umkurvt ein Absperrnetz und fährt ein paar Meter bergauf, womöglich, um eine Pause einzulegen. Dabei kollidiert er frontal mit einer Frau, die ihm bergab entgegenkommt. Die 41-jährige Mutter eines kleinen Kindes stirbt auf dem Weg ins Krankenhaus. Der Regierungschef, der im Unterschied zu ihr einen Skihelm trug, wird mit einem schweren Schädel-Hirn-Trauma ins künstliche Koma versetzt[7].

Der tragische Unfall stürzt die Thüringer CDU, die ja immer noch allein regiert, in eine kollektive Überforderungssituation. Finanzministerin Birgit Diezel muss als Vize-Ministerpräsidentin und erste Stellvertreterin des Landesparteichefs die Geschäfte kommissarisch übernehmen. Sie und Mohring besuchen Althaus in Schwarzach im Krankenhaus. Danach verbreiten sie die Botschaft, dass der Ministerpräsident aufgewacht sei und sich auf dem raschen Weg der Besserung befinde.

Auch der Patient selbst will so schnell wie möglich wieder fit werden, körperlich und politisch. Er akzeptiert, dass ihn ein österreichisches Bezirksgericht wegen fahrlässiger Tötung zur Zahlung von 33.000 Euro verurteilt, da er auf der Piste die Regeln des Internationalen Skiverbands verletzte. Kurz darauf lässt er sich aus der Distanz einer Reha-Klinik am Bodensee zum CDU-Spitzenkandidaten für die Thüringer Landtagswahl wählen, die im Spätsommer 2009 stattfinden soll.

Der Fall Althaus gerät zu einem nicht enden wollenden Medienspektakel. Die öffentlichen und veröffentlichten Reaktionen bestehen mehrheitlich aus Unverständnis, ja Empörung. Die Führenden in der Thüringer CDU halten trotzdem stur zu ihrem Ministerpräsidenten, aus Loyalität und Freundschaft, aber auch, weil ihre Karrieren mit seiner Person verknüpft sind. Scheitert Althaus, sind auch sie gefährdet. Dieser Befund gilt insbesondere für den Nachfolgefavoriten Mohring.

Und so kehrt der Ministerpräsident schon gut drei Monate nach dem Unfall in die Staatskanzlei zurück. Sichtlich angeschlagen spricht er im April 2009 davon, „ganz der Alte" zu sein. Aber nicht nur er verkennt die Lage. Die gesamte Landesspitze der CDU macht sich etwas vor. Sie führt mit einem Ministerpräsidenten, der rechtskräftig für den Tod einer jungen Mutter verantwortlich gemacht wird, einen merkwürdig tümelnden Wohlfühlwahlkampf. Althaus lässt sich in einer obskuren Zeitschrift sogar als Opfer der Tragödie inszenieren. Und er will keinerlei persönliche Schuld anerkennen, da er sich ja, wie er ständig wiederholt, nicht an den Unfall erinnern könne.

Die Niederlage ist unausweichlich. Bei der Wahl am 30. August 2009 verliert die CDU die absolute Mehrheit im Landtag und stürzt auf 31,2 Prozent ab. Der Machtverlust droht. Denn der einzige mögliche Partner – die SPD – verhandelt ernsthaft mit Ramelows vormaliger PDS, die inzwischen zu „Die Linke" geworden ist, und den Grünen, die erstmals seit 15 Jahren wieder im Parlament sitzen. Die drei Parteien sind in der Dekade gemeinsamer Opposition gegen die absolut regierende Union zusammengewachsen, bei Volksbegehren, Demonstrationen und Debatten im Landtag. Jetzt kommen sie gemeinsam auf eine solide Mehrheit von 52,1 Prozent.

An diesem Umstand ändert auch der Wiedereinzug der FDP nichts. Die Partei, die wie die Grünen anderthalb Jahrzehnte in der außerparlamentarischen Opposition verbringen musste, hat dank eines fulminanten Bundestrends 7,6 Prozent erreicht. Einer der sieben liberalen Abgeordneten ist Unternehmer, er besitzt eine Friseurkette, führt in Erfurt den Kreisverband der Partei und amtiert als Präsident aller Karnevalclubs der Landeshauptstadt. Er heißt Thomas Kemmerich.

Doch für die erste rot-rot-grüne Koalition in der deutschen Geschichte gibt es eine Hürde: Es ist die Frage, wer Ministerpräsident wird. Die Sozialdemokraten hatten sich in einem Mitgliederentscheid darauf festgelegt, nicht als Juniorpartner mit der Linken zu koalieren. Jetzt wollen sie als deutlich kleinerer Partner den Ministerpräsidenten stellen – oder, falls die Linke nicht zustimmt, lieber mit der Union regieren.

Die Pastorin

Die CDU hat also die Möglichkeit, sich an der Macht zu halten – aber offenkundig nicht unter Althaus. Denn mit ihm will SPD-Landeschef Christoph Matschie nicht einmal reden. Er verlangt nach einem neuen Ansprechpartner. Auch deshalb tritt der Ministerpräsident, der sich zudem erstmals offener Kritik in der eigenen Partei ausgesetzt sieht, überstürzt von allen Ämtern zurück. Er verschwindet ins heimische Eichsfeld und unterlässt es dabei, seine

Nachfolge im Sinne Mohrings zu regeln. Dank des Chaos, das er damit produziert, kann sich eine Frau durchsetzen, die viele immer wieder unterschätzt hatten.

Die einstige Pastorin Christine Lieberknecht war seit 1990 alles Mögliche gewesen, Kultusministerin, Staatskanzleiministerin, Landtagspräsidentin, Fraktionschefin, Sozialministerin. Doch in die Nähe des Regierungsvorsitzes gelangte sie nie. Hier standen stets genügend Männer vor ihr.

Hinzu kam ihr Image als Intrigantin. Noch in den letzten Monaten der DDR, im Spätsommer 1990, hatte Lieberknecht dafür gesorgt, dass CDU-Landeschef Willibald Böck, der auf Platz 1 der Landesliste stand, nicht als Spitzenkandidat in den Landtagswahlkampf ziehen durfte. Statt ihm inthronisierte sie den Zweitplatzierten Josef Duchač als Ministerpräsidenten – nur um ein gutes Jahr später einen erfolgreichen Putsch gegen ihn anzuführen. Seitdem galt sie als Verräterin.

Doch nun, im Herbst 2009, nach dem Spontanrücktritt von Althaus, ergibt sich ihre Chance. Man kann Lieberknechts späteren Beteuerungen glauben, dass sie das höchste Regierungsamt nie wirklich anstrebte. Gleichzeitig spricht vieles dafür, dass sie es sich seit Langem zutraute und darauf hinarbeitete. Unumstritten ist jedenfalls: Als Finanzministerin Diezel, die als stellvertretende Partei- und Regierungschefin wieder Althaus vertritt, ihr nach einem Geheimtreffen die Kandidatur für das Ministerpräsidentenamt anbietet, greift sie entschlossen zu.

Die beiden Frauen lassen zu diesem Zeitpunkt noch offen, wer den Vorsitz der CDU übernehmen soll. Lieberknecht drängt Diezel, die aber das ruhigere Amt der Landtagspräsidentin vorzieht. Damit scheint für Mohring zumindest der Weg an die Spitze der Landespartei frei. Doch jetzt stellen sich ihm Mario Voigt und Christian Carius entgegen. Die beiden Landtagsabgeordneten sind seit ihrem Studium in Jena eng befreundet – und Mohring seit Jahren in gegenseitiger Abneigung verbunden.

Mario Voigt, 1977 in Jena geboren, hatte dort auch Politikwissenschaft studiert. Nebenbei führte er für ein Jahr den RCDS und durfte in Bonn den Granden der CDU im Bundesvorstand zuschauen. Nach einem mehrmonatigen US-Praktikum promovierte er über den zweiten Präsidentschaftswahlkampf von Georg W. Bush und arbeitete als Berater für die Bundes-CDU.

Im Jahr 2005 wurde Voigt zum Chef der Jungen Union in Thüringen gewählt. In diesem Moment begann auch die Konkurrenz zu Mohring, der bereits Generalsekretär der Landespartei war und eine seiner Vertrauten an die JU-Landesspitze schieben wollte. Doch Voigt siegte nicht nur gegen sie, er installierte auch seinen Freund Christian Carius als Stellvertreter.

Damit besitzen die beiden eine eigene, kleine Machtbasis. Nun, im Jahr 2009, ist Voigt in den Landtag eingezogen – und organisiert mit Carius in der Fraktion, die gar nicht für Parteifragen zuständig ist, eine Mehrheit für Lieberknecht als CDU-Landesvorsitzende. Mohring muss ohnmächtig dabei zusehen, wie ihn die beiden auf seinem ureigenen Feld ausmanövrieren. Selbst Dieter Althaus, der, wie er verspätet feststellt, trotz seines Rücktritts laut Verfassung noch geschäftsführend im Regierungsamt ist und in die Staatskanzlei zurückeilt, vermag seinem Schützling nicht mehr zu helfen.

Spätestens jetzt sind aus den Konkurrenten Voigt und Mohring erbitterte Feinde geworden. Über die Jahre wird sich der Machtkampf zu einer persönlichen Fehde entwickeln, welche die Thüringer CDU für mehr als eine Dekade prägt – bis hin zur Wahl Kemmerichs zum Ministerpräsidenten. Die beiden Männer misstrauen sich zutiefst, ja, sie verachten sich. Voigt hält Mohring für einen politischen Spekulanten, einen talentierten, aber teamunfähigen Solisten, der dabei ist, die gesamte Landespartei in die Geiselhaft seiner Ambitionen zu nehmen. Für Mohring wiederum ist Voigt nur ein akademischer Westentaschen-Stratege, der glaubt, in Thüringen US-Wahlkampf spielen zu können.

In die gegenseitige Abneigung spielt hinein, dass Voigt promoviert ist, während der Fraktionschef sein Jura-Studium abgebrochen hatte. Ab 2007 belegt Mohring auf Grundlage seiner in Jena erworbenen Scheine insgeheim Kurse an privaten Hochschulen in Innsbruck und Frankfurt am Main – und kann pünktlich im Wahljahr 2009 dem erstaunten Publikum zwei Abschlüsse vorweisen, einen Master of Law und einen Master of International Business & Tax Law. Zu diesem Zeitpunkt bekommen gleich mehrere Journalisten Hinweise, dass irgendetwas mit den Examina nicht stimme. Doch die Recherchen laufen ins Leere, Mohring hat sein Studium ordnungsgemäß abgeschlossen. Er wäre jetzt auch formal bereit für größere Aufgaben.

Aber die Chance ist vergeben. Mario Voigt hat sich, zumindest in dieser Situation, als schneller, energischer und taktisch versierter erwiesen. Christine Lieberknecht zeigt derweil, wie flexibel sie Machtpolitik beherrscht. Sie umschmeichelt die Sozialdemokraten, macht enorme inhaltliche Zugeständnisse, bei Gemeinschaftsschulen oder Gebietsreform. Und sie garantiert der halb so großen Partei die Hälfte der Fachministerien.

Ramelow hält dagegen. In einem spektakulären Schritt verzichtet er gegenüber SPD und Grünen auf den Anspruch der größeren Partei auf das Ministerpräsidentenamt und wirbt für einen parteilosen oder sozialdemokratischen Regierungschef, der am besten nicht aus Thüringen kommen soll. Die Namen des früheren Bundestagspräsidenten Wolfgang Thierse oder des scheidenden Bundesverkehrsminister Wolfgang Tiefensee (beide SPD) werden genannt.

Doch SPD-Landeschef Matschie, der damit in einer rot-rot-grünen Landesregierung zur Nummer 3 degradiert würde, macht da nicht mit. Er nutzt das Zögern innerhalb der Linken, die DDR pauschal als „Unrechtsstaat" zu bezeichnen, um entgegen dem deutlich erkennbaren Basiswillen eine Koalitionsaussage zugunsten der CDU durchzusetzen. Hinzu kommt, dass sich der Theologe

Matschie mit der beurlaubten Pastorin Lieberknecht, die er längst duzt, menschlich einfach besser als mit Ramelow versteht.

Die CDU-Landeschefin hat also ihrer Partei noch einmal die Macht gesichert. Doch trotz dieses nicht selbstverständlichen Erfolgs präsentiert sich die Fraktion tief gespalten. Die alte Althaus-Gang fühlt sich kollektiv düpiert. Als sich Lieberknecht im Landtag der Wahl zur Ministerpräsidentin stellt, fällt sie in den ersten beiden Wahlgängen durch, obwohl Schwarz-Rot über eine solide Vier-Stimmen-Mehrheit verfügt.

Damit kommt es erstmals bei einer Thüringer Ministerpräsidentenwahl zum Drama des dritten Wahlgangs. Hier reicht nach Artikel 70 der Landesverfassung die relative Mehrheit der „meisten Stimmen". Die Formulierung hatte in den Wochen vor der Wahl zu langwierigen Debatten geführt. Zählen nur die Ja-Stimmen? Stünde, wenn Lieberknecht als Einzelkandidatin mehr Nein- als Ja-Stimmen erhielte, die Legitimität ihrer Wahl infrage? Muss dann das Verfassungsgericht entscheiden? Die Rechtsgelehrten wirken ebenso uneins wie das zunehmend verwirrte Publikum. Die Formulierung der Landesverfassung war in den Zeiten klarer Mehrheiten niemandem aufgefallen.

Doch bevor die Lebenswirklichkeit eine Antwort geben kann und der entscheidende dritte Wahlgang beginnt, erklärt Ramelow auch zur Überraschung der eigenen Partei, dass er gegen Lieberknecht antrete. Aus der Perspektive des Linke-Fraktionsvorsitzenden ist die Bewerbung ein risikofreier PR-Stunt. Die Sondersendungen werden nun von ihm dominiert.

Aber Ramelow hat noch andere Motive. Zum einen hält er den Streit um die Verfassung für unwürdig. Zum anderen will er Lieberknecht schlicht helfen. Tatsächlich sorgt seine Kandidatur dafür, dass sich im dritten Wahlgang die bürgerlichen Reihen schließen. Die CDU-Kandidatin erhält nun alle Stimmen von CDU und FDP – und kommt damit auf eine stattliche absolute Mehrheit.

Dass ein linker Oppositionsführer eine christdemokratische Ministerpräsidentin dabei unterstützt, gesichtswahrend ins Amt zu gelangen, ist wohl so nur im kleinen Thüringen möglich. Lieberknecht und Ramelow kennen sich seit den frühen 1990er Jahren gut – und sie schätzen sich. Sie duzen sich und sprechen oft miteinander; Ramelow lud Lieberknecht sogar zu seiner zweiten Hochzeit ein.

Die beiden verbindet der gemeinsame evangelische Glaube, der wiederum, etwa bei sozialen Themen, gemeinsame politische Ansichten induziert. Gefühlt standen die lutherische Pastorin und der protestantische Gewerkschafter Ramelow nicht selten in gemeinsamer Opposition zu den Katholiken Vogel und Althaus. Falls sie sich mal im Eifer des politischen Gefechts gegenseitig öffentlich verletzten, folgten sofort danach die Entschuldigungen per SMS.

Aber dies geschieht selten. Selbst nach ihrem Amtsantritt greift Ramelow die Ministerpräsidentin selten persönlich an. Ihre Regierungszeit beginnt auch so schon schwierig genug. Die Finanz- und Wirtschaftskrise hat ihren Höhepunkt erreicht, überall fehlt Geld, das Land muss neue Schulden machen. Gleichzeitig erschwert die CDU-Fraktion das Regieren; Mohring blockiert Reformen und präsentiert stattdessen eigene, unabgestimmte Initiativen.

Lieberknecht scheut die Konfrontation, aus Schwäche, aber eben auch, weil in Thüringen alles so klein ist. Sie wohnt in Mohrings Wahlkreis, und Mohring in ihrem – und sie ist Mitglied des Kreisverbands, den er führt. Christian Carius, den Lieberknecht als Bauminister in ihr Kabinett geholt hat, und Mario Voigt, den Lieberknecht in der Landes-CDU zum Generalsekretär befördert, müssen dabei zusehen, wie der Rivale größere Teile der Agenda bestimmt.

Je näher das Ende der Legislaturperiode rückt, umso nervöser wirkt Lieberknecht. Sie begeht Fehler. Im Vorwahljahr 2013 beginnt eine Kette von Personalaffären, die zwischenzeitlich sogar zu Untreue-Ermittlungen gegen die Ministerpräsidentin führen. Im Ergebnis landet die CDU, die noch im Vorwahljahr in den Umfragen bei bis zu 40 Prozent gelegen hatte, bei der Landtagswahl am

14. September 2014 wieder bloß bei 33,5 Prozent. Das Ergebnis ist kaum besser als das von 2009. In absoluten Stimmen, auf diese Feststellung legt Mohring am Wahlabend großen Wert, fällt es sogar noch schlechter aus.

Mario Voigt, der als Generalsekretär die Kampagne für die CDU organisierte, ahnt schon am Wahlabend, dass das Ergebnis das Ende der Regierung bedeuten könnte. Er, der öffentlich stets kontrolliert und beherrscht auftritt, lässt sich auf der Wahlparty im Erfurter Restaurant „Hopfenberg" gehen. Vom Alkohol enthemmt lästert er laut über Mohring und die Medien.

Der Extremist

Das, was nach dieser Landtagswahl geschieht, festigt die Grundlage für das, was sich fünf Jahre später ereignen wird. Die Risse im Damm gegenüber der äußeren Rechten bilden sich in diesen Monaten. Denn nun sitzt die „Alternative für Deutschland" im Landtag. Die mikroskopisch kleine Landespartei, die erst ein gutes Jahr besteht und 350 Mitglieder zählt, hat es aus dem Nichts auf 10,6 Prozent der Zweitstimmen und elf Abgeordnete geschafft.

Ihr Landesvorsitzender, der auch die Fraktionsführung übernimmt, ist 42 Jahre alt und heißt Björn Höcke: ein gebürtiger Westfale, der in Rheinland-Pfalz aufwuchs, einst der Jungen Union angehörte, in Hessen Sport und Geschichte studierte und als Oberstudienrat in einer Gesamtschule in Bad Sooden-Allendorf die Gymnasialstufe unterrichtete. Im Jahr 2008 war er nach Thüringen gezogen, hatte im Dorf Bornhagen im thüringischen Eichsfeld das alte Pfarrhaus gekauft. Hier, unterhalb der romantisch-schönen Burg Hanstein, nur wenige Kilometer von der Landesgrenze zu Hessen entfernt, lebt er mit seiner Frau und vier Kindern.

Höcke, der Wahlkampf-Plakate gegen angebliche „Denkverbote" kleben ließ, präsentiert sich als rechtskonservativer Freigeist. Sein

Modell lautet „Heimat, Volk, Familie", wobei die Familie aus Mann, Frau und mindestens drei Kindern zu bestehen habe. Er gibt sich gebildet, zitiert Hegel und Heidegger und bedient sich altgriechischer Vokabeln. Er sagt, dass das „Volkswohl" „keine politische Entropie" (Informationsmangel) vertrage, dass er über „eine Eschatologie" (Glaube an die Vollendung des Einzelnen und der Dinge) verfüge und dass er sich selbst in seinen Kindern „transzendiere".

Der Kern der Höckeschen Begriffswelt ist die Identität. Sie sei „die zentrale Frage der Menschheit im 21. Jahrhundert", der Schlüssel „zu ökonomischen und ökologischen Homöostasen, also ausgleichenden Selbstregulierungen einer Gesellschaft". Deutsche und Europäer hätten „die Aufgabe, den Wert ihrer Hochkultur wiederzuentdecken".

Zur Landtagswahl 2014 ist noch nicht öffentlich bekannt, dass Höcke mit dem NPD-Funktionär Thorsten Heise Kontakte pflegt, dass er mutmaßlich in dessen Blättchen Texte publizierte und dass er 2010 an einer Neonazi-Demonstration in Dresden[8] teilnahm. Zudem wissen nur wenige, dass er dem Netzwerk der Neuen Rechten angehört, als dessen geistiger Führer Götz Kubitschek gilt.

Doch ob dies die Wähler abgehalten hätte, für die AfD zu stimmen? Der „Thüringen-Monitor", eine Langzeitstudie, mit der Jenaer Politikwissenschaftler alljährlich die Wahlberechtigten nach ihren Ansichten befragen, schreibt 17 Prozent der Bürger im Jahr 2014 rechtsextremes Gedankengut zu. Diese Menschen haben nun in der AfD eine Partei, der sie ihre Stimme geben können. Und sie haben mit dem Oberstudienrat Höcke jemanden, der das ausformuliert, was sie empfinden.

Fortan wird der Mann eine von drei Landtagsfraktionen der AfD führen. Nur in Brandenburg und Sachsen, wo gleichzeitig oder kurz zuvor Wahlen stattfanden, sitzt die Partei bisher im Parlament. „Von hier und heute beginnt eine neue Epoche in der Parteiengeschichte der Bundesrepublik Deutschland"[9], ruft er auf der Wahlparty ins Mikrofon. Die AfD habe einen „vollständigen Sieg" errungen, sie sei „eine blaue Bewegung", die das „Vaterland in eine bessere Zukunft führen"[10] werde.

Gleichzeitig, auch das ist Höcke, präsentiert er sich kooperativ. „Natürlich gibt es Schnittmengen mit der CDU, gerade in Thüringen."[11] Aber auch bei der linken Programmatik erkenne er Ähnlichkeiten, etwa beim Thema direkter Demokratie.

Natürlich weiß er, dass die Linke niemals mit ihm reden wird und dass der CDU-Bundesvorstand jedwede Gespräche mit der AfD ausgeschlossen hat. Aber er weiß auch, wie knapp die Mehrheiten sind. Nur weil die FDP im Herbst 2014 aus dem Landtag geflogen ist und deshalb ihre Wähler bei der Sitzverteilung nicht zählen, reicht es im Landtag entweder mit einer Stimme für die Fortsetzung der schwarz-roten Koalition – oder, ebenso knapp, für ein rot-rot-grünes Experiment.

Denn: Die Linke unter Ramelow hat sich nochmals leicht auf 28,2 Prozent verbessert. Trotz Verlusten der SPD würde es für ein Bündnis mit ihr und den Grünen reichen. Und diesmal, das ist der Unterschied zum Jahr 2009, erscheint die SPD ernsthaft dazu bereit, einen linken Ministerpräsidenten zu akzeptieren.

Die Mehrheit der sozialdemokratischen Basis hat damit ohnehin seit Langem kein Problem mehr. Aber auch die Bundespartei hat sich 2013 auf ihrem Leipziger Parteitag gegenüber der Linken geöffnet. Hinzu kommt die Ernüchterung der SPD nach fünf Jahren gemeinsamen Regierens unter der CDU. So wie im Bund musste sie erfahren, dass sie als kleinerer Partner der Union in der Regel verliert.

Das linke Experiment

Auch Bodo Ramelow hat hinzugelernt, genauso wie der Berliner Linke-Stratege Benjamin Hoff, der ihn schon bei den gescheiterten Gesprächen im Jahr 2009 beriet. Deshalb wird die Verhandlungsdelegation diesmal nur mit sorgfältig ausgesuchten Gefolgsleuten besetzt. Die Sondierungen führt eine junge Frau: Susanne Hennig-Wellsow, Mitte 30, frühere Leistungssportlerin und unbelastet von der DDR-Vergangenheit. Sie hatte im Herbst 2013 mit Unterstützung Ramelows den Landesvorsitz der Linken übernommen. Ihr gemeinsames Ziel: die Regierungsmacht.

Entsprechend effizient verlaufen die Gespräche. Die Linke ist rasch zum Schuldbekenntnis als SED-Nachfolgepartei bereit, das SPD und vor allem Grüne vor fünf Jahren vergeblich forderten. Die DDR, konzedieren Hennig-Wellsow und Ramelow, war ein „Unrechtsstaat".

Währenddessen reden die Sozialdemokraten auch mit der CDU, aber bloß der Form halber und um den Druck auf Linke und Grüne aufrecht zu erhalten. Das gilt umso mehr, da SPD-Landeschef Matschie von Andreas Bausewein abgelöst wird. Der Erfurter Oberbürgermeister war schon 2009 als klarer Befürworter eines Linksbündnisses aufgetreten.

Die CDU macht der SPD den Spurwechsel leicht. Die Partei wirkt wie gelähmt. Alle belauern sich gegenseitig. Obwohl Carius und Voigt die Ministerpräsidentin zum Konflikt mit Mohring drängen, will sie lieber Geschlossenheit demonstrieren und unterstützt die Wiederwahl des Fraktionschefs. Im Gegenzug bringt Voigt Lieberknecht dazu, Carius als neuen Landtagspräsidenten durchzusetzen. Damit soll Mohring, falls man denn in die Opposition muss, ein Gegengewicht bekommen.

Während die CDU mit sich selbst beschäftigt ist, schließen Linke, SPD und Grüne ihre Sondierungsgespräche erfolgreich ab. Danach organisieren die Sozialdemokraten einen Mitgliederentscheid, der Anfang November das gewünschte Ergebnis bringt: Knapp 70 Prozent der Teilnehmer sind für Rot-Rot-Grün. Die Koalitionsgespräche können beginnen.

Doch nun wächst der öffentliche Widerstand. Sogar der Bundespräsident äußert sich. „Ist die Partei, die da den Ministerpräsidenten stellen wird, tatsächlich schon so weit weg von den Vorstellungen, die die SED einst hatte bei der Unterdrückung der Menschen hier, dass wir ihr voll vertrauen können?"[12], fragt Joachim Gauck, der sich einst als evangelischer Pastor am DDR-System rieb, rhetorisch in einem Fernsehinterview. Es gebe Teile in der Linkspartei, sagt er, bei denen er wie viele andere auch Probleme habe, dieses Vertrauen zu entwickeln: „Menschen, die die DDR erlebt haben und in meinem Alter sind, die müssen sich schon ganz schön anstrengen, um dies zu akzeptieren."

Auch auf der Straße formiert sich Protest. Am 9. November, dem 25. Jahrestag des Mauerfalls, versammeln sich 4000 Menschen auf dem Domplatz. Organisiert wird die Demonstration von einem CDU-Mitglied, er ist Vizevorsitzender der Mittelstandsvereinigung der Union im Land[13]. Viele haben Kerzen mitgebracht, aber es sind auch AfD-Landtagsabgeordnete mit Fackeln zu sehen. „Wer Deutschland nicht liebt, soll Deutschland verlassen!"[14], wird gerufen, oder „Bodo raus!". Unter den Demonstranten ist auch Generalsekretär Voigt. Dass der 9. November ebenso der Jahrestag der Pogromnacht ist, an dem in Erfurt die Synagoge brannte, wird in Kauf genommen. Eine kurze Gedenkminute muss für die Opfer des Naziterrors reichen.

Am 19. November 2014 ist der rot-rot-grüne Koalitionsvertrag beschlussfertig[15]. Ein letzter Streit um das grüne Umweltministerium, dessen Abteilungen für Landwirtschaft und Forst ins linke Infrastrukturministerium wandern, wird notdürftig befriedet. Dann stellen Linke, SPD und Grüne gemeinsam den Antrag im Landtag: Ramelows Wahl soll am 5. Dezember stattfinden.

Gegenkandidaten

Erstmals in der Geschichte der Bundesrepublik könnte ein Linker an der Spitze einer Landesregierung stehen. Erstmals in ihrer Geschichte seit 1990 droht der Thüringer CDU der Verlust der Macht.

Damit steht sie auch erstmals vor der Frage, ob sie bei einer Ministerpräsidentenwahl einen Bewerber gegen den Kandidaten der Mehrheit aufstellen soll. Denn für ihn bestünde die Möglichkeit, von der AfD mitgewählt zu werden – ob nun gewollt oder nicht.

Lieberknecht hat für sich entschieden, dass sie sich dieses Risiko nicht antun wird. Doch Mohring erwägt eine Kandidatur. Er sucht auf verschiedenen Wegen Gespräche mit den Sozialdemokraten, er redet auch mindestens einmal mit Höcke.

Anfang November trifft sich Mohring mit seinem Fraktionsvorstand. Was er nicht weiß: Das Gespräch wird mutmaßlich mitgeschnitten. Angela Merkel, erzählt er seinen Kollegen, habe zu ihm gesagt: „Aber passt auf, dass der Ramelow nicht noch die AfD einkauft."[16] Im Umkehrschluss habe er für sich festgestellt: „Wenn sie zu mir sagt, ich soll aufpassen, dass der Ramelow nicht die AfD einkauft, dann muss sie uns aber auch überlassen, dass wir die AfD einkaufen." Aus Mohrings Sicht bedeutet dies: „Wenn sie will, dass Ramelow nicht MP wird, brauchen wir die AfD, ob's ihr passt oder nicht."

Er selbst, sagt er, könne sich eine Kandidatur vorstellen, aber nur, wenn es eine Chance auf das Ministerpräsidentenamt gebe. „Mindestens muss klar sein: Die CDU muss stehen, und die AfD muss stehen. Also wenn, muss ich mit 45 Stimmen da rausgehen." Die AfD soll für ihn ganz offenbar als Mehrheitsbeschaffer dienen.

Aber das sind nur interne Aussagen. In der Öffentlichkeit spricht er nicht über eine Kandidatur. Und er setzt vor allem auf Abweichler aus SPD und Grünen, um eine absolute Mehrheit Ramelows zu verhindern. Schließlich würde den Linken eine einzige fehlende Stimme aus dem rot-rot-grünen Lager in den dritten Wahlgang zwingen – womit es ihm wie Lieberknecht fünf Jahre zuvor erginge. Träte dann niemand gegen ihn an, könnte Ramelow am Ende mehr Nein- als Ja-Stimmen erhalten.

Mohrings Interpretation lautet, dass der Linke damit nicht gewählt sei und alle Gespräche neu beginnen müssten. Oder der

Ministerpräsident wäre halt fortan delegitimiert. Den CDU-Fraktionschef kümmert es wenig, dass er damit ein Verfassungsorgan beschädigte und dass seine Landespartei noch 2009 die exakt gegenteilige Rechtsmeinung vertreten hatte.

Die Reaktion folgt prompt. Der geschäftsführende SPD-Justizminister Holger Poppenhäger beauftragt den Verfassungsrechtler Martin Morlok mit einem Gegengutachten. Der begründet auf 28 Seiten, dass es die ausdrückliche Intention der Verfassung sei, nach einer Landtagswahl eine neue, arbeitsfähige Regierung zu bilden. Deshalb stelle Artikel 70, Absatz 3 der Verfassung sicher, dass in jedem Fall ein Ministerpräsident gewählt werde. Der letzte Satz des Papiers lautet: „Alles in allem: Tritt im Wahlgang […] nur ein Bewerber an, so ist er mit jeder Zahl der für ihn abgegebenen Stimmen gewählt, unabhängig von der Zahl der nicht für ihn abgegebenen Stimmen."[17]

Mohring lässt sich nicht beirren. Er bleibt bei seiner Strategie, Ramelow zu beschädigen, zumal der wissenschaftliche Dienst der noch von seiner Partei kontrollierten Landtagsverwaltung ein Gutachten erstellt hat, das Morlok widerspricht. Aber nun mischt sich Lieberknecht ein. Noch ist sie die Landesvorsitzende. „Für das Ansehen Thüringens ist jedoch wichtig, dass es gar nicht zu einer solchen Situation kommt und ein Ministerpräsident eine klare und eindeutige Legitimation hat", sagt sie.[18] Das Amt des Regierungschefs dürfe „nicht zum Fall für Gerichte werden".

Kurze Zeit später geht bei der Staatsanwaltschaft Erfurt eine anonyme Anzeige ein. Darin wird Mohring beschuldigt, als Vorsitzender des CDU-Kreisverbandes Apolda 119 Scheinmitglieder geführt zu haben, darunter 19 bereits Verstorbene. Der „Spiegel" berichtet Ende November: „Die Namen wurden den Ermittlern in einer Tabelle geliefert, jeweils mit Vermerk: ‚Austritt', ‚verzogen' oder ‚verstorben'. Mehr Mitglieder bedeuten für Kreisverbände mehr Delegierte auf Landesparteitagen und höhere Finanzzuschüsse."[19] Dass Mohring dementiert, nützt ihm wenig: Er steht im

Zentrum einer dubios wirkenden Affäre um tote Parteiseelen. Die Ermittlungen beginnen.

Und nun, ganz plötzlich, erklärt Lieberknecht öffentlich ihren Verzicht. Am 2. Dezember – am Tag, an dem Linke, SPD und Grüne offiziell den Vorschlag für die Wahl Ramelows zum Ministerpräsidenten am 5. Dezember einreichen – sagt sie auf einer eigens einberufenen Pressekonferenz: „Ich gehe am Freitag nicht in die Arena des Löwen."[20]

Das Kalkül dahinter: Wenn schon jemand gefressen werden soll, dann doch lieber Mohring. Entweder verlöre er oder die AfD kontaminierte ihn – oder beides. Schließlich hat Höcke verkündet, dass der CDU-Fraktionschef „nach menschlichem Ermessen mit allen elf Stimmen der AfD-Fraktion rechnen" könnte. Mohring, sagt er, sei „ein profilierter Konservativer", ein „junger Stürmer und voll im Saft"[21].

Der CDU-Fraktionsvorsitzende ahnt die Falle. Er setzt vorerst weiter darauf, dass Ramelow keine Mehrheit erhält, parallel dazu sucht er nun einen Notkandidaten, der statt ihm in einem möglichen dritten Wahlgang in die Arena geht. Zwei Tage vor der Wahl beschließt das Präsidium der Thüringer CDU, im ersten Wahlgang keinen eigenen Kandidaten aufzustellen. Ob die CDU in einem möglicherweise zweiten oder dritten Wahlgang mit einem eigenen Kandidaten antrete, lässt Voigt als Generalsekretär offen. Das werde gegebenenfalls die Fraktion entscheiden, sagt er.

Einen Tag vor der Ministerpräsidentenwahl erläutert Mohring seine Taktik im Deutschlandfunk: „Unser Ziel ist in Thüringen, dass eine bürgerliche Regierung gebildet wird, und deswegen gilt ja nach wie vor unser Angebot an die SPD und auch die Grünen, nicht den Tabubruch zu begehen, mit der Linkspartei zu koalieren, sondern einen anderen Weg für Thüringen einzuschlagen, der auch ein zukunftsfester ist."

Rot-Rot-Grün solle an sich selbst scheitern, sagt Mohring. „Deswegen haben wir ja auch, ich wiederhole das gern noch mal, bisher keinen Kandidaten für den ersten Wahlgang nominiert, tun das auch nicht, weil wir davon ausgehen, dass sich das dann an sich selbst scheitern lässt, und dann kann man auch die Gemengelage neu ordnen. Wenn das im zweiten Wahlgang nochmal passiert, ist auch klar: Dann findet Bodo Ramelow in dieser Koalition keine Mehrheit."[22]

Doch was ist mit dem dritten Wahlgang? Was ist mit dem Kandidaten, den Lieberknecht angekündigt hat, um Mohring zum Antritt zu nötigen? Die Lösung hat Bernhard Vogel vorbereitet, gemeinsam mit seinem vormaligen Vize-Ministerpräsidenten Gerd Schuchardt von der SPD, der seit jeher jede Zusammenarbeit mit PDS oder Linke ablehnte und nun die Ideale von 1989 verraten sieht. Sein Name steht unter einem Appell, dem sich auch bekannte Schriftsteller wie Reiner Kunze angeschlossen haben. Darin heißt es: „Jetzt soll ganz legal stattfinden, was die Kommunisten die Konterrevolution nannten: Die Befreiung durch die Revolution von 1989 soll in Thüringen revidiert werden. Und die Revolutionäre von damals sollen ihnen dabei behilflich sein! Verkehrte Welt!"[23]

Schuchardt betrachtet sich also ganz offenbar als Kämpfer gegen eine Konterrevolution. Darum sind er und Vogel zum ehemaligen Rektor der Universität Jena gefahren, und haben ihn in langen Gesprächen zu einer Kandidatur überredet. Klaus Dicke, ein aus Rheinland-Pfalz stammender Politikprofessor, soll als überparteilicher Bewerber antreten und im Fall eines Erfolgs eine bürgerliche Expertenregierung bilden.

Vieles von dem, was in diesen Wochen geschieht, wird sich fünf Jahre später wiederholen. Manches muss nur reifen. Noch hat die AfD ihre endgültige Radikalisierung vor sich. Noch existieren jenseits von Linke und AfD knappe Mehrheiten, die bloß nicht genutzt werden. Noch ist Thomas Kemmerich bloß ein ehemaliger Landtagsabgeordneter der FDP.

Doch auf der kleinen politischen Bühne, die Thüringen heißt, haben jetzt sämtliche Menschen, die fünf Jahre später Haupt- oder Nebenrollen erhalten werden, ihre Positionen eingenommen:

Mohring, Ramelow, Höcke, Hennig-Wellsow, Voigt, Vogel, Lieberknecht, Gauck. Und die CDU präsentiert sich bereits genau so, wie man sie 2019 und 2020 erleben wird: gespalten, taktierend, überfordert. Nicht wenige ihrer Führungsmitglieder erscheinen bereit, mit allen Mitteln die Wahl des ersten linken Ministerpräsidenten zu verhindern – falls es sein muss, mit Hilfe der AfD.

In diesen Tagen fallen fast unbemerkt zwei Sätze, die heute prophetisch klingen. CDU-Generalsekretär Peter Tauber sagt sie vor der geplanten Wahl Ramelows am 5. Dezember 2014: „Ein Ministerpräsident der CDU darf nie von der AfD abhängig sein. Ein CDU-Kandidat, der dieses Amt nur mit den Stimmen der AfD erreichen kann, sollte diese Wahl nicht annehmen."[24]

„Versöhnen statt Spalten"

Am 4. Dezember 2014 unterzeichnen Linke, SPD und Grüne ihren Koalitionsvertrag. Er sieht wenig Umstürzendes vor: ein kostenloses Kindergartenjahr, mehr Geld für den dritten Arbeitsmarkt und die Gebietsreform, die unter anderem am Widerstand Mohrings in der vergangenen Wahlperiode schon in ihren Anfängen gescheitert war. Dass der Verfassungsschutz fast alle V-Leute abschalten soll, ist ein Zugeständnis an die Linken, derweil insbesondere die Grünen, die auch den Migrationsminister stellen, einen Winterabschiebestopp für Geflüchtete erstritten haben. Die SPD hat durchgesetzt, dass sie neben dem Innen- und dem Wirtschaftsministerium auch das Finanzressort erhält und dass keine neuen Schulden aufgenommen werden sollen.

Eine Konterrevolution sieht anders aus. Aber es geht auch nicht darum, was ist. Es geht darum, was war – und was sein könnte. So wie das Trauma der NS-Diktatur die Auseinandersetzung um die AfD bestimmt, wirken die Traumata von Teilung und DDR beim Streit um die Linke nach.

Und so versammelt sich der Protest am Vorabend der Minis-terpräsidentenwahl ein letztes Mal vor dem Landtag. Etwa 2000 Menschen sind gekommen, diesmal hat die CDU offiziell mit zu der Demonstration aufgerufen. Wieder brennen Kerzen, auf Pla-katen steht „Rettet Thüringen vor Blutrot, Rot und Grün", eini-ge Protestler rufen „Stasi raus!" Wie einen Monat zuvor auf dem Domplatz handelt es sich um eine Mischung aus einstigen Bür-gerrechtlern, CDU-Leuten, AfD-Anhängern, sogenannten norma-len Bürgern – und einigen Dutzend polizeibekannter Rechtsextre-misten.

Der nächste Tag. Das Parlamentsgebäude im Süden von Erfurt ist umstellt von Übertragungswagen. Alle wichtigen nationalen Medien sind vertreten, dazu Al Jazeera, der schwedische Rund-funk und das türkische Fernsehen. 315 Journalisten haben sich akkreditiert[25].

Der medial-politische Komplex hat das Haus besetzt, ballt sich auf der Tribüne, im Plenarsaal, in der Lobby, der Kantine, den Gängen, den Innenhöfen. Alle sind gekommen, Ex-Minister, ge-schäftsführende Kabinettsmitglieder, frühere Abgeordnete. Der vormalige Bürgerrechtler Matthias Büchner, der am Abend noch demonstriert hat, hält seinen langen grauen Bart in die Kameras. Der linke Bundestagsfraktionsvorsitzende Gregor Gysi, der eigens aus Berlin angereist ist, eilt zwischen seinen Personenschützern über den Flur. Mohring gibt Interviews im Akkord.

Ramelows dritte Frau, die aus dem oberitalienischen Parma stammt und den Namen Germana Alberti vom Hofe trägt, sitzt ge-meinsam mit seiner ersten Frau und dem ältesten Sohn auf der Tribüne, derweil Dutzende Teleobjektive auf sie gerichtet sind. Schließlich betritt der Kandidat der Linken den Saal, auch alle anderen 90 Abgeordneten nehmen ihre Plätze ein. Vorher geht Christine Lieberknecht noch demonstrativ auf Ramelow zu, der ihr ebenso demonstrativ entgegenläuft. Sie gibt ihm ihre rechte Hand, mit der linken umfasst sie seinen Arm. Beide lächeln.

Punkt 10 Uhr eröffnet Landtagspräsident Carius die Sitzung. Tagesordnungspunkt 1: Wahl des Ministerpräsidenten. Die Abgeordneten werden namentlich aufgerufen. Einer nach dem anderen geht zu den Kabinen am Rande des Saals und wirft seinen Stimmzettel ein.

Danach wird ausgezählt. Schließlich referiert Carius als Sitzungsleiter das Ergebnis. 91 Stimmen, davon eine ungültig, eine Enthaltung, 44 Nein und 45 Ja.

Es reicht nicht.

Aus der AfD-Fraktion ist Klatschen zu hören, sonst bleibt es sehr ruhig. Mohring versucht, möglichst gelassen zu blicken. Bisher geht sein taktischer Plan auf.

Der 2. Wahlgang. Namentliche Aufrufe, Kabinengänge, Auszählung. Carius liest vor: 91 Stimmen, davon eine ungültig, 44 Nein und 46 Ja. Das ist sie, die absolute Mehrheit. Ramelow ist gewählt. Er ist der erste linke Ministerpräsident der Republik. Der dritte Wahlgang fällt aus. All die Debatten über die Verfassung, über einen unabhängigen Kandidaten und über die AfD: Sie waren umsonst.

Zumindest für dieses Mal.

Nach Gratulationen und Vereidigung tritt Ramelow ans Rednerpult. Er verweist auf das geteilte Land, auf die großen Emotionen, appelliert an Fairness, an Anstand. Dann zitiert er den Sozialdemokraten und Altbundespräsidenten Johannes Rau: „Versöhnen statt spalten". Dies, sagt der Ministerpräsident, werde sein Handlungsprinzip sein. Es folgt viel parteiübergreifender Dank, an die Chefs der früheren Regierungsfraktionen, aber vor allem an Christine Lieberknecht. Sie habe, sagt er, mit ihrer Regierung „Akzente gesetzt".

Das Versöhnungspathos steigert sich aber noch. Ein väterlicher Freund, sagt Ramelow, sei an diesem Tag in den Landtag gekommen, der damals von der Staatssicherheit ins Gefängnis gebracht wurde, nach Bautzen. „Er hat mich mitgenommen zu dem Ort, wo er im Blut gelegen hat." Dann kommt die Botschaft, die der Ministerpräsident setzen will: „Lieber Andreas Möller: Dir und allen deinen Kameraden kann ich nur die Bitte um Entschuldigung überbringen."

Seine Wahl, sagt Ramelow, werde jetzt von einigen als historischer Moment bezeichnet. Doch dies stimme nicht. Der wahre historische Moment, den habe es schon vor 25 Jahren gegeben, am 4. Dezember in Erfurt, als die erste Bezirksverwaltung der Stasi friedlich besetzt wurde.

Der Gang, der vom Plenarsaal zum Fraktionsgebäude führt, ist verstopft von Journalisten, Fotografen, Kameraleuten, Beamten und sonstigen Interessierten. In einem Nebenraum, abgeschirmt vom Trubel, stehen die Menschen zusammen, die gerade die politische Macht in Thüringen übernehmen. Sie sind, für eine kurze Weile, unter sich. Urkunden werden verteilt und Blumensträuße. Es gibt Sekt.

Dann treten sie, es sind je fünf Frauen und Männer, hinaus in das gleißende Licht der Scheinwerfer vor eine blaue Wand, an der, ganz oben rechts, „Freistaat Thüringen" steht. Das hier ist sie also: die erste rot-rot-grüne Landesregierung, die es je in der Bundesrepublik gab.

Ein Mann, er steht in der Mitte, tritt nach vorne ans Mikrofon und sagt: „Mein Name ist Bodo Ramelow. Sie werden mich noch öfter sehen."

Ein Widerspruch namens Ramelow

Die Regierung, die nun ihre Arbeit beginnt, ist ohne diesen Ministerpräsidenten nicht denkbar. Ohne ihn hätte seine Landespartei nie diesen Wahlsieg erreicht. Ohne ihn hätten die Verhandlungen kein erfolgreiches Ergebnis gehabt. Ja, ohne ihn gäbe es wohl nicht einmal die Linkspartei in dieser Form.

Gleichzeitig ist der Mann ein einziger Widerspruch. Ein Westdeutscher, der in Ostdeutschland eine Heimat fand. Ein gläubiger

Protestant in einer atheistischen Partei. Ein Gewerkschafter, der wie ein Unternehmer denkt.

Geboren wird Bodo Ramelow am 16. Februar 1956 in Niedersachsen, in Osterholz-Scharmbeck. Er hat drei Geschwister, als er elf Jahre alt ist, stirbt der Vater an Gelbfieber, er hatte die Krankheit aus dem Krieg mitgebracht. Für Ramelow ist dies das zentrale Trauma seiner Kindheit. Der Vater sei in seinen Armen gestorben, sagt er später. „Die Dimension war für mich unbegreiflich."[26]

Seine Mutter ist eine geborene Fresenius, ihr Urahn Johann Philipp Fresenius taufte Johann Wolfgang Goethe. Doch der große Name zählt nichts, sie muss als Hauswirtschafterin die Familie allein ernähren. Ihr Sohn Bodo bereitet ihr Sorgen. Seine drei Geschwister lernen Instrumente, er kann es nicht. Das Schreiben fällt ihm schwer, in der Schule bekommt er auf Diktate Fünfen. Dass er Legastheniker ist, ahnt niemand. Die Mutter ist überfordert, sie schlägt ihn, auch mit der Peitsche[27]. Nach dem Abschluss der Hauptschule lernt er bei der Kaufhauskette Karstadt in Gießen Einzelhandelskaufmann – wo übrigens zur selben Zeit der Jura-Student Volker Bouffier aushilft. Die beiden können nicht ansatzweise ahnen, dass sie sich später als Ministerpräsidenten wiederbegegnen werden.

Ramelow ist 19, als endlich die Legasthenie diagnostiziert wird. Er holt die Mittlere Reife nach und erwirbt die kaufmännische Fachhochschulreife. Er will Weinbau studieren, doch während des vorgeschriebenen Praktikums in der Pfalz plagen ihn nach der Weinlese Rückenprobleme. Der Arzt verschreibt ihm ein Korsett und redet ihm die Önologie aus: Mit dieser Wirbelsäule könne er nicht in der Landwirtschaft arbeiten. Und so beginnt Ramelow, in Gießen Betriebswirtschaft zu studieren, die Motivation ist gering. Als er das Angebot einer Kaufhausfirma als Filialleiter in Marburg erhält, verlässt er die Hochschule nach nur einem Semester.

Der Mensch und Politiker Ramelow lässt sich ohne all diese Erfahrungen nicht erklären, ohne den Tod des Vaters, ohne die schulischen Versagensängste, ohne den kaputten Rücken. Der unbändige Wille, es sich und allen anderen zu beweisen, gepaart mit einer großen Verletzlichkeit: Das alles wird in seiner Jugend geprägt.

Hinzu kommt der Einfluss von Marburg, einer Universitätsstadt, die in den 1970er- und 1980er Jahren ein besonders linkes und radikales Studentenmilieu beherbergt. Die von der SED finanzierte Deutsche Kommunistische Partei, die in der restlichen Bundesrepublik eine Splitterpartei ist, gilt als wichtige Stimme in der Stadt und in der Gewerkschaftsszene.

Eberhardt Dähne, ein örtlicher Funktionär der Gewerkschaft für Handel, Banken und Versicherungen (HBV), sitzt für die DKP im Stadtrat.[28] Als Ramelow in die Gewerkschaft eintritt, wird der Kommunist zu seinem Mentor, gemeinsam engagieren sie sich gegen den Radikalenerlass, der DKP-Mitglieder aus dem öffentlichen Dienst fernhalten soll. In dieser Zeit beginnt sich auch der Verfassungsschutz für den aktivistischen Filialleiter zu interessieren.

Es dauert nicht lange, bis Ramelow hauptamtlich in die Gewerkschaft wechselt – und den wohl wichtigsten Schritt in seinem Leben vollzieht. Im Herbst 1990 zieht er nach Erfurt, um als Landesvorsitzender die Thüringer HBV aufzubauen. Der Mann aus Marburg macht den wilden Osten zu seinem Revier: Als Macher, der die alte Konsum-Genossenschaft der DDR mit ihren hunderten Lebensmittelgeschäften abwickelt und als Kämpfer, der gegen die Schließung der nordthüringischen Kaligruben streitet.

Ramelows Privatleben hat dramatische Episoden. Er heiratet dreimal, seine beiden Söhne aus erster Ehe, Victor und Philip, erkranken an Krebs, so wie seine Mutter und sein Schwiegervater. Auch aus diesen Erfahrungen heraus tritt Ramelow wieder in die evangelische Kirche ein, die er als junger Mann im Protest verließ.

Politisch nähert Ramelow sich der PDS an, tastend, in vorsichtigen Schritten. 1994 spricht er auf der zentralen Maifeier der Partei in Erfurt. 1997 gehört er zu den Hauptinitiatoren der Erfurter Erklärung, die für eine Politikwende und ein rot-rot-grünes Bündnis wirbt und die auch Schriftsteller wie Günter Grass oder Walter Jens unterzeichnen. Später wird Ramelow die Erklärung zum Vorläuferdokument von Rot-Rot-Grün erklären, einem Modell von „drei Parteien auf gleicher Augenhöhe", mit „mehr Demokratie und weniger Parteibuch".[29]

Warum wird er nicht Sozialdemokrat? Immerhin ist er Gewerkschafter und vertritt linke SPD-Positionen. Ein Grund ist schlichter Trotz. „Bei der Einstellung in die Gewerkschaft lag immer der Aufnahmeschein der SPD dabei", sagt Ramelow. „Das stieß mich ab." Was ihn noch störte: Der Radikalenerlass und der Korruptionsskandal um den DGB-Wohnungsbaukonzern „Neue Heimat" in den 1980er Jahren, in den viele sozialdemokratische Gewerkschafter verwickelt waren. Zumal, als Ramelow den Einstieg in die Politik erwägt, haben sich die linken Hoffnungen auf die rot-grüne Politikwende unter SPD-Bundeskanzler Gerhard Schröder zerschlagen. In Thüringen regieren die Sozialdemokraten sowieso unter Führung der CDU.

Dass sich Ramelow schließlich vor der Landtagswahl 1999 für die PDS entscheidet, hat aber auch machtpolitische Gründe. Die SPD würde ihm, dem Quereinsteiger aus dem Westen, kaum Platz 2 auf der Landesliste freiräumen – so, wie es die PDS gerne tut. Das Wahlergebnis wird für die Partei zum Triumph. Sie wächst auf 21,3 Prozent und überholt erstmals die SPD.

Ramelow wird sofort einer der Stellvertreter von Fraktionschefin Gabi Zimmer. Als diese ein Jahr später zur Bundesvorsitzenden aufsteigt, übernimmt er ihren Posten im Landtag. Er ist fortan die unbestrittene Nummer 1 der PDS in Thüringen, die jeweiligen Parteivorsitzenden arbeiten ihm zumeist ohne Murren zu. Fünf Jahre später, 2004, steigert die PDS ihr Ergebnis nochmals um 4,8 Punkte auf 26,1 Prozent. Dies ist das höchste Ergebnis, das die Partei bis dahin jemals in Deutschland erreichte. Nur weil gleichzeitig die SPD nochmals verliert und die Grünen knapp an der 5-Prozent-Hürde scheitern, reicht es nicht für eine rot-rot-grüne Mehrheit gegen die CDU.

Spätestens jetzt ist Ramelow ein Star in der PDS. Als Kanzler Schröder im Jahr 2005 die Neuwahl des Bundestags einleitet, gewinnt die ein Jahr zuvor gegründete WASG, die bisher nur ein obskures Sammelbecken enttäuschter Ex-Sozialdemokraten war, mit dem Übertritt des früheren SPD-Vorsitzenden Oskar Lafontaine an Dynamik. Ramelow stellt sich nach kurzem Zögern mit an die Spitze jener, die aus der SPD-Abspaltung und der PDS eine neue Partei formen wollen. Als Fusionsbeauftragter organisiert er erst eine gemeinsame Wahlliste und später die Gründung der Linkspartei. Und er kandidiert erfolgreich für den Bundestag, wo er die Funktion eines stellvertretenden Fraktionsvorsitzenden übernimmt.

Die Linke will endlich die gesamtdeutsche Partei sein, welche die PDS nie sein konnte, weil an ihr das Stigma der SED-Vergangenheit und der Ruf einer reinen Ostvertretung haftete. Der Imagewandel gelingt, dank Hartz IV, Gysi und Lafontaine und ihres Vollstreckers aus Erfurt.

Doch Ramelow kommt nie wirklich in Berlin an. Weil er den Zusammenschluss mit harten Ansagen und gelegentlichen cholerischen Ausbrüchen vorantreibt, macht er sich Feinde. Und er reibt sich an den Parteivorsitzenden Lafontaine und Gysi. Bald wächst der Druck aus Berlin und Erfurt, sich wieder daheim als Spitzenkandidat für die Landtagswahl 2009 zur Verfügung zu stellen. Der Wahlkampf wird auf Ramelow zugeschnitten, der seinen kleinen Ohrring ablegt und fast nur noch im Anzug auftritt. Obwohl die Linke nochmals hinzugewinnt und die Regierungsübernahme einer rot-rot-grünen Koalition greifbar nahe liegt, und obwohl Ramelow auf das Ministerpräsidentenamt verzichtet, entscheidet sich die SPD unter Christoph Matschie für die Koalition mit der CDU.

Der Linke versucht sich als pragmatischer Oppositionsführer, der trotz allem die Verbindung zur regierenden SPD pflegt und gleichzeitig seine Partei strategisch wie personell neu aufstellt. Er entschlackt das Programm und organisiert den Generationswechsel. Im November 2013 übernimmt die 34-jährige Susanne Hennig-Wellsow den Landesvorsitz, ihr Stellvertreter wird der 40-jährige Steffen Dittes. Schon aus Altersgründen gehörten beide nie der SED an. Auch wenn sie eine Nähe zur autonomen Szene besitzen: Sie stehen für den Regierungsanspruch der Partei, die in Ostdeutschland ohnehin deutlich pragmatischer auftritt als im Westen.

Doch die Enttäuschung von 2009 hängt Ramelow lange nach, zuweilen scheint er monatelang aus dem politischen Geschehen abzutauchen. Die Popularität der Ministerpräsidentin in ihren ersten Amtsjahren, die Erholung der CDU, der Aufstieg der AfD, die auch Proteststimmen von der Linken abzieht: Das alles lässt in den Umfragen die rot-rot-grüne Mehrheit erodieren, eine Wechselstimmung ist nicht mehr zu erkennen.

Das ändert sich im Vorwahljahr. Ab dem Sommer 2013 führt das personelle Missmanagement Lieberknechts dazu, dass die CDU in den Umfragen geradezu abstürzt. Ramelow wirkt fokussiert, er führt einen erfolgreichen, komplett auf sich zugeschnittenen Wahlkampf – an dessen Ende es ein Foto-Finish gibt: Es reicht nach der Wahl im September 2014 im Landtag mit genau einer Stimme Mehrheit für Rot-Rot-Grün. Hätte die CDU nur ein paar tausend Wählerstimmen mehr erhalten: Ramelow wäre zur historischen Fußnote geschrumpft.

KAPITEL 2
ROTES LAND

Doch nun, mit seiner Wahl am 5. Dezember 2014, hat sich der Linke Bodo Ramelow einen Platz in den Geschichtsbüchern erobert. Er ist der erste linke Ministerpräsident der Bundesrepublik, an der Spitze der ersten rot-rot-grünen Koalition.

Sein Kabinett besteht aus Mitgliedern dreier Parteien und jeweils zur Hälfte aus Männern und Frauen. Ein Drittel der Ministerinnen und Minister stammt ursprünglich aus Westdeutschland, ein Drittel wurde in Sachsen und Berlin angeworben, ein Drittel ist konfessionslos. Finanzministerin Heike Taubert und Innenminister Holger Poppenhäger gehörten schon Lieberknechts Kabinett an. Neu ist Wirtschafts- und Wissenschaftsminister Wolfgang Tiefensee, der frühere Leipziger Oberbürgermeister und Bundesverkehrsminister der SPD, der es mit knapp 60 noch einmal in der Provinz versuchen will – und der fünf Jahre zuvor schon mal als möglicher Thüringer Ministerpräsident gehandelt worden war.

Bei den Grünen hat die bisherige Fraktionschefin Anja Siegesmund das gestutzte Umweltressort übernommen, der Richter Dieter Lauinger führt das um Migration und Verbraucherschutz erweiterte Justizministerium. Für die Linke besetzt die frühere sächsische Landtagsabgeordnete Heike Werner das Sozialressort. Landtagsvizepräsidentin Birgit Klaubert wird Kultusministerin, die Nordhäuser Landrätin Birgit Keller übernimmt das Bau- und Verkehrsministerium, das nun auch für Landwirtschaft und Forst zuständig ist.

Im strategischen Zentrum der Regierung steht Staatskanzleichef Benjamin Immanuel Hoff, der zusätzlich als Minister für Bundesangelegenheiten, Europa und Kultur amtiert. Er gilt als linkes Wunderkind: 1990, da ist er noch Schüler, tritt er in Berlin in den sozialistischen Jugendverband ein und gelangt so in die PDS. Mit

19 wird er erstmals ins Abgeordnetenhaus der Hauptstadt gewählt. Nebenher studiert er Sozialwissenschaften und promoviert[30].

Im Jahr 2006, fast parallel zur Gründung der Partei Die Linke, wird Hoff im zweiten rot-roten Berliner Senat Staatssekretär für Gesundheit, Umwelt und Verbraucherschutz. 2009 beruft ihn Ramelow in Thüringen in sein Schattenkabinett. 2011 erlebt Hoff in Berlin mit, wie Rot-Rot nach Fehlentscheidungen und inneren Konflikten die Mehrheit verliert. Inzwischen ist er, der nebenbei eine Honorarprofessur an der Alice-Salomon-Fachhochschule in Berlin übernommen hat, ein überzeugter Realpolitiker. Mit dem Linksaußen-Flügel seiner Partei kann er genauso wenig anfangen wie dieser mit ihm.

Der Staatskanzleichef betrachtet Thüringen als Modellversuch. Sein Ziel ist, frei nach Antonio Gramsci, eine linke Hegemonie in Deutschland. In einem Buch, das er 2014 veröffentlicht, klingt schon im Titel eine alte Doktrin Lenins an: „Die Linke: Partei neuen Typs?"[31] Darin entwirft Hoff das Bild einer Organisation, die über eine kulturelle Hoheit in der Gesellschaft zur politischen Herrschaft gelangt. Zugleich distanziert er sich jedoch von den totalitären Tendenzen Gramcis, ja, er kehrt ihn sogar strategisch um.

Es ist die Linke-Vorsitzende Katja Kipping, die Hoff im Vorwort des Buches besorgt fragt: „Du meinst, Rot-Rot-Grün muss nicht von Anfang an als ‚hegemoniales Projekt' angelegt sein – als ein Projekt mit dem gemeinsam geteilten Anspruch, grundlegend andere politische Weichenstellungen vorzunehmen." Dies sehe sie anders: „So offen die Realisierbarkeit eines solchen Projektes weiterhin ist, so unklar bleibt meines Erachtens, wie ein Politikwechsel auf andere Art und Weise, etwa im Sinne eines ‚business as usual', aus der Regierung heraus durchsetzbar sein soll."[32]

Doch genau das ist, aus Sicht Hoffs, das Kernziel der Thüringer Koalition. Im Alltag linker Regierungspolitik, aus der Selbstverständlichkeit eines linken Ministerpräsidenten heraus, soll die geistig-moralische Hegemonie erlangt werden. Dies ist auch der strategische Ansatz von Ramelow. Die Linie führt über die „Erfurter Erklärung" bis zurück zum „Erfurter Programm" der SPD von 1891. Darin stand: Die Arbeiterklasse könne „den Übergang der Produktionsmittel in den Besitz der Gesamtheit nicht bewirken, ohne in den Besitz der politischen Macht gekommen zu sein" – dies aber über freie Wahlen sowie den friedlichen Kampf um soziale und gesellschaftliche Rechte.

Am 6. Dezember 2014, einen Tag nach der Wahl, trifft sich Ramelow in Elgersburg mit dem Bundesvorstand der Linken. In dem Dorf am Rande des Thüringer Wald besitzt die Partei eine Immobilie aus KPD-Zeiten, die nun als Hotel dient. Nachdem der Sekt mit Katja Kipping und ihrem Co-Vorsitzenden Bernd Riexinger getrunken ist, sagt er zu ihnen: „Ich bin der Ministerpräsident aller Thüringer." Denn er halte es mit Bernhard Vogel: Zuerst komme das Land, dann die Partei, dann die Person. An diese Reihenfolge sollten sie sich gewöhnen.

Ramelows Einschätzung ist realistisch genug. Mit linker Ideologie wird die Koalition weder zusammenhalten noch Wahlen gewinnen. Ohne die „Augenhöhe" gegenüber den kleineren Partnern von SPD und Grünen, von der Ramelow ohne Unterlass redet, ist die knappe Mehrheit im Landtag gefährdet. Ohne den Nimbus der Überparteilichkeit würde er seine bürgerlichen Wähler verlieren.

Und dann ist natürlich das Ego. Ramelow sieht sich inzwischen selbst als historische Figur. „Meine Wahl besiegelt das Ende der DDR."[33]

Es wird schmutzig

Während die Linke im Dezember 2014 die Macht übernimmt, strebt der Machtkampf in der Thüringer Union auf sein schmutziges Finale zu. An dem Tag, an dem Ramelow sich von seiner Partei in

Elgersburg emanzipiert, veröffentlicht der „Spiegel" vorab die Zitate aus der internen Beratung des CDU-Fraktionsvorstands, die Anfang November mutmaßlich heimlich mitgeschnitten wurde. Die Aufnahme ist offenbar erst jetzt an das Magazin durchgestochen worden.

Der Tenor des Artikels: Mohring habe versucht, Ramelow mit Hilfe der AfD zu verhindern. Das „Thüringer Komplott" besitze „Sprengkraft weit über das kleine Bundesland hinaus"[34], schreiben die Journalisten Melanie Amann und Peter Müller. Die Rollen sind klar verteilt. Mohring ist der Mann, der mit Hilfe Höckes Ministerpräsident werden wollte und so zitiert wird: „Wenn sie [Angela Merkel] will, dass Ramelow nicht MP wird, brauchen wir die AfD, ob's ihr passt oder nicht." Lieberknecht wird als Mahnerin dargestellt, die den Fraktionschef per SMS warnte: „Lieber Mike, für jeden Tag, den ich Deinen Namen zu früh nenne, haben wir eine deutschlandweite AfD-Debatte am Hals."

Höcke tritt in dem Artikel als Zeuge der Anklage auf: „[Er] sagt, dass die Gespräche mit der CDU mehr als ein flüchtiger Flirt waren. ‚Es gab ein Treffen und danach regelmäßige Telefonate.' In den Gesprächen habe Mohring keinen Hehl daraus gemacht, dass er von der ‚Doktrin einer totalen Blockade gegen die AfD' wenig halte. Stattdessen hätten er und Mohring ‚gemeinsam die Lage analysiert' und alle Optionen durchgesprochen, wie sich ein Ministerpräsident Ramelow verhindern ließe."

Für Mohring könnte der Zeitpunkt dieser Veröffentlichung kaum ungünstiger sein. Der CDU-Bundesparteitag, auf dem er wieder für den Bundesvorstand kandidiert, steht unmittelbar bevor. Kurz darauf soll der Landesparteitag stattfinden, auf dem er sich zum Landeschef wählen lassen will.

Der Fraktionschef vermutet die Abhöraktion eines engen Ex-Mitarbeiters, mit dem er sich verstritten hatte und der gerade seinen letzten Arbeitstag absolviert hat. Er erstattet Strafanzeige gegen Unbekannt, Beamte des Landeskriminalamts filzen den

Sitzungsraum, in dem der Vorstand tagte, später durchsuchen sie auch die Wohnung des Verdächtigen. Aber die Aufnahme wird nicht gefunden.

Mohring beginnt nun zu verstehen, dass er diesen Stellungskrieg nicht gewinnen kann. Er muss sich, zumindest vorerst, mit jenen arrangieren, denen er abgrundtief misstraut. Am Tag nach der Durchsuchung der Fraktion sitzt er mit Noch-Generalsekretär Voigt im Wohnhaus von Landtagspräsident Carius in Sömmerda und bietet seinem Feind den Stellvertreterposten an. Christian Hirte wird als zweiter Stellvertreter nominiert. Der Rechtsanwalt aus Bad Salzungen sitzt seit 2008 im Bundestag und ist keinem innerparteilichen Lager eindeutig zuzuordnen. Dritte Stellvertreterin soll die frühere Parlamentschefin Diezel werden, die ihren Wahlkreis nicht wieder gewinnen konnte.

Damit wird der Generationswechsel endgültig vollzogen. An der Spitze stehen nicht mehr jene, die aus ihrem Beruf heraus von der Wende 1989 in die Politik gewürfelt wurden, sondern jene, die sich schon während des Studiums bewusst für eine politische Karriere entschieden haben. Mohring ist knapp 43 Jahre alt, Voigt 37. Hirte und Carius sind 38. In einer gemeinsamen Stellungnahme heißt es: „Wir müssen die Situation als Chance sehen, einen gemeinsamen Aufbruch zu starten"[35]. „Vertrauen und Geschlossenheit" seien „unerlässlich".

Am Tag nach dem Burgfrieden beginnt in der Kölner Messe der Bundesparteitag der CDU. Die Vorsitzende Angela Merkel attackiert die Sozialdemokraten, mit denen sie im Bund regiert, für ihren Wechsel in Thüringen. Die Wahl Ramelows sei eine „Bankrotterklärung", ruft die Kanzlerin. Dass sich diese „stolze linke Volkspartei" in die Juniorrolle begebe, werfe die Frage auf: „Wie viel kleiner will die SPD sich eigentlich noch machen?"[36]

Mohring versucht, in seiner Bewerbungsrede darauf aufzubauen. Ein Votum für ihn werde seine Landespartei im Kampf gegen Ramelow stärken. „Helfen Sie, dass wir gemeinsam die rote Fahne auf der Staatskanzlei wieder abhängen können, damit Thüringen wieder gut regiert wird", ruft er.[37]

Doch Mohring wird für sein angeblich versuchtes Komplott abgestraft. Er bekommt das zweitschlechteste Ergebnis aller Kandidaten und fliegt aus dem Vorstand. Wenig später sagt Bundestagsfraktionschef Volker Kauder in seiner Rede: „Wir haben einen klaren Beschluss, dass wir mit der AfD nicht zusammenarbeiten. Bei diesem Beschluss bleibt es. Der Parteitag hat in der einen oder anderen Entscheidung auch schön dokumentiert, dass wir diesen Grundsatz durchhalten werden und durchhalten wollen."[38]

Schwarzer Neubeginn

Vier Tage nach der Demütigung von Köln, am 13. Dezember 2014, sitzt Mike Mohring auf einer Bühne in der Turnhalle von Mengersgereuth-Hämmern, einem Dorf im südlichsten Zipfel Südthüringens. Hier, auf dem Landesparteitag, soll die Thüringer CDU den Neubeginn wagen.

Aber erst einmal hat ein Mann einen Auftritt, der fünf lange Jahre nicht auf einer Parteiveranstaltung redete und stattdessen still als Vice President des Autozulieferers Magna International das Lobbygeschäft betrieb. Nun will er Mohring verteidigen, den er erst zu seinem Generalsekretär und dann zum Fraktionsvorsitzenden machte.

Die Sätze Kauders auf dem Bundesparteitag, ruft Dieter Althaus, hätten ihn „persönlich entsetzt"[39]. „Mag Volker Kauder formulieren wie er will. Ich will nur sagen: Dafür zu sorgen, dass wir in Zukunft wieder Leute wie Ramelow aus der Regierung loswerden, ist die wichtigste Aufgabe der Union, liebe Freunde. Deshalb wäre es wichtig gewesen, die Thüringer Union zu unterstützen auf diesem Weg, statt ihr Steine in den Weg zu legen."

Nach Althaus redet Martina Schweinsburg, die notorisch poltrige Landrätin aus Greiz, die auch dem Thüringischen Landkreistag vorsitzt. Ja, sagt sie, Mohring habe mit der AfD geredet – aber eben mit dem Ziel, die Wahl des Linken Bodo Ramelow zum Ministerpräsidenten zu verhindern. „Mit wem hätte er denn reden sollen im Thüringer Landtag?", fragt Schweinsburg in den laut prasselnden Applaus hinein. „Die Bundes-CDU kann uns gerne vorgeben, wie sie's gerne hätte", sagt Schweinsburg. „Leben, ausfüllen, in die Praxis umsetzen müssen wir es in Thüringen."

Die Landrätin echot Äußerungen, die schon vor dem Parteitag vermeldet wurden. Der Bundestagsabgeordnete Tankred Schipanski – Sohn der früheren Bundespräsidentschaftskandidatin Dagmar Schipanski, die im Bundesvorstand sitzt – hatte eine Debatte darüber verlangt, wie man mit der AfD auf Landesebene umgehe. „Wir sind jetzt gemeinsam mit denen in der Opposition"[40], sagte er. Die scharfe Abgrenzung zur AfD werde sich im Parlamentsalltag nicht durchhalten lassen.

Noch deutlicher formuliert es Mohrings Fraktionsvize Michael Heym. „Für mich war die AfD von Anfang an kein Schreckgespenst", sagt er. Er höre von vielen Menschen, dass es „so falsch nicht sei", was AfD-Politiker forderten. Dass die SPD mit den Linken koaliere, während die AfD „verteufelt" werde: „Das geht gar nicht"[41].

Mohring sagt in Mengersgereuth-Hämmern nichts zur AfD. Er gibt sich in seiner Rede demütig und trotzig zugleich. Die Landespartei, sagt er, habe nicht den besten Eindruck vermittelt. „Noch verheerender ist, was die anderen Christdemokraten in Deutschland über uns denken." Dennoch müsse gelten: „Lasst diesen Landesverband im Kampf gegen die Kommunisten nicht allein."

Dann kommt der Aufruf zur Einheit. „Wir sind alle nicht aus einem Holz geschnitzt", sagt Mohring. „Aber wir sind einer gemeinsamen Idee verpflichtet." Schlecht übereinander reden, Gerüchte verbreiten, damit müsse Schluss sein. „Ich reiche meine Hand." Schließlich zitiert Mohring Paulus: „Nehmt einander an, wie Christus euch angenommen hat."

Mohring wird mit knapp 90 Prozent gewählt, Voigt und Hirte bekommen jeweils etwa 73 Prozent als Stellvertreter. Lieberknecht sagt: „Die Partei muss ihre neue Rolle in der Opposition annehmen." Das gilt auch für sie, die fortan nur noch einfache Abgeordnete ist. Sie kann nicht ahnen, dass sie fünf Jahre später noch einmal Ministerpräsidentin werden soll – und dass der Mann, der sie für dieses Amt vorschlägt, Bodo Ramelow sein wird.

Höckes Flügel

Während die Thüringer CDU versucht, sich in der Opposition zurechtzufinden, nimmt die rot-rot-grüne Landesregierung ihre Arbeit auf. Erste Amtshandlung: Ein Winterabschiebestopp. Der symbolische Beschluss, der kaum mit dem Bundesrecht kompatibel erscheint, vereint sofort das gegnerische Lager. Insbesondere die AfD besetzt offensiv das Flüchtlingsthema, das sowieso zunehmend die Agenda bestimmt. Die Migrationszahlen steigen auch in Thüringen rasant, die Erstaufnahmeheime in Eisenberg und Suhl sind überfüllt. 2015 halten sich 27.000 Flüchtlinge in Thüringen auf, die bis dahin sehr niedrige Ausländerquote steigt von 2,5 auf 3,8 Prozent.

Es beginnen die Monate, in denen Björn Höcke zu nationaler Bekanntheit gelangt und sich offen als Extremist zeigt. Inzwischen weiß die Öffentlichkeit, dass er mit Thorsten Heise Kontakt hat, der im Eichsfelddorf Fretterode wohnt, nur wenige Kilometer von Höckes Haus entfernt[42]. Der vorbestrafte Neonazi hatte mehrfach für die NPD kandidiert, sitzt im Kreistag, betreibt einen rechtsradikalen Versandhandel. Im NSU-Prozess in München fällt sein Name des Öfteren.

Im Dezember 2014 reist Höcke mit seiner Landtagsfraktion ins benachbarte Sachsen-Anhalt. Dort, im Örtchen Schnellroda, hat Götz Kubitschek ein Institut gegründet, das als intellektuelle Zentrale der sogenannten Neuen Rechten gilt. Dort gibt der frühere Bundeswehr-Offizier auch die Zeitschrift „Sezession" heraus.

Höcke und Kubitschek verfolgen offenbar den Plan, die AfD, die als Euro-kritische Professorenpartei gestartet war, zu einer völkischen Bewegung umzuformen[43]. Die Initialzündung erfolgt am 14. März 2015, einem Samstag. In der Halle der Arnstädter Brauerei veranstaltet die AfD ihren Landesparteitag. Gast ist André Poggenburg, Höckes Amtskollege aus Sachsen-Anhalt.

Die beiden präsentieren ein Papier, die „Erfurter Resolution": Das Projekt AfD sei in „Gefahr", heißt es darin, der bei Wahlen erzielte „Vertrauensvorschuss" drohe „leichtfertig" verspielt zu werden. Es sei ein „fatales Signal", dass sich die Partei von „bürgerlichen Protestbewegungen" wie Pegida ferngehalten oder sogar distanziert habe. Die AfD müsse eine „Widerstandsbewegung gegen die weitere Aushöhlung der Souveränität und der Identität Deutschlands werden"[44].

Der Text stammt in großen Teilen von Kubitschek[45]. Er ist ein Angriff auf die „Technokraten" unter Lucke – und spaltet die Partei. Unterschrieben ist die Resolution auch vom Brandenburger Landtagsfraktionschef Alexander Gauland und seinem Stellvertreter Andreas Kalbitz. Die Resolution wird zur Gründungsurkunde des „Flügel", eines Netzwerks der Rechtsnationalisten in der Partei.

Während Höcke in den innerparteilichen Kampf zieht, behauptet der Soziologe Andreas Kemper öffentlich, dass der Thüringer Landeschef in den Jahren 2011 und 2012 unter dem Pseudonym „Landolf Ladig" in den Neonazi-Blättern „Volk in Bewegung" und „Eichsfeld-Stimme" publizierte. Beide Zeitungen werden von Neonazi Thorsten Heise herausgegeben. Der akribische Textvergleich Kempers zeigt viele auffällige Parallelen zwischen den Reden Höckes und den Aufsätzen von „Ladig"[46], mit Begriffen wie „Pertubation", „Behaviorismus", „Entelechie", „Vernutzung", „Entropie", „Homöostase", „organische Marktwirtschaft". An einer Stelle beschreibt „Ladig" ausführlich das Wohnhaus Höckes und dessen Lage in Bornhagen. An einer anderen zitiert er ganze Passagen aus einem Leserbrief des damaligen Lehrers.

Trotz des Dementis von Höcke nutzt der AfD-Bundesvorsitzende Lucke die Gelegenheit zum Angriff. Die Mehrheit des Bundesvorstands verlangt vom Thüringer Landeschef eine Versicherung an Eides Statt, dass er nicht „Landolf Ladig" sei. Nachdem dieser ablehnt, beantragt der Vorstand die Amtsenthebung. Die Entscheidung im Machtkampf fällt auf dem Bundesparteitag der AfD im Juli 2015 in Essen. Höcke verbündet sich kurzzeitig mit der sächsischen Landes- und Fraktionschefin Frauke Petry, die Lucke erfolgreich aus der Spitze verdrängt – nur um fortan selbst vom „Flügel" bekämpft zu werden. Das Lucke-Lager verlässt nahezu geschlossen die Partei, auch aus der Thüringer Landtagsfraktion treten drei Abgeordnete aus.

Im so genannten Flüchtlingsherbst 2015 enttarnt sich Höcke endgültig selbst. Im September steht er vor 7000 Menschen vor dem Erfurter Landtag, zieht unter „Lügenpresse"- und „Volksverräter"-Rufen über die Regionalzeitungen her, bezeichnet Gegendemonstranten als „Linksfaschisten" und ruft: „Weil Millionen aus Afrika und Asien durch Fehlanreize in unser Land gelockt werden, [...] brennt unser Land bald lichterloh."[47] Er, der im Alltag eher höflich auftritt, mutiert auf den Veranstaltungen zum schäumenden Demagogen, der „Merkel muss weg!" ins Mikrofon schreit. Parallelen zur Rhetorik des NS-Propagandaministers Joseph Goebbels sind offensichtlich.[48]

Inzwischen tritt Höcke überall in Deutschland auf. Er warnt vor „Invasoren" oder spricht vom „afrikanischen Ausbreitungstyp". Gemeinsam mit seiner Partei surft er auf dem Schaum der Protestwelle gegen die Einwanderung. Die Partei, die nach dem Parteitag in Essen in den Umfragen bei 2 Prozent dümpelte, hat nun zweistellige Prognosen.

Im März 2016 wird die AfD bei der Landtagswahl in Sachsen-Anhalt unter der Führung Poggenburgs mit 23,4 Prozent der Stimmen zweitstärkste Partei. Sie und die Linke kommen gemeinsam auf 41 der 87 Sitze im Magdeburger Parlament. Die bisherige schwarz-rote Koalition hat keine Mehrheit mehr. CDU-Ministerpräsident Reiner Haseloff muss die Grünen hinzubitten, um die erste so genannte Kenia-Koalition zu bilden.

Höcke, der in Magdeburg mit Poggenburg den Sieg feiert, konzentriert sich auf Ostdeutschland. Er kandidiert nicht für den Bundesvorstand, wie er bei der Veröffentlichung der „Erfurter Resolution" ankündigte, weil er auf dem Bundesparteitag nicht mit einer sicheren Mehrheit rechnen kann. Und er bewirbt sich auch nach einigem Zögern nicht für den Bundestag. Er will die Partei von hinten führen, aus der östlichen Provinz, mit Hilfe seines wachsenden Netzwerks. Auf den jährlichen Kyffhäuser-Treffen des „Flügel" demonstriert er seine Macht, derweil selbst im Westen immer mehr Landesverbände nach Rechtsaußen kippen.

Im Januar 2017 bezeichnet Höcke kurz vor dem Holocaust-Gedenktag die Erinnerung an die Verbrechen des Nationalsozialismus als „dämliche Bewältigungskultur" und fordert eine „erinnerungspolitische Wende um 180 Grad"[49]. Rechtsextremisten wie Andreas Kalbitz sind inzwischen seine engsten Verbündeten.

Parallel lässt Höcke eine Art ~~Personen~~kult um sich herum organisieren. Der „Flügel" verkauft Sammeltassen und bedruckte Beutel mit seinem Konterfei, Treffen des Netzwerks werden zu Huldigungsveranstaltungen, die zusätzlich bizarr wirken, da Höcke ständig wiederholt, wie zurückhaltend und bescheiden er sei – und überhaupt ein Mensch, der nicht nach Macht strebe.

Bundeschefin Petry glaubt ihm das genauso wenig wie alle anderen. Sie nutzt die Rede von Dresden für ein Parteiausschlussverfahren gegen Höcke. In dem Antrag des Bundesvorstandes wird die These Kempers zur Tatsache erhoben: „Der AG [Antragsgegner Höcke] hat unter dem Namen ,Landolf Ladig' in den NPD-Veröffentlichungen ,Volk in Bewegung' und ,Eichsfeld-Stimme' Artikel verfasst."[50] Das Papier attestiert dem Landeschef anhand seiner Rede und Schriften eine „Wesensverwandtschaft mit dem Nationalsozialismus", zudem bekenne er sich zum Führerprinzip.

Doch auch Petry verliert den Kampf gegen Höcke und ihre zahlreichen anderen Gegner. Nach der Bundestagswahl im September 2017, bei der die AfD mit 12,6 Prozent erstmals ins Bundesparlament *das kann nicht Konkurrenz genannt werden. Aber okay, es war ein Versuch.*

einzieht, verlässt sie die Partei, um – so wie vor ihr Lucke – eine Kon-
kurrenzorganisation aufzubauen. Ihr Nachfolger an der Spitze wird
neben Jörg Meuthen der neue Bundestagsfraktionschef Gauland, *aus*
beide besuchen die „Flügel"-Treffen. Andreas Kalbitz, Höckes wich- *geschlossen aus Partei*
tigster Verbündeter, übernimmt die Führung der Landespartei und *aber*
der Fraktion in Brandenburg. Inzwischen wirken große Teile der AfD *weiterhin*
wie jene „Widerstandsbewegung" aus der „Erfurter Resolution". Die *Flügel*
ostdeutsche AfD ist nahezu deckungsgleich mit dem „Flügel". *aktiv*

Das Bundesamt für Verfassungsschutz wird später urteilen, dass
die Identität von „Ladig" und Höcke „nahezu unbestreitbar" und
„angesichts der plausibilisierten Faktendichte nahezu mit Gewiss-
heit anzunehmen" sei[51]. Und: Höcke geht gegen niemanden rechtlich vor, der ihn als „Ladig" bezeichnet. *→ Doch u. gegen JG-Stadtmitte*

Spätestens jetzt kann niemand behaupten, nicht zu wissen, wofür er steht.

→ Der Kurs der AfD im Osten ist also eindeutig. National, völkisch und extrem. Das ist/war allen klar, auch der CDU und bei Höcke auch schon dann als Mohring mit ihnen arbeiten wollte. Die „Kommunisten" eig. Sozialdemokraten, namens LINKS sollten nicht länger bekämpft werden. Das ist pure rechte Ideologie, die blind und unreflektiert han-delt

Mohrings Hoffnung

Doch je stärker sich die AfD radikalisiert, umso isolierter wirkt die
zugehörige Fraktion im Thüringer Landtag. Dabei treten die meisten AfD-Abgeordneten habituell bürgerlich auf. Sie sind Ingenieu-
re, Akademiker, Anwälte, Polizisten; einige, wie der Jenaer Maschi-
nenbau-Professor Michael Kaufmann, *jetzt im BT* traten bereits der Partei bei,
als es noch gegen die Euro-Politik ging. Andere, wie René Aust, stie-
ßen von der SPD hinzu. Allerdings radikalisierten sich viele in Partei und Fraktion, sei es aus Überzeugung, Gruppendruck oder aus
karrieretaktischen Überlegungen. Sie tragen Höckes extreme Rhetorik mindestens mit oder pflegen sie – wie Co-Landeschef Stefan
Möller – teilweise selbst. Die meisten haben zudem die „Erfurter
Resolution" unterschrieben, gelten somit als Mitglied des „Flügel".

Von Politikern aus der rot-rot-grünen Koalition werden die
AfD-Abgeordneten in der Regel nicht einmal gegrüßt. Die CDU

grenzt sich rhetorisch ab, allerdings pflegen einzelne Fraktionsmitglieder ein kollegiales Verhältnis mit AfD-Leuten. Schließlich
existieren viele Parallelen, biografisch, politisch, beruflich. Beide
Fraktionen bestehen vor allem aus Männern.

Man trifft sich, man telefoniert und man steht zuweilen bei
einer Zigarette im Innenhof des Landtagsgebäudes beisammen.
Mohrings Vizechef Heym spricht sogar regelmäßig mit Höcke. Die
beiden Männer duzen sich, wobei der CDU-Abgeordnete Wert auf
die Feststellung legt, dass er dies auch mit Linken tut.

Heyms Chef aber hält deutliche Distanz. Nach der Demütigung
auf dem Parteitag in Köln vermeidet Mohring jeden Anschein einer
Nähe zur AfD. Er weiß, dass seine Chance auf das Ministerpräsidentenamt daran hängt. Ansonsten verhält sich Mohring möglichst lo-
yal zu Merkel, er übt nur vorsichtig Kritik an der Flüchtlingspolitik.
Im Dezember 2016 wird er in Essen zurück in den Bundesvorstand
gewählt. „In Thüringen kämpfen wir seit zwei Jahren gegen Rot-
Rot-Grün, und ich glaube nicht ganz unerfolgreich", sagt er dort.
„Die letzten drei Umfragen haben gezeigt, diese Koalition hat keine
Mehrheit mehr, zuletzt sind 41 Prozent für Rot-Rot-Grün gemessen
worden. Wenn jetzt Landtagswahlen wären, wären die ohne Mehrheit. Ein Stück ist es unsere Arbeit der letzten zwei Jahre."[52]

Tatsächlich schwächelt Rot-Rot-Grün in Thüringen, und dies
nicht nur in den Umfragen. Die geplante Kreisreform implodiert
in Zeitlupe. Die Modernisierung der Vergaberechts verzögert sich –
genauso wie das erste kostenlose Kindergartenjahr, der Verfas-
sungsschutzumbau, die Einstellung der versprochenen Lehrer oder
das ÖPNV-Ticket für die Auszubildenden. Die Linksregierung ver-
waltet das Land, sie reformiert es nicht. Das Gefühl des Neuanfangs
verweht.

Im Sommer bekommt die Koalition ihren ersten Skandal: Dieter Lauinger, der grüne Justizminister, setzte sich persönlich in der
Regierung dafür ein, dass sein Sohn eine gesetzlich vorgeschriebe-
ne Prüfung nicht ablegen muss. Als die Angelegenheit öffentlich

wird, lügt er. Doch obwohl die CDU einen Untersuchungsausschuss erzwingt, der immer neue peinliche Details offenlegt, halten die Grünen an ihrem Minister fest.

Für die Linke kommt ein grundsätzliches Problem hinzu, das bereits 2014 die demoskopischen Wanderungsanalysen zeigten: Viele Protestwähler sind zur AfD weitergezogen. Höcke stellt zunehmend sozialpolitische Forderungen in das Zentrum seiner Initiativen im Landtag und in der Bundespartei.

Aber die Linke hat ja noch Ramelow. Der Mann begeht keine größeren Fehler. Stattdessen volkstümelt er sich durchs kleine Land, geht auf jedes Fest, ist ansprechbar für jeden Unternehmer. Seine Popularität steigt. Im Bundesrat hält er das Versprechen, dass er der Bundesspitze gab: Er kümmert sich nicht um die Parteilinie.

Geradezu demonstrativ unternimmt der Ministerpräsident seine erste Auslandsreise nach Israel, gemeinsam mit Wirtschaftsminister Tiefensee und etwa 40 Unternehmern, Wissenschaftlern und Kulturleuten. Er besucht Tel Aviv, Haifa, Jerusalem, gedenkt in Yad Vashem. In die Palästinensergebiete fährt er nicht. Nach dem Heiligen Land folgt der Heilige Stuhl. Wenige Monate nach der Israel-Reise fliegt der Ministerpräsident nach Rom zur Audienz beim neuen Papst Franziskus. Mit in der Delegation: CDU-Landrat Werner Henning aus dem tiefkatholischen Thüringer Eichsfeld.

Und wie sich zuweilen die Dinge im Leben fügen: Als Ramelow in seinem Hotel „Residenza Paolo VI." am Markusplatz absteigt, sitzt schon jemand auf der Terrasse und trinkt mit Kardinal Walter Kasper einen entspannten Espresso: Dieter Althaus.[53] Er ist, so wie Henning, Katholik und Eichsfelder, und weilt in Rom auf Einladung der Adenauer-Stiftung, in deren Vorstand er noch sitzt. „Ich hab' so ein paar Termine", sagt Althaus betont locker, am Nachmittag sei er gemeinsam mit dem Landrat mit Altpapst Benedikt XVI. verabredet.

Was folgt, ist eine Art Kumpel-Show des Ex-Ministerpräsidenten mit seinem Nachnachfolger für die mitgereisten Journalisten. Sie wirkt beinahe glaubwürdig, auch weil sich die beiden Männer aus den Zeiten, als sie beide Fraktionschefs waren, noch duzen. „Ach!", ruft Ramelow, diese „ökumenische Eintracht" des christdemokratischen Katholiken und des linken Protestanten. Kurz darauf läuten die Glocken des Petersdoms.

Für Mohring ist der allumarmende Ramelow nur ein Problem von mehreren. Er schafft es auch nicht, seine Partei hinter sich zu versammeln. Mohring misstraut jedem, der nicht schon immer in absoluter Treue zu ihm stand. Zudem lässt er niemanden neben sich auf die politische Bühne. Dass Carius als Landtagspräsident an Bekanntheit gewinnt, ist für Mohring ärgerlich genug.

Zwischendurch, im Jahr 2015, hatte Althaus zusammen mit Vogel versucht, die Nachfolger zu einen. Sie luden Mohring, Carius, Voigt und Junge-Union-Landeschef Stefan Gruhner in die Gaststätte „Hopfenberg" in der Nähe des Landtags: Sie sollten sich, bitte und endlich, miteinander vertragen. Wenn die Partei 2019 Ramelow besiegen wolle, müsse sie Geschlossenheit zeigen, sagte Vogel.

Nachdem alle, auch Voigt und Carius, zugestimmt hatten, schilderte Mohring die Verletzungen, die er durch die anderen erfahren habe. Selbst wenn auch er am Ende Kooperation versprach: Er demonstrierte vor allem Misstrauen. Während Althaus enttäuscht über den Mann war, den er förderte und stützte, hegte Vogel Hoffnung, dass sich die Jungen nun irgendwie zusammenraufen würden.

Er irrt sich. Mohring schneidet alles in der Partei noch stärker auf sich zu. Auf den Landesparteitagen dienen die Stellvertreter nur als Komparsen. Der Politische Aschermittwoch, den er in seine Heimatstadt Apolda verlegt, gerät zur Mike-Mohring-Messe. Er lädt Prominente der Union wie den bayerischen Alt-Ministerpräsidenten Edmund Stoiber ein, der 2017 vor mehr als 1000 Menschen in der örtlichen Bierhalle redet. Nach Passau ist es die größte derartige Veranstaltung in der Union.

Noch mehr Menschen kommen zum jährlichen Empfang der Landtagsfraktion in der Erfurter Messe. Jeweils 3000 Funktionäre und einfache Parteimitglieder hören Mohring und dem jeweiligen Stargast zu: Friedrich Merz, Thomas de Maizière, Wolfgang Schäuble – oder Angela Merkel. Die Kanzlerin tritt im Juni 2017 auf, ein Vierteljahr vor der Bundestagswahl. Mohring nutzt die Gelegenheit, sich mit ihr in vertrauter Pose auf einer Bank fotografieren zu lassen. Danach lässt er das Motiv großflächig in Thüringen plakatieren, obwohl er selbst gar nicht für Berlin kandidiert.

Wie sehr Mohring versucht, vom Glanz der Kanzlerin zu profitieren, zeigt sich kurz darauf bei einem gemeinsam Wahlkampfauftritt in Apolda, bei dem er der Kanzlerin einen schwarzen Stoffbeutel überreicht. Darauf ist ein altes Wahlkampffoto der beiden zu sehen, auf dem es so wirkt, als wollten sie sich küssen. Darüber steht in großen, pinkfarbenen Buchstaben: „KISS". Der Landeschef sagt ins Mikrofon, dass sie damit im „Kadewe" in Berlin einkaufen könne. Die Kanzlerin lächelt indifferent, faltet den Beutel zusammen, steckt ihn in eine mitgebrachte Tasche und schweigt dazu.[54]

Der Auftritt in Apolda zeigt aber auch, wie prekär die Lage inzwischen für die Union ist. Um die 800 Anhänger sind gekommen, doch eine Minderheit von etwa 30 Menschen ruft mit aller Kraft „Hau ab!", „Widerstand!" und „Heuchler!" in Richtung Bühne. Das Geschrei vermischt sich mit den Parolen, die etwa ebenso viele Neonazis brüllen, die am Rande des Geländes stehen und von der Polizei bewacht werden.

Bei der Bundestagswahl am 24. September 2017 sind CDU und CSU die großen Verlierer. Sie kommen nur noch auf 32,9 Prozent, das ist ein Verlust von 8,6 Punkten. In Thüringen verliert die CDU sogar zehn Prozentpunkte und steht bei 28,8 Prozent. Die AfD, die mit 12,6 Prozent in den Bundestag einzieht, erreicht im Land 22,7 Prozent.

Einziger Trost für Mohring: Die Linke, die sich im Bund stabilisiert, verliert in Thüringen 6,5 Punkte auf 16,9 Prozent, auch SPD und Grüne büßen ein. Noch erscheint in Fernsicht auf die Landtagswahl in zwei Jahren alles möglich.

KAPITEL 3
STRATEGISCHE AUFSTELLUNG

Im Herbst nach der Bundestagswahl 2017 räumt die rot-rot-grüne Koalition in Thüringen die Kreisreform ab, zu der alle Wissenschaftler rieten, weil die Bevölkerungszahlen stark zurückgehen. Schon im Sommer hatte die SPD den Innenminister ausgewechselt: Statt Holger Poppenhäger versucht sich jetzt Georg Maier an der Befriedung der Kommunen, die ihre Besitzstände retten wollen. Neuer linker Bildungsminister ist Helmut Holter, der frühere Vizeministerpräsident von Mecklenburg-Vorpommern. Konflikte werden bevorzugt mit Geld gelöst: Die Steuereinnahmen erreichen dank der Konjunktur immer neue Rekordhöhen, Rot-Rot-Grün kommt mit dem Ausgeben gar nicht hinterher. Die Linksregierung beginnt sogar damit, die von den Unionsregierungen vor ihr angehäuften Schulden abzubauen.

An einem sonnigen Montag, dem 7. Mai 2018, fährt Ramelow nach Ramsla. In dem kleinen Dorf nahe Weimar wohnt seine Amtsvorgängerin Lieberknecht, sie feiert ihren 60. Geburtstag. Im Hof des Gasthauses „Zum Goldenen Hufeisen" brennt der Rost. Neben Freunden, Verwandten und Nachbarn sind vormalige Landtagspräsidenten und Minister gekommen, genauso wie die aktuelle Vize-Regierungschefin Heike Taubert von der SPD.

Der Ministerpräsident stellt sich brav in die Schlange der Gratulanten, um schließlich die Jubilarin besonders fest zu drücken. Es ist eine freundliche Geste, aber auch die Vorführung einer sehr persönlichen Koalition: Hier zeigen sich zwei Menschen, die einander vertrauen. Was ins Bild passt: Mohring hat Termine vorgeschützt und entbietet seinen Gruß per Video.

Der CDU-Landeschef dominiert inzwischen alles in Partei und Fraktion. Von Landtagspräsident Carius ist außer offiziellen Reden

① Mohring lässt, ähnlich wie Höcke alles auf sich
Unschneiden. Unterschied: Höcke folgen
seine Leute gerne extrem, Mohring Leute wollen s...

bloß noch wenig zu hören, Mario Voigt hat sich zum Professor an der kleinen Quadriga-Hochschule in Berlin berufen lassen. Immerhin durfte Christian Hirte aufsteigen: Nachdem sich in Berlin die SPD in die Fortsetzung der Koalition unter Merkel gefügt hat, ist der Bundestagsabgeordnete und Landesparteivize nun Parlamentarischer Staatssekretär im Bundeswirtschaftsministerium und Ostbeauftragter der Bundesregierung.

Alles wirkt ruhig im Land, zu ruhig. Plötzlich, im Juli 2018, hebt der Justizausschuss des Landtags die parlamentarische Immunität des Abgeordneten Mohring auf. Der Verdacht lautet auf „Steuerhinterziehung im besonders schweren Fall", weil Mohring seine Steuererklärung für das Jahr 2016 verspätet abgab. Die Geschichte wirkt undurchsichtig. Der CDU-Fraktionschef hat irgendwoher von dem streng vertraulichen Antrag der Staatsanwaltschaft Gera vorab erfahren und bittet die Abgeordneten des Ausschusses in einer E-Mail, die Entscheidung zu verschieben. Er habe seine Steuererklärung inzwischen abgegeben, der Verdacht werde sich schnell zerstreuen.

Mohring vermutet einen verdeckten Angriff. Tatsächlich wirkt das Timing auffällig: Der Landesvorsitzende will sich im Herbst zum Spitzenkandidaten für die Landtagswahl 2019 küren lassen. Falls die Ermittlungen dann noch andauerten, wäre seine Nominierung gefährdet. Der parteiinterne Kampf erscheint neu eröffnet, zumindest aus Sicht des Landesvorsitzenden.

Dabei ist die Umfragelage insgesamt gar nicht so schlecht für die CDU. Sie liegt zwar nur bei 30 Prozent, aber die Linke pendelt sogar bloß noch zwischen 22 und 26 Prozent. Rot-Rot-Grün hätte keine Mehrheit mehr, für eine schwarz-rot-grüne Kenia-Koalition hingegen würde es reichen – oder, falls es die FDP wieder in den Landtag schaffte, für ein Viererbündnis von Union, SPD, Grünen und Liberalen. Mohring redet unregelmäßig mit Sozialdemokraten und Grünen, aber auch mit Thomas Kemmerich, der sich inzwischen an die Spitze der Landes-FDP gekämpft hat.

reine Machtpolitik, Egal mit wem, hauptsache ICH

Und: Mohring redet sogar mit dem linken Ministerpräsidenten. Geheim natürlich. Am Morgen des 3. August 2018 fährt er nach Ostthüringen, in das Städtchen Saalburg-Ebersdorf, dann den Berg hoch, hinauf zu dem großen Holzbungalow mit den weißen Fensterrahmen, den Ramelow und seine Frau ein paar Jahre zuvor gekauft haben. Ein Flecken Wald gehört zu dem Grundstück, Ramelow hackt das Holz für den Kamin selbst. Die Anwohner haben sich daran gewöhnt, dass ihnen der wichtigste Mann des Landes beim Wandern oder beim Bäcker begegnet.

Der Ministerpräsident hat Mohring eingeladen. Es geht ihm darum, einen gemeinsamen Ausgangspunkt für das Landtagswahljahr zu finden und gleichzeitig schon einmal vorsichtig die Fährnisse des möglichen Resultats bereden. Die zentrale Frage lautet: Was tun, falls weder eine linke noch eine bürgerliche Mehrheit gebildet werden kann?

Der Linke und der Christdemokrat sitzen auf der Terrasse vor dem Haus und schauen hinunter aufs Wasser. Ramelow erinnert das Gespräch so: „Wir waren uns einig, dass es, wenn es für keine Mehrheit reicht, vor allem auf uns beide ankommen wird. Und wir waren uns einig, dass wir miteinander reden müssen." Mohring berichtet es ähnlich.

„Miteinander reden müssen" heißt offenbar: Es steht notfalls alles zur Debatte, von loser Kooperation über Duldung bis zu einem wie auch immer gearteten Bündnis.

Doch bis zu dieser möglichen Situation ist es noch über ein Jahr hin. Außerdem muss Mohring erst einmal seine leidige Steueraffäre ausstehen. Als am Ende des Sommers Sebastian Kurz zum großen Fraktionsempfang nach Erfurt kommt, redet man in der Messe zwar durchaus darüber, was für ein Tausendsassa der Mohring doch sei, dass er sogar den österreichischen Kanzler nach Thüringen einfliegen lasse. Aber beim nachträglichen Bier zur Bratwurst tratschen die Mitglieder, Abgeordnete und Funktionäre lieber über die Ermittlungen gegen den Landesvorsitzenden.

Dabei kommt es zum Eklat. Ex-Ministerin Marion Walsmann verbreitet eine angebliche Aussage von Carius, dass er Mohring „platt machen" werde. Sie habe, sagt sie später, den Satz vom Autohaus-Unternehmer Helmut Peter zugetragen bekommen – der prompt dementiert.

Peter ist eine schillernde Figur. Er ist ein alter Freund von Althaus und auch sonst bestens in der CDU vernetzt. Aber er kann auch gut mit Ramelow, mit dem er sich duzt. Diese Anschlussfähigkeit in beide Richtungen wird er zwei Jahre später zu nutzen wissen.

Mohring gerät wegen der Steuergeschichte immer stärker in die Defensive. Acht aktive und zwei vormalige Landräte der CDU fordern, dass die für Oktober 2018 geplante Akklamation Mohrings zum Spitzenkandidaten verschoben wird, obwohl sie wissen, dass Merkel ihr Kommen zugesagt hat. Mindestens für einige ist als Motiv die Demontage des Landeschefs zu vermuten.

Doch wenig später wird Mohring vorläufig erlöst: Die Staatsanwaltschaft Gera stellt das Verfahren ein. Die Erklärung, die der Fraktionschef beim Finanzamt nachreichte, führt sogar dazu, dass der Staat dem Steuerzahler Mohring Geld zurückerstattet. „Das ist ein Freispruch erster Klasse", sagt er.

Und dennoch: Befreit fühlt sich Mohring nicht. Der Vorgang hat sein notorisches Misstrauen gegenüber seinen innerparteilichen Konkurrenten nur noch verstärkt. Selbst wenn es für eine Intrige gegen ihn keine belastbaren Belege gibt: Er ist überzeugt davon, dass seine Feinde in der CDU dahinterstecken, irgendwie. Die Kritik der Landräte, da zeigt er sich intern sicher, wurde in jedem Fall orchestriert. Das Argument, dass er selbst es war, der durch den laxen Umgang mit seinen Steuererklärungen die Ermittlungen auslöste, lässt er nicht gelten.

Was Mohring als zusätzliche Bestätigung seiner Verschwörungsthese betrachtet haben will: Am selben 28. September 2018, an dem die Entscheidung der Geraer Staatsanwaltschaft in dem Steuerfall

öffentlich wird, verkündet Carius seinen Rücktritt als Parlaments-
präsident. Er werde sein Amt „aus persönlichen Gründen" niederlegen und nicht wieder für den Landtag kandidieren. Mit 42, aber
nach zwei Dekaden im Parlament, wolle er aus der Politik ausstei-
gen. Die Entscheidung hat er einsam gefällt, sogar Mario Voigt und
Stefan Gruhner werden davon überrascht. Der Mann, der 1999
als jüngster Abgeordneten ins Parlament einzog, der seitdem als
Hauptkonkurrenz Mohrings galt und der von Voigt als künftiger
Ministerpräsident ausersehen war: Er gibt auf.

Was folgt, ist ein letzter Kampf – und zwar um das Landtagsmandat von Carius. Er selbst will den Sitz nicht sofort aufgeben,
um das Nachrücken der früheren Landtagspräsidentin Birgit Diezel zu verhindern. Obwohl sie es 2014 knapp nicht mehr in den
Landtag geschafft hatte, plant Mohring sie nun als Nachfolgerin. Aber da ist Carius vor. Der Fraktionschef sieht sich deshalb
gezwungen, einen Verlegenheitskandidaten für den Vorsitz des
höchsten Verfassungsorgans aufzustellen. Da er unbedingt einen
seiner engen Vertrauten im Amt installieren will, schlägt er Fraktionsvize Michael Heym vor – der aber bei der Wahl scheitert, weil
der Kandidat aus Sicht der meisten Koalitionäre zu weit rechts
steht. Zuweilen, sagen sie, habe er sogar bei Reden der AfD ge-
klatscht.

Daraufhin verspricht Mohring der Abgeordneten Marion Walsmann die Thüringer Spitzenkandidatur für die Europawahl im
Mai 2019, damit sie aus dem Landtag ausscheidet und den Weg
für Diezel frei macht. Das Manöver funktioniert, Diezel wird zur
Präsidentin gewählt. Carius, der wochenlang vorgab, keinen Kar-
riereplan zu haben, legt sein Mandat nieder und wird „Head of
Corporate Development and Governmental Affairs" beim Autozu-
lieferunternehmen Mubea. Er ist nun Lobbyist.

Es ist das unwürdige Ende einer komplizierten politischen Be-
ziehung, das nochmals alle beschädigt. Aber die Fronten in der
Partei erscheinen nun endgültig geklärt. Am 20. Oktober wird

Mohring im Eichsfeld zum Spitzenkandidaten für die Landtagswahl akklamiert. Gleichzeitig bestätigen ihn die Delegierten mit einem Rekordergebnis von 91,4 Prozent als Landesvorsitzenden. Voigt hingegen erhält mit 73,2 Prozent das schlechteste Ergebnis aller Stellvertreter.

Angela Merkel ist Zeugin der Kür auf dem Landesparteitag. Auch sie hat harte Monate hinter sich. Im Sommer war die Union im Streit um die Flüchtlingspolitik fast zerrissen worden. Bedrängt vom bayerischen Ministerpräsidenten Markus Söder, drohte CSU-Chef Horst Seehofer mit der Abspaltung von der CDU und seinem Rücktritt. Die Umfragewerte für die Union sind mies. Aber natürlich verbreitet die Kanzlerin in Thüringen ausschließlich Optimismus. „Es sieht nach Zukunft aus und Aufbruch", ruft sie. „Das ist es, was dieses Land braucht!"[55]

Eine Woche später wird in Hessen gewählt. Die dortige CDU stürzt um 11,3 Punkte auf 27 Prozent ab, die AfD zieht mit 13,1 Prozent erstmals in den Landtag in Wiesbaden ein. Merkel tut nun etwas, was ihr niemand zugetraut hätte und was gegen das Prinzip verstößt, das sie selbst immer hochhielt, nämlich dass Regierungs- und Parteivorsitz zusammengehören: Sie verkündet ihren Abschied als Parteichefin und löst damit einen offenen Kampf um ihre Nachfolge aus. Der frühere Bundestagsfraktionschef Friedrich Merz, Bundesgesundheitsminister Jens Spahn und Generalsekretärin Annegret Kramp-Karrenbauer verkünden ihre Kandidaturen und begeben sich gemeinsam auf Vorstellungstour durch die Landesverbände.

Am 21. November gastiert das Kandidaten-Trio in der thüringischen Gemeinde Seebach nahe Eisenach. Hier hatte einige Monate zuvor AfD-Bundestagfraktionschef Alexander Gauland gesagt: „Hitler und die Nazis sind nur ein Vogelschiss in über 1000 Jahren erfolgreicher deutscher Geschichte".[56] Nun steht Jens Spahn auf der Tribüne und sagt, dass in den Jahren unter Merkel „viel Vertrauen verloren" gegangen sei, was auch daran liege, dass eine „politische

Überkorrektheit"[57] herrsche. Merz ruft, dass die CDU die „Partei der äußeren und inneren Sicherheit sein" müsse. „Wenn wir das richtig machen, dann traue ich uns zu, dass wir 40 Prozent bekommen und die AfD-Stimmen halbieren." Kramp-Karrenbauer sagt, dass Ramelow ein „Wolf im Schafspelz" sei; der nächste Ministerpräsident müsse Mike Mohring heißen.

Auch der gastgebende Landesvorsitzende sagt natürlich ein paar Sätze ins Mikrofon. Doch sein Lächeln wirkt merkwürdig verrutscht. Er sieht blass, angegriffen aus, ja: krank. Auf besorgte Nachfragen spricht Mohring davon, dass er überlastet sei. Bekannten sagt er, dass er sich einer kleinen Operation unterziehen musste. Er will kein Anzeichen von Schwäche geben. Merkels Rückzug als Parteichefin hat einen ostdeutschen Slot im Bundespräsidium der CDU geöffnet, dem höchsten Gremium der Partei – und Mohring will ihn haben.

Gut zwei Wochen nach dem Treffen in Seebach, am 7. Dezember 2018, steht er im großen Saal der Hamburger Messe. Gerade hat sich Kramp-Karrenbauer in der Stichwahl knapp gegen Friedrich Merz als neue Bundesvorsitzende durchgesetzt. Nun sagt Mohring: „Wenn man auf die Umfragen in den neuen Ländern schaut, dann nimmt man wahr: Über 20 Prozent wollen links wählen, über 20 Prozent wollen AfD wählen. Man sieht, wenn man Regierungsbildung in den neuen Ländern schaffen will, dann muss man die bürgerliche Mitte verbreitern und die Ränder wieder kleinhalten."[58]

Dass die Thüringer CDU in der jüngsten Umfrage nur noch bei 23 Prozent steht – und damit ungefähr auf der Höhe von Linken und AfD, erwähnt er natürlich nicht. Und wieder will er sich nicht anmerken lassen, wie es ihm wirklich geht. Mit 72,7 Prozent wird Mohring ins Präsidium gewählt.

Beinahe nebenbei wird in Hamburg noch ein Beschluss gefasst. Er wirkt wie eine Formalie, schließlich bestätigt er nur frühere Verlautbarungen des Bundesvorstands. Der Beschlusstext lautet: „Die

CDU Deutschlands lehnt Koalitionen und ähnliche Formen der Zusammenarbeit sowohl mit der Linkspartei als auch mit der Alternative für Deutschland ab."[59]

Damit zieht ein Bundesparteitag als höchstes Organ offiziell die Grenzlinie gegenüber AfD und Linke. Eine Grenzlinie, an der sich ein Jahr später die halbe Partei verkämpfen wird.

Der Schutzengel

Das Landtagswahljahr 2019 beginnt dramatisch. Am 13. Januar veröffentlicht Mike Mohring im Internet ein verwackeltes Video, das sein schmales Gesicht mit blauer Wollmütze zeigt. Einige, sagt er, wüssten ja bereits, dass er im Oktober eine Operation hatte. „Die Ärzte hier haben dabei nicht nur Gutartiges gefunden."[60] Aber, die Prognose sei gut, die Heilungschancen stünden bei 95 Prozent. Natürlich habe die Therapie Nebenwirkungen: „Mein Arzt ist sozusagen mein Friseur".

Mohring muss das Wort Krebs nicht aussprechen, die potenzielle Tragödie ist auch so offensichtlich genug. Dass ein Spitzenkandidat der Thüringer CDU zu Beginn des Wahljahres auszufallen droht: Das erinnert viele sofort an das Jahr 2009, das mit dem Skiunfall von Althaus begann. Die Geschichte scheint sich selbst zu zitieren.

Trotz seiner Krankheit nimmt Mohring demonstrativ an der Neujahrsklausur der CDU-Spitze teil und präsentiert danach das Thema vor den Kameras, mit dem er Wahlkampf machen will: Grundrente. Die Reform, sagt er, sei wegen der unterbrochenen Erwerbsbiografien der Ostdeutschen vor den Wahlen in Brandenburg, Sachsen und Thüringen besonders wichtig.

So wie Althaus zehn Jahre zuvor denkt auch Mohring nicht ans Aufgeben. Doch es gibt entscheidende Unterschiede zu damals. Diesmal ist nicht der Ministerpräsident betroffen, und es gibt keine Regierungskrise. Diesmal hat der Spitzenkandidat niemand anderem geschadet und wurde nicht verurteilt. Diesmal ist es tatsächlich ein reiner Schicksalsschlag, der ausschließlich Sympathie und Anteilnahme erzeugt. Die Medien kommentieren Mohrings Umgang mit der Krankheit wohlwollend, seine Bekanntheit steigt, die Zustimmungswerte wachsen. Auch im Politikbetrieb erfährt Mohring parteiübergreifend Solidarität.

Der Ministerpräsident nimmt den hölzernen Schutzengel, der auf seinem Schreibtisch in der Staatskanzlei steht, und schickt ihn per Post an den Oppositionsführer. Dazu legt er eine Karte, in der er ihm Genesung und „Gottes Segen" wünscht. Die Geste hat mit Ramelows Glauben zu tun, aber auch damit, dass er aus seiner eigenen Familie weiß, was die Diagnose bedeutet.

Einige Wochen später, im Februar, absolviert Ramelow mehrere öffentliche Termine in Jena. Als er den Neubau des Universitätsklinikums besichtigt, begegnet ihm auf einem der Gänge Mike Mohring, der gerade seine vorletzte Chemotherapie-Behandlung hinter sich hat. Der Linke überredet den CDU-Fraktionschef, mit zu dem vorbereiteten Imbiss zu kommen, auch Mohrings behandelnder Arzt gesellt sich hinzu. Im Gespräch stellt sich heraus, dass der Mediziner einen Kollegen aus Marburg kennt, der die Leukämie von Ramelows Sohn Victor behandelte. Das Trauma Krebs verbindet die beiden politischen Konkurrenten.

Die Monate vergehen. Anfang Juni hat Mohring die entscheidende Nachuntersuchung. Danach twittert er: „Von guten Mächten wunderbar geborgen. Am 11. Juni feiere ich künftig ein zweites Mal im Jahr Geburtstag. Von Herzen Danke ALLEN die bei und mit mir waren in den vergangenen reichlich sieben Monaten. In meine Gebete schließe ich die ein, die es nicht schaffen konnten." Die grüne Bundestagsfraktionschefin Katrin Göring-Eckardt, die aus Thüringen stammt, kommentiert: „Das ist eine große Freude! ... erwarten wir getrost, was kommen mag."

Der letzte Sommer vor der Wahl 2019 beginnt, die Spitzenkandidaten touren durchs Land. Der Ministerpräsident besucht Landkreis für Landkreis, Höckes AfD veranstaltet sogenannte Bürgerfeste unter dem Motto „Wende 2.0", mit dem sie den Revolutionsherbst von 1989 zu vereinnahmen sucht.

Mohring wandert unter dem Slogan „Auf geht's Thüringen" durch die Wälder. Mitte August lädt er die Hauptstadtpresse nach Thüringen ein und lässt sie auf Fraktionskosten durch seinen Wahlkreis kutschieren. Firmenchefs, Weggefährten und Bürgermeister dürfen seine mannigfaltigen Leistungen bezeugen, vom Wendeheldentum bis zur Landesgartenschau in Apolda. Nebenbei führt sich Mohring selbst vor, genesen, gebräunt, mit vollem Haar. Er ist wieder fit und angriffsbereit, kein Zweifel.

Am Abend sitzen die Journalisten in einem Golfresort nahe Weimar; der Inhaber, ein Unternehmer aus der Gegend, ist ein Freund Mohrings. Die Botschaft des CDU-Kandidaten: Allein Berlin trage die Schuld an den schlechten Umfragewerten der CDU in Thüringen. Vielen Menschen fehle das Vertrauen in die Bundesregierung, ja in die demokratischen Institutionen insgesamt. „Gefühlt nehmen die Leute wahr, dass sich die Groko nur mit sich selbst beschäftigt", sagt Mohring. Auch mit der geplanten Grundrente gehe es nicht vorwärts.

Trotzdem gibt sich der Spitzenkandidat optimistisch, zählt auf, wer alles im Wahlkampf vorbeikommen wolle, Annegret Kramp-Karrenbauer, Markus Söder, Jens Spahn und natürlich Friedrich Merz, mit dem er erst im Mai hier im Golfresort strategische Beratungen abhielt. Schließlich sagt Mohring etwas, das er, vielleicht, später öffentlich machen werde: Er wolle nach der Landtagswahl etwas Neues in Thüringen probieren, eine bürgerliche Expertenregierung, jenseits aller klassischen Modelle. Darin könnten sich dann so verschiedene Partner wie die FDP und die Grünen wiederfinden.

Die Journalisten wirken skeptisch, sie stellen kritische Fragen. Woher sollen die Experten kommen? Wer wählt sie aus? Und wer soll da mitmachen? Mohring wirkt durch den Widerspruch irritiert.

Aber er verteidigt die Idee. Klar, es sei ein Spagat, sagt er. Aber die neuen Problemlagen im Osten könnten nun mal nicht mehr mit alten Modellen des Westens gelöst werden.

Auch Ramelow macht sich so seine Gedanken, nur mit dem Unterschied, dass er in aller Öffentlichkeit darüber redet. Die Volksparteien, sagt er in einem Interview, verlören an Anziehung, der Abstand zwischen den Parteien werde geringer. „Die Minderheitsregierung wird auch bei uns früher oder später kommen, da ist es allemal besser, sich schon jetzt auf neue Regierungsformate einzustellen und für eine höhere gesellschaftliche Akzeptanz zu werben."[61] Das Modell sei eine Chance, „über neue Wege auch neue, zeitgemäße politische Ideen zu entwickeln".

Damit sind die beiden Männer, die Ministerpräsident werden könnten, dazu bereit, neue Wege zu gehen – so, wie sie es ein Jahr zuvor auf der Terrasse von Ramelows Ferienhaus an der Bleiloch-Talsperre verabredet hatten.

„Sag niemals nie"

Inzwischen schaut der politische Betrieb auf Sachsen und Brandenburg, wo am 1. September 2019 die Landtagswahlen anstehen. Auch hier verheißen die Umfragen nur knappe Mehrheiten.

In der CDU rumort es. In Brandenburg will Landeschef Ingo Senftleben eine Zusammenarbeit mit der Linken nicht ausschließen. „Wir werden nach der Landtagswahl mit jeder ins Parlament gewählten Partei Gespräche führen", sagte er bereits nach dem Hamburger Abgrenzungsbeschluss[62]. Und ja, auch mit der AfD würde er womöglich reden.

Senftlebens Situation ähnelt der von Mohring. Er muss aus der Opposition heraus mit den potenziell stärkeren Landesparteien Linke und AfD konkurrieren. In Sachsen hingegen stellt die CDU mit Michael Kretschmer den Ministerpräsidenten. Dennoch wollen

Teile seiner Landespartei mit der AfD reden, die in einigen Umfragen – so wie bei der Bundestagswahl 2017 – sogar vor der CDU liegt. Selbst der Fraktionschef im Landtag, Christian Hartmann, hatte zwischenzeitlich eine schwarz-blaue Koalition nicht ausdrücklich ausgeschlossen.

Kretschmer jedoch setzt im Wahlkampf auf einen klaren Anti-AfD-Kurs und kann wohl auch so bei der Wahl die Verluste begrenzen. Die CDU verliert Anteile, liegt aber mit 32,1 Prozent noch vor der AfD, die ihr Ergebnis auf 27,5 Prozent nahezu verdreifacht. Die FDP, die einen nationalliberalen Kurs verfolgte, scheitert erneut an der 5-Prozenthürde. Die Linke verliert fast die Hälfte der Mandate. Da auch die SPD nochmals schrumpft, reicht es jenseits von Linke und AfD nur noch für Kenia, ein Bündnis der CDU mit SPD und Grünen. In diese Richtung beginnt Kretschmers CDU auch zu sondieren.

In Brandenburg können die Sozialdemokraten unter Ministerpräsident Dietmar Woidke trotz Verlusten mit 26,2 Prozent Platz 1 vor der AfD verteidigen, die unter Kalbitz 23,5 Prozent erreicht. Die CDU verliert mit 15,6 Prozent ein Drittel ihrer Anteile. Größter Verlierer sind jedoch – wie in Sachsen – die Linken, die noch hinter den gestärkten Grünen landen. Gerade so im Landtag sind erstmals die Freien Wähler. Damit hat die rot-rote-Regierung keine Mehrheit mehr, aber Woidke hat drei Alternativen: Rot-Rot-Grün oder Schwarz-Rot plus Freie Wähler oder Kenia.

Aus den beiden Wahlen lassen sich drei zentrale Schlussfolgerungen ziehen. Erstens: Eine mit dem Amtsbonus eines Ministerpräsidenten ausgestattete Regierungspartei kann dem Bundestrend und der Konkurrenz durch die AfD trotzen und den Machtverlust vermeiden. Zweitens: Die AfD hat trotz ihrer besonders radikalen Prägung in Sachsen und Brandenburg ihre Ergebnisse verdoppelt oder gar verdreifachen können und ist in beiden Ländern klar zweitstärkste Kraft. Und drittens: Mehrheiten sind in Ostdeutschland bestenfalls noch in Dreierkonstellationen möglich.

Die Bundesspitze der CDU atmet vorerst auf. Sachsen ist gehalten, in Brandenburg erscheint trotz der Niederlage eine Regierungsbeteiligung möglich. Die Partei ist nicht gezwungen, ihre Äquidistanz nach rechts und links aufzugeben. Auf die Frage, ob die Union mit der AfD ein Viertel der Wählerschaft außen vor lassen könne, sagt Parteichefin Annegret Kramp-Karrenbauer am Morgen nach der Wahl: „Ja, wir können."[63] Zur Linkspartei, die in Potsdam und Magdeburg auf Nebenrollen reduziert wurde, muss sie sich gar nicht äußern.

Doch für die Thüringer CDU, die sich zwischen einem linken Ministerpräsidenten und einer extremen AfD eingesperrt sieht, ist der Wahlausgang von Sachsen und Brandenburg deprimierend. Sie muss davon ausgehen, dass Ramelow als Ministerpräsident seine Linke in den letzten Wochen vor der Wahl nach oben ziehen wird. Auf der anderen Seite kann die AfD offenbar tun und sagen, was sie will: Sie wird gewählt.

Höcke hat derweil seine Strategie geändert. Das Narrativ der Widerstandsbewegung bis zum totalen Sieg hat plötzlich ausgedient. Er will jetzt regieren, wenn es sein muss, auch unter Führung der CDU.

2016 sprach er noch davon, dass die AfD die „Heimatpartei" von Thüringen werden müsse: „Wenn wir das tun, dann reden wir 2019 bei der Landtagswahl nicht über 15 Prozent, [...] dann reden wir als neue Heimatpartei von 30 plus x Prozent, das ist der Weg, den ich mit Euch gehen will", rief er. „Wir erteilen heute hier in Arnstadt einer Koalition mit einer verbrauchten Altpartei als Juniorpartner eine entschiedene Absage!"[64] Kurz drauf, in Dresden, sagte er: „Wir werden das so lange durchhalten, bis wir in diesem Lande 51 Prozent erreicht haben, oder aber als Seniorpartner – als Seniorpartner! – in einer Koalition mit einer Altpartei sind, die durch ein kathartisches Fegefeuer gegangen ist, die sich selbst wiedergefunden hat, und die abgeschworen hat von einer Politik gegen das Volk ..."[65]

Auch im Landtagswahljahr 2019 gab sich der AfD-Landeschef noch martialisch. Nachdem er zum Beispiel im Juli zum „Flügel"-Treffen in der Obereichsfeldhalle in Leinefelde zu hymnischer Musik einmarschiert war und Fantasieorden wie die „Bismarckmedaille" oder das „Silberne Flügelabzeichen" an verdiente AfD-Kämpfer verteilt hatte, attackierte er neben den „Kartellparteien" die „Spalter" in der AfD. Wenn erst die Landtagswahlen im Osten gewonnen seien, werde er sich um die Wahl des neuen Bundesvorstands kümmern, sagte er. Er selbst werde als Kandidat das Eichsfeld als „CDU-Erbhof" attackieren. „Und selbst wenn ich es am Ende nicht schaffen sollte, liebe Freunde: Dann wird das kein Erbhof mehr sein für die CDU, dann wird er sturmreif geschossen sein!"[66]

Doch Höcke changiert mühelos zwischen Führerpose und taktischer Anbiederung. Im August, auf dem letzten Landesparteitag vor der Wahl, vollzieht er die strategische 180-Grad-Wende, zurück auf die Ausgangsposition aus dem Jahr 2014. „Es gibt eine gut eingespielte parlamentarische Gepflogenheit in Deutschland, dass der Seniorpartner den Ministerpräsidenten stellt", sagt er. „Diese gute parlamentarische Gepflogenheit würden wir als AfD nicht in Frage stellen." Dass CDU-Landeschef Mohring ein Bündnis ausschließt, will Höcke nur als temporäres Problem betrachten: „Auch ein Mike Mohring wird wissen: Sag niemals nie."[67]

Nach den Erfolgen seiner „Flügel"-Kameraden bei den Wahlen in Sachsen und Brandenburg 2019 wirkt Höcke euphorisch. Er fordert die vorgezogene Neuwahl im Bund, um die „Merkel-Ära" schnell zu beenden. Die AfD sei die „neue Volkspartei des Ostens", sagt er.[68] Gleichzeitig wiederholt er eine Kampfansage an das gegnerische Lager um Co-Bundeschef Jörg Meuthen, die er schon auf dem Treffen in Leinefelde geäußert hatte.

Gauland versucht, die Spaltung zu kaschieren. „Ich sehe keinen Machtkampf in der AfD"[69], sagt er. Und was sage er zu Höcke? „Natürlich ist er ein bürgerlicher Politiker", sagt Gauland. „Was sollte ich von einem ehemaligen Studienrat sonst sagen." Koalitionen seien überall möglich, aber dies hänge nicht zuerst von der AfD ab. „Es kommt vor allem auf die CDU an, sie wäre ein möglicher Partner."

Mohring versucht sich im Spagat. „Weil Höcke mit seinen extremen Positionen die Gesellschaft spaltet, heißt es für uns nicht, etwaige Wähler einfach am Rande stehen zu lassen", sagt er. „Nicht jeder ist gleich Nazi, nur weil die Meinung nicht dem Mainstream entspricht."[70] Zugleich redet Mohring erstmals öffentlich von einer Viererkoalition aus CDU, SPD, Grünen und FDP namens Simbabwe. Die im Golfresort getestete Idee einer Expertenregierung erwähnt er aber nicht mehr.

Mitte September beschließt die Thüringer CDU ihr Wahlprogramm auf einem Landesparteitag in Geisa an der Grenze zu Hessen. Der hessische Ministerpräsident Volker Bouffier ist da, auch Vogel, doch ein Teil der Landtagsfraktion fehlt. Inzwischen hat die Linke die Union in den Umfragen überholt. Mohring ruft: „Die Frage ist, wird Thüringen künftig von den Rändern regiert oder aus der Mitte."

Der rote Kretschmann

Doch wo befindet sich die Mitte in Thüringen? Mittlerweile ist Ramelows Beliebtheitswert mit 70 Prozent höher als der von früheren CDU-Spitzenkandidaten wie Althaus und Lieberknecht – und fast so hoch wie der von Vogel bei dessen großem Sieg im Jahr 1999[71]. Selbst 60 Prozent der CDU-Wähler sagen, dass der Linke ein „guter Ministerpräsident" sei; sogar 26 Prozent der AfD-Wähler sind dieser Meinung.

Der Mann wirkt wie eine Art roter Winfried Kretschmann, er ist die linke Wohlfühlvariante des einzigen grünen Regierungschefs aus Baden-Württemberg. Er hat ein Haus in Erfurt gekauft, er himmelt seine Frau per Twitter an, er geht zum Gottesdienst in die Martinikirche und hat sich einen Hund namens Attila angeschafft, den er brav durch den Erfurter Nordpark an der Leine führt und dessen Häuflein er, wenn es sein muss, in Plastiktüten verpackt.

In die Bundespolitik hat sich Ramelow integriert, längst darf er vor Ministerpräsidentenkonferenzen und Bundesratssitzungen an den sogenannten A-Runden der sozialdemokratischen Länder teilnehmen. Sogar mit den Kollegen aus der Union hat sich ein kollegiales Miteinander entwickelt. Der Linke duzt sich nicht nur mit seinem alten Bekannte Bouffier, sondern auch mit anderen Amtskollegen. Gemeinsam mit dem Kieler Regierungschef Daniel Günther (CDU) gibt Ramelow „Spiegel" ein Interview, in dem Günther sagt: „Die Zeit der Ausgrenzung ist vorbei."[72] Klar wünsche er sich Mohring als Sieger bei der Landtagswahl in Thüringen, zudem verträten er und Ramelow „in vielen Fällen völlig entgegengesetzte politische Ansichten". Aber: „Ich akzeptiere diese Unterschiede, und wir beide geben uns persönlich nicht noch einen mit. Das zeichnet den Linken aus."

Auch mit Joachim Gauck, der sich 2014 gegen die Wahl Ramelows aussprach, hat sich der Linke längst vertragen. Als der Bundespräsident 2015 ein Treffen mit anderen nicht-exekutiven europäischen EU-Staatsoberhäuptern in Thüringen abhielt, traf er sich mit Ramelow privat auf der Wartburg nahe Eisenach. Beim Abendbrot tranken der vormalige Pastor und der Protestant ein Glas Schnaps. Ramelow erzählte danach gerne diese Anekdote: Bruder Joachim und Bruder Bodo hätten sich an dem Ort, wo Martin Luther die Bibel übersetzte, miteinander versöhnt: Mehr evangelische Harmonie gehe kaum.

Auch öffentlich äußert sich Gauck mittlerweile freundlich über Ramelow: „Ich muss doch imstande sein, einen Hardcore-Kommunisten, der Mitglied in der Linken ist, zu unterscheiden von einem Ministerpräsidenten, der aus der gewerkschaftlichen Tradition stammt und der doch gezeigt hat, dass er mit einem linken Profil dieser Gesellschaft nicht schadet", sagt er am 3. Oktober 2019. „Das heißt, dass wir unter Umständen auch mal neu hinschauen müssen und unsere früheren Abgrenzungen noch mal überprüfen. Auch parteipolitisch."[73]

Zudem kann Ramelow auf eine unaufgeregte Bilanz verweisen, die sich beinahe bruchlos an die 24 Jahre der CDU-Regierungen fügt. Im Ost-Vergleich bleibt Thüringen gut positioniert, in Bildungsrankings, aber auch bei den Beschäftigungszahlen. Vor allem aber: Dank der Hochkonjunktur hat das Land so viel Geld wie noch nie eingenommen und damit die sinkenden Zuschüsse aus dem auslaufenden Solidarpakt II mehr als kompensiert. Nur so konnte Rot-Rot-Grün die jährlichen Ausgaben um 20 Prozent steigern und trotzdem gut eine Milliarde an alten Schulden abbauen.

Woran die Koalition nichts ändern konnte: Es fehlt an Eigenkapital, Wertschöpfung und Forschungsressourcen. Und es fehlt inzwischen auch an Lehrern, Polizisten, Landärzten, Lehrlingen, Fachkräften sowie überhaupt an Menschen im arbeitsfähigen Alter. Die Abwanderung, die nach dem Mauerfall eingesetzt hatte, ist zwar gestoppt, manche kehren sogar zurück. Aber der Bevölkerungsverlust scheint nicht aufzuhalten, die Überalterung auch nicht. In manchen Regionen ist schon fast jeder dritte Einwohner in Rente.

Neue Ideen, diesem fatalen Trend entgegenzuwirken, hat auch Rot-Rot-Grün nicht. Zwar wirbt der Ministerpräsident Auszubildende in Vietnam an und startet Ausbildungs- und Arbeitsbeschaffungsprogramme für Geflüchtete, doch nur wenige Migranten kommen auf dem ersten Arbeitsmarkt unter.

Exklusive Errungenschaften kann die einzige Linke-Regierung der Republik kaum vermelden. Ja, ein Kindergartenjahr ist von den Elterngebühren freigestellt und das nächste zumindest beschlossen. Doch dies taten auch andere, vom rot-rot-grün regierten Berlin bis zum schwarz-gelben Nordrhein-Westfalen, zumal davon vor allem die Mittelschicht in den größeren Städten profitiert. Das originär Linke beschränkt sich zumeist auf Symbolpolitik wie eine parlamentarische Enquetekommission gegen Rassismus. Bis zu der von Hoff erhofften Hegemonie ist es offenkundig ein langer Marsch.

Mohring versucht dennoch, die Anti-Ramelow-Stimmung von 2014 zu reanimieren. Unermüdlich warnt er im Landtag, auf Marktplätzen und im Internet vor der sozialistischen Gefahr. Am 3. Oktober 2019 steht er auf einer Bühne in Mödlareuth, einem kleinen Dorf in Südostthüringen, das ein kleines Flüsschen in einen bayerischen und einen thüringischen Teil trennt. In der DDR teilte erst ein Zaun, dann Stacheldraht und schließlich eine Mauer den Ort. US-Soldaten nannten es „Little Berlin".

Nun gibt es hier ein Museum und immer mal wieder größere Veranstaltungen, die wahlweise der Erinnerung oder der Propaganda dienen. Zum 29. Jahrestag der Wiedervereinigung hat die Union ein blau-weißes Bierzelt für ein „Deutschlandfest" aufgebaut, auch die CDU-Vorsitzende Kramp-Karrenbauer und CSU-Chef Söder sind da. Mohring redet über die Teilung, über die SED, die sich jetzt Linke nenne und ruft vom Rednerpult: „In Ramelows Linkspartei, da mögen sich manche von ihm blenden lassen, aber dahinter stehen die Ziehgruppen der Antifa". Dabei wolle die Partei des Ministerpräsidenten eine völlig andere Gesellschaft. „Und die wollen das genauso wie die AfD."[74]

Ramelow hält kühl dagegen. Auf den Wahlplakaten, die ihn zeigen – und das sind fast alle – fehlt das Parteilogo. Sowieso ist die Polemik der CDU vor allem politisches Theater: Jenseits ideologischer Symbolpunkte wie Verfassungsschutz und Gesamtschule unterscheiden sich die Programme gar nicht so sehr. Die Grenzen für die Politikgestaltung sind eng, die Hoheit der Länder beschränkt sich auf Bildung und Polizei, mehr als 95 Prozent der Ausgaben sind durch Bundesgesetze und EU-Richtlinien festgelegt.

Auch Mohrings Verweis auf die SED klingt künstlich, er hat die DDR bloß als Jugendlicher erlebt, er zitiert nur die historische Dimension der Gegnerschaft. Und so sitzt er wenige Abende vor der Landtagswahl im „Speicher" in Erfurt, einer Kneipe, in der sich gerne Künstler und Studenten treffen, in der man rauchen und fränkisches Hell trinken kann und in der sich Thüringen fast urban anfühlt. Hierher hat die Berliner Tageszeitung „taz" zur linksschwarzen Debatte eingeladen. Mohring ist anlassgerecht in Lederjacke und Jeans erschienen. Neben ihm lümmelt sich die sechs Jahre jüngere Linke Susanne Hennig-Wellsow auf der Bühne. Die beiden Landesvorsitzenden duzen und witzeln sich durch den Abend. Als Hennig-Wellsows Bier alle ist, sagt sie: „Wenn du zum Tresen gehst, kannste mir eins mitbringen, Mike." Sie habe kein Geld dabei. Mohring antwortet „typisch Linke" und läuft brav los.[75]

Die Stimmung ist entspannt und irgendwann steht die gemeinsame Front. Hennig-Wellsow sagt, dass sie finde, dass auf der Landesliste der „faschistischen AfD" mehrere Polizisten stünden, die teilweise im Dienst auffällig geworden seien. „Mir muss doch keiner erzählen, dass wir in der Polizei kein Problem haben", sagt sie. „Diese Leute würde ich aus dem Polizeidienst entfernen."[76]

Mohring widerspricht nicht und grenzt sich maximal zur AfD ab. „Ich finde, Höcke ist ein Nazi, das haben auch andere festgestellt", sagt er. „Das ist ganz klar, dass dieser Typ, der die AfD prägt, mit seinem ‚Flügel' dafür sorgt, dass diese AfD sich völlig rechtsradikalisiert. Mit denen werden wir nicht zusammenarbeiten. Da gibt es gar kein Fackeln, weder vor noch nach der Wahl."

Es ist insbesondere ein Szenario, das Hennig-Wellsow und Mohring an diesem Abend unfreiwillig vereint: Die AfD könnte dafür sorgen, dass es weder für Rot-Rot-Grün noch eine bürgerliche Mehrheit reicht.

Der Cowboy

Und noch eine andere Partei macht die Situation volatil, wenn auch aus anderen Gründen. Schaffte es die FDP zurück in den Landtag, würde es für Rot-Rot-Grün noch enger. Dann verfielen nicht wie 2014 die Stimmen für die Liberalen, womit auch nicht mehr 46 Prozent der Wähler für eine Mehrheit der Sitze reichten. Und als Appendix für eine Linksregierung fällt die FDP jedenfalls aus: Wie die CDU hat sie kategorisch ausgeschlossen, mit Linke oder AfD zusammenzuarbeiten.

Am Ende könnte damit alles an der FDP und ihrem Landesvorsitzenden Kemmerich hängen – was dieser als zentrales Verkaufsargument nutzt. Seine Partei besitze „eine klare strategische Funktion", sagt er. „Die Wähler wissen: Wenn sie uns wählen, können sie dafür sorgen, dass die aktuelle Landesregierung keine Mehrheit mehr hat."[77]

Kemmerichs antisozialistische Reflexe wirken echt. Das liegt daran, dass er Unternehmer ist, aber wie Ramelow und Höcke auch ein Kind der BRD. 1965 in Aachen geboren, gelangt er nach dem Jurastudium in Bonn im November 1989 erstmals nach Erfurt. Er heiratet eine Einheimische, bekommt mit ihr mehrere Kinder und gründet aus den Resten der staatlichen DDR-Handwerksbetriebe eine Friseurkette, die mit den Jahren auf 20 Geschäfte und 150 Mitarbeiter anwächst.

In die FDP geht Kemmerich erst mit Anfang 40, umso schneller macht er Karriere. 2009 gehört er zu der Fraktion, die nach 15 Jahren parlamentarischer Abstinenz in den Landtag einzieht. Fünf Jahre später, nach dem Absturz auf 2,5 Prozent, fliegt er wieder aus dem Parlament, sichert sich aber Ende 2015 mittels eines rüden Manövers den Landesvorsitz. Zur Bundestagswahl 2017 tritt er als Spitzenkandidat in Thüringen an und schafft es nebst seiner Partei ins Berliner Parlament, wo er einen Sitz im Wirtschaftsausschuss übernimmt.

Kemmerichs Fokus aber bleibt auf Thüringen, wo er ein breites Netzwerk aufgebaut hat, in Unternehmerkreisen, aber auch in den Karnevalsvereinen Erfurts, deren Präsident er ist. Als er 2019 erklärt, seine Partei zurück in den Landtag führen zu wollen, stellt sich niemand gegen ihn. Im Wahlkampf macht er seine markant-maskuline Erscheinung – Glatze, Anzug, Cowboystiefel – zum Image einer professionellen und selbstironischen Kampagne. Auf den Plakaten steht „Endlich eine Glatze, die in Geschichte aufgepasst hat". Soll heißen: Er ist der wahre Gegner der Rechten.

Auch die Bundespartei ist animiert, nachdem in Dresden und Potsdam die Liberalen an der 5-Prozent-Hürde gescheitert sind. Eine Rückkehr der FDP in den Thüringer Landtag könne „mitentscheidend dafür sein, eine linke Regierung zu verhindern", sagt Parteichef Christian Lindner. „Anders als in Brandenburg und Sachsen spricht die Wahltaktik nicht gegen uns."

Somit sind die Stellungen bezogen. Rot-Rot-Grün will zusammenbleiben, Linke und SPD haben dies extra mit Beschlüssen untersetzt. Die CDU setzt auf eine Simbabwe-Koalition, zu der aber bislang nur die FDP bereit erscheint. Die AfD ist offiziell außen vor.

Oder? Der CDU-Verein, der sich „Werteunion" nennt und in Thüringen um die 100 Mitglieder zählt, hat Hans-Georg Maaßen eingeladen. So wie zuvor in Sachsen und Brandenburg begibt sich der 2018 geschasste Ex-Präsident des Bundesverfassungsschutzes auf Wahlkampftour, um seine Thesen zu vertreten, die der AfD stark ähneln. Gleich viermal gastiert er in Thüringen, darunter in Meiningen bei CDU-Fraktionsvize Heym und in Gotha beim Landtagsabgeordneten Jörg Kellner. Beide sind Anhänger Mohrings, dem die Auftritte jedoch unangenehm sind. „Wir erwarten von jedem, der in unserem Wahlkampf auftritt, dass er unsere Botschaften teilt und für die Wahl der CDU und ihres Spitzenkandidaten wirbt, aber keine eigene Agenda mitbringt", sagt er.[78]

Maaßen äußert sich vorsichtig. Eine Partei wie die AfD, „die aggressive, in Teilen radikale, vielleicht in Teilen auch extremistische Herangehensweisen zur Lösung von Problemen" propagiere, sei kein Koalitionspartner, sagt er. Er sehe eine Entwicklung zur politischen Mitte „nicht für morgen und auch nicht für übermorgen".[79] Rot-Rot-Grün bezeichnet er hingegen sehr klar und schlicht als „Neuauflage des Sozialismus".

Nun mischt sich auch die einstige CDU-Bundestagsabgeordnete Vera Lengsfeld ein – und dies gleich hunderttausendfach. Sie stammt aus Thüringen, wurde als Oppositionelle in der DDR von der Staatssicherheit verfolgt und fand über die Bürgerbewegung zu den Grünen, bis sie Ende der 1990er Jahre zur CDU wechselte. Inzwischen steht sie der „Werteunion" nahe und lässt eine Gratiszeitung namens „Der Wahlhelfer" in ganz Thüringen verteilen. Darin wirbt sie indirekt für eine Zusammenarbeit von CDU und FDP mit der AfD – allerdings mit einer Bedingung. „So lange die AfD Höcke in ihren Reihen hat", schreibt sie, „wird sie sich den Vorwurf, nationalen Sozialisten eine Heimat zu bieten, gefallen lassen müssen." Ähnlich äußert sich in der Zeitung der Apoldaer Ex-Landrat Hans-Helmut Münchberg, der einst in der CDU war. „Wenn [Höcke] mehr am Wohl des Landes Thüringen liegt als an seiner eigenen politischen Karriere", formuliert er, „muss er den Weg für dieses Wohl freimachen."

Das heißt: Tritt Höcke in die zweite Reihe zurück, ist mit der AfD alles möglich. Die Koalitionsfrage wird an eine einzige Personalie geknüpft.

Wahlkampf-Finale

Die Tage vor der Wahlsonntag am 27. Oktober sind ungewöhnlich mild, es ist ein warmer Herbst. Viele Parteien bieten noch einmal ihre Politprominenz auf. Gregor Gysi absolviert am Freitag mit Ramelow die linke Abschlusskundgebung, die grünen Vorsitzenden Robert Habeck und Annalena Baerbock treten gemeinsam in Jena auf. Am Samstag hat die AfD auf den Domplatz in Erfurt geladen. Andreas Kalbitz ist aus Potsdam angereist, auch der sächsische Landeschef Jörg Urban ist da. Etwa 1200 Menschen sind gekommen, um vor allem Höcke zu hören. Hinter Absperrzäunen skandieren lautstark mehrere hundert linke Gegendemonstranten „Landolf

Ladig, Landolf Ladig!" und spielen laut Musik ab. Zwischen beiden Lagern stehen einige Hundertschaften Polizei.

Kalbitz zieht über Migranten „mit ihren Kopftüchern und Kinderwagen" her, derweil aus dem Publikum „Abschieben, Abschieben"-Rufe ertönen. Zum Schluss ruft er: „Ich möchte später sagen können, ich habe für mein Land gekämpft und nicht nur mein Reihenhaus abbezahlt. Das ist im Kalifat nichts mehr wert. Holen wir uns unser Land zurück."[80] Höcke echot Kalbitz, redet von einer „Abschiebeinitiative 2020" und davon, dass nach Sachsen und Brandenburg nun in Thüringen der nächste große Triumph bevorstehe. Er wird frenetisch gefeiert.

Nach zwei Stunden ist die „Flügel"-Show auf dem Domplatz vorbei. Während die Tribüne abgebaut wird, steht wenige hundert Meter östlich Mike Mohring auf einer sehr viel kleineren Bühne, neben sich Annegret Kramp-Karrenbauer und Tilman Kuban, der Bundeschef der Jungen Union. Alles wirkt beengt, der Wenigemarkt ist nicht groß und mit gut 100 Menschen schon fast gefüllt. Aber so wird zumindest der Eindruck vermieden, dass sich nur wenige für die formal größte Landespartei interessieren.

Mohring redet noch einmal davon, dass es um die Abwahl Ramelows gehe und eine „Regierung der bürgerlichen Mitte" – und dass die AfD eben „keine Alternative" sei. Kramp-Karrenbauer ruft, dass es Rot-Rot-Grün „versemmelt" habe.

Dabei ist die Umfragelage für die CDU deprimierend. Die Linke führt mit 28 Prozent, die CDU liegt bei 23 Prozent, noch hinter der AfD. Die SPD ist auf 9 Prozent gefallen, Grüne und FDP wären mit jeweils 7 und 5 Prozent im Landtag. Käme es so, reichte es weder für Rot-Rot-Grün noch für eine Simbabwe-Koalition, sondern nur für eine Minderheitsregierung – oder ein Bündnis von Linke und CDU. Aber dagegen stehen nicht nur Parteitagsbeschlüsse.

„Eine Koalition mit der Linken ist für mich unvorstellbar", hat Bernhard Vogel vor dem Wahlwochenende gewarnt. „Eine solche Koalition würde mit Recht einen erheblichen Teil unserer Wähler vertreiben."[81] Mohring macht präventiv den Bund für die drohende Niederlage verantwortlich. „Wir kämpfen auch gegen ein fehlendes Zutrauen in die große Koalition an"[82], sagt er.

Unrecht hat er damit nicht: CDU und SPD schwächeln bundesweit, das Scheitern der Pkw-Maut dominiert die Berichterstattung. Auch die Einigung über die Grundrente verzögert sich; SPD-Landeschef Tiefensee wirkt darüber ähnlich frustriert wie Mohring, mit dem er in der zuständigen Arbeitsgruppe in Berlin sitzt. Der Sozialdemokrat leidet auch darunter, dass seine Partei nach dem Rücktritt der Bundesvorsitzenden Andrea Nahles seit Monaten damit beschäftigt ist, eine neue Doppelspitze zu wählen. Das Zwischenresultat der Urwahl – Olaf Scholz und Klara Geywitz gehen gegen Norbert-Walter Borjans und Saskia Esken ins Stechen – wird ausgerechnet am Samstag vor der Thüringer Wahl bekanntgegeben. Immerhin: Alle Kandidatinnen und Kandidaten sind von der Partei an diesem Tag noch einmal in Erfurt zum Wahlkampffinale zwangsverpflichtet worden.

KAPITEL 4
OHNE MEHRHEITEN

Dann, endlich, ist Sonntag. Wahltag. Am Abend zeigt sich, dass die Meinungsforschungsinstitute insgesamt richtig lagen. Die Linke wächst mit 31 Prozent sogar noch stärker als prognostiziert. Erstmals ist die Partei in einem Parlament stärkste Kraft. Es ist ein ganz persönlicher Sieg Ramelows, der sein Direktmandat in der Landeshauptstadt mit mehr als 40 Prozent gewinnt. Die Landespartei feiert im „Zughafen" in der Nähe des Erfurter Hauptbahnhofs eine rauschende Party, Susanne Hennig-Wellsow und Bundeschefin Katja Kipping strecken jubelnd ihre Fäuste nach oben.

Aber auch für Höcke ist es ein Triumph. Die AfD verdoppelt ihre Anteile und liegt vor der CDU. „Der Mief und der Muff werden jetzt abgeräumt werden, liebe Freunde", ruft er, während Alexander Gauland und Andreas Kalbitz neben ihm stehen: „Wir werden uns jetzt unser Land weiter zurückholen!"

Höcke wittert seine Chance. Denn Ramelows so grandios wirkender Sieg ist hohl. Rot-Rot-Grün hat keine Mehrheit mehr. Es reicht auch nicht für andere bekannte Zweier- und Dreierkoalitionen. Ja, es reicht nicht einmal für Simbabwe. Die alten, in 70 Jahren Bundesrepublik entwickelten Regeln greifen nicht mehr. Da die AfD für nichts infrage kommt, bleiben Ramelow als mögliche weitere Bündnis- oder Tolerierungspartner die CDU oder die FDP, für die eigens noch einmal nachgezählt wird: Sie hat es mit genau 73 Stimmen über die 5-Prozent-Hürde geschafft.

Doch die Liberalen wiederholen rasch ihre Wahlkampfbotschaft. „Für die FDP ist eine Zusammenarbeit mit Linke und AfD ausgeschlossen", sagt Bundeschef Lindner, „weil beide Parteien die Wirtschafts- und Gesellschaftsordnung in Deutschland verändern wollen".[83] Ramelow müsse selbst zusehen, wie er ein Kabinett bilde, und sei es eine Minderheitsregierung.

Bleibt nur die CDU. Was wird die Partei tun? Die halbe Republik schaut auf Mohring. Auch Ramelow wartet: Für den Linken ist dies genau die Situation, von der die beiden an der Bleiloch-Talsperre sprachen. Jetzt müssten sie miteinander reden. Doch Mohring entzieht sich dem Ministerpräsidenten. Obwohl es am Wahlabend abseits der zahlreichen Interviews und Fernsehrunden im Landtag genügend Gelegenheiten gibt, sich kurz in einen Nebenraum zurückzuziehen, wirkt der Wahlverlierer nicht daran interessiert.

Also bekräftigt Ramelow seinen Machtanspruch, so deutlich er nur kann. „Ich sehe mich ganz klar gestärkt", sagt er in die Kameras. „Bei dem Zustimmungswert, den meine Partei bekommen hat, ist der Regierungsauftrag ganz eindeutig bei meiner Partei." Die Wählerinnen und Wähler besäßen offenkundig Vertrauen in seine Kraft, eine zukünftige Regierung zügig zu bilden. Genau dies werde er auch tun: „Ich habe natürlich die Absicht, mich sehr schnell im Parlament zur Wahl zu stellen."

Und die fehlende Mehrheit? Hoffe er jetzt auf die CDU? Ramelow gibt sich in seinen Antworten diplomatisch, er vermeidet Reizworte wie Koalition und Tolerierung. „Alle Demokraten müssen in der Lage sein, miteinander zu sprechen", sagt er. „Lasst uns doch auch mal ausloten, was es an gemeinsamer Kraft im Parlament gibt. Und das ist noch jenseits von der Frage, wer mit wem offiziell in Regierungsgespräche eintritt." In Thüringen sei es immer wieder geschafft worden, „über scheinbare parteipolitische Gräben hinweg" in entscheidenden Fragen an einem Strang zu ziehen.

Statt einer Botschaft Mohrings erhält Ramelow noch am Wahlabend eine SMS von seiner Amtsvorgängerin. Lieberknecht gratuliert ihm zu seinem „persönlichen Ergebnis", dass jetzt „Ansporn" zu einem „innovativen Miteinander von parlamentarischer und direkter Demokratie" sein müsse. Ramelow antwortet: „Wenn die parlamentarische Zusammenarbeit in Deiner Partei so verstanden wird, wie Du und ich es immer praktiziert haben, dann wird es gelingen."

Alles hängt somit an Mike Mohring, der am späten Abend mit blassem Gesicht und feuchten Augen im „Dompalais" sitzt. Die Wahlparty, zu der seine CDU geladen hatte, ähnelt einer Trauerfeier. Aber der Landesvorsitzende hat sich entschieden, die politischen Naturgesetze zu ignorieren: Er wird nicht die Verantwortung für die Niederlage übernehmen oder gar zurücktreten. Er wird kämpfen.

Mohring sieht sich als Opfer widriger Umstände und seiner tatsächlichen wie vorgeblichen Feinde. Intern verweist er auf die Polarisation zwischen Linke und AfD, den prekären Zustand der Großen Koalition und die Borniertheit der CDU-Bundesspitze. Öffentlich sagt er: „Für Thüringen ist das für die demokratische Mitte ein bitteres Ergebnis". Die CDU habe für die „demokratische Mitte" gekämpft, „und diese demokratische Mitte hat keine Mehrheit bekommen". Dennoch sei es, irgendwie, auch ein Sieg: „Rot-Rot-Grün hat heute keine Mehrheit bekommen. Die Regierung Ramelow ist abgewählt. Auch das ist ein Ergebnis dieses Tages."

Mohring ahnt, dass er kaum noch König werden dürfte. Aber er könnte Königsmacher werden. „Zunächst heißt es, klug zu überlegen, was ist für unser Land wichtig, und wie können wir unsere Demokratie stabilisieren", sagt er. „Das Wahlergebnis hat uns auch besondere Denksportaufgaben mitgegeben." Wie er das meine? Mohring antwortet kryptisch: „Die Wähler wollen offensichtlich auch, dass man mehr miteinander spricht und auch über die Lager miteinander spricht."

Heißt das, dass er mit der Linken reden will? In Berlin legt CDU-Generalsekretär Paul Ziemiak für die Parteispitze vorsorglich ein Veto ein. „Unser Wort gilt nach den Wahlen, genau wie wir es vor den Wahlen gesagt haben", dekretiert er. „Es wird keine Koalition der CDU mit der Linkspartei oder der AfD geben."

Und was ist mit Simbabwe? Dieses Modell wirkt noch unwahrscheinlicher als eine Linke-geführte Minderheitsregierung. CDU,

SPD, FDP und Grüne kommen gemeinsam auf gerade einmal 39 der 90 Sitze im Landtag – das sind sogar noch drei weniger als Rot-Rot-Grün. Zumal, die SPD hat sich lange vor der Wahl per Vorstandsbeschluss darauf festgelegt, das rot-rot-grüne Bündnis fortzusetzen. Die Grünen wiederum tun sich vor allem schwer mit der FDP, spätestens seit Christian Lindner im Herbst 2017 aus Sondierungsgesprächen für eine Jamaika-Koalition im Bund ausgestiegen war.

So sehr Sozialdemokraten und Grüne von ihren Verlusten geschockt wirken und so sauer sie auf die Linke sind: Falls sie nur die Wahl haben zwischen Ramelow und Mohring/Kemmerich, werden sie sich für Ramelow entscheiden. Das ist am Wahlabend in Erfurt deutlich spürbar.

Mohring steht somit vor einer schier unlösbaren Aufgabe. Der Abgrenzungsbeschluss seiner Partei verbietet ihm direkte Gespräche mit Linke und AfD. Gleichzeitig wirkt nur die FDP für eine bürgerliche Minderheitsregierung bereit. Und bei allen Relativierungsübungen: Ramelow ist nun mal der Wahlsieger – und er selbst der Verlierer. Zumal, die Wähler in Thüringen scheren sich wenig um Abgrenzungsbeschlüsse aus Berliner Bundeszentralen. Und das Land braucht eine Regierung. Die Bürger haben ihren Willen bekundet, nun ist es an den Politikern, damit umzugehen.

Für die CDU gibt es nur zwei Auswege aus dem Dilemma. Der eine führt nach rechts, auf ihm hatte sich Mohring jedoch schon im Jahr 2014 verlaufen. Bleibt der Weg nach links. Es ist fast Mitternacht, als der CDU-Landeschef im „Dompalais" wieder im Hintergrundgespräch mit Journalisten eine Idee testet. Er wolle mit Ramelow reden, sagt er. Und er wolle nicht nur tolerieren.

Er wolle regieren.

Thüringen-Tag in Berlin

Der nächste Morgen. Mike Mohring steht sichtlich müde im Hauptstadtstudio der ARD, um das Interview für das „Morgenmagazin" zu absolvieren. Hinter ihm glänzt die Kuppel des Reichstags im Morgenlicht. Er hat sich auf der nächtlichen Fahrt nach Berlin endgültig entschieden. Er wird es wagen. Und so sagt er: „Die CDU in Thüringen ist bereit für Verantwortung, wie auch immer die aussehen kann und sollte. Deswegen muss man bereit sein, nach diesem Wahlergebnis auch Gespräche zu führen. Ohne was auszuschließen, aber in Ruhe und Besonnenheit." Darüber werde „alleine in Thüringen" entschieden, nicht in den Parteizentralen.

Die Journalistin, die ihm gegenübersteht, fragte nach: „Sie wünschen sich für Thüringen stabile Verhältnisse. Heißt das im Umkehrschluss, die CDU muss darüber nachdenken, mit der Linken eine Koalition einzugehen?" Mohring antwortet: „Das heißt zunächst, dass die CDU bereit ist, Verantwortung zu übernehmen, auch nach diesem äußerst schwierigen Wahlergebnis."

Frage: „Jetzt interpretiere ich das mal, dass Sie sagen, jemand der Verantwortung übernimmt, der geht auch mit in die Regierung, mit den Linken?"

Mohring schluckt, dann antwortete er: „Wir sind bereit für so 'ne Verantwortung, müssen zunächst ausloten: Was heißt das für Thüringen? Das heißt, das, was wir vor der Wahl zugesagt haben, kann man nach der Wahl umsetzen. Mir sind stabile Verhältnisse wichtiger für das Land, als dass es nur um parteipolitische Interessen geht. Das ist ja offensichtlich auch das Votum der Wähler gestern gewesen, dass die Parteipolitik nicht vorn steht, sondern die Interessen des Landes." Er brauche nicht Berlin, um zu wissen, „was nützlich für Thüringen" sei.

Das ist es also, das Angebot, auf das Ramelow am Wahlabend vergeblich wartete. Mohring fährt zum Konrad-Adenauer-Haus, zu den montäglichen Sitzungen der CDU-Gremien. Dort angekommen, erhält er kurz nach 9 Uhr eine SMS vom linken Ministerpräsidenten. Ramelow zitiert Bernhard Vogel: „Erst das Land, dann die Partei, dann die Person." Er stehe deshalb jederzeit für ein Gespräch bereit, es gelte „das vertrauliche Wort." Mohring schreibt zurück: „Bin in den Gremien." Er melde sich.

Dann beginnt die Aussprache im Adenauer-Haus. Mohring hat ein Begründungsproblem. Aus Sicht vieler in der Unionsspitze ist Thüringen viel zu klein und unwichtig, um das linke Tabu zu lockern. Schließlich stellt die frühere SED ja bloß in Erfurt den Regierungschef – überall sonst im Osten schrumpft sie gerade zur Kleinpartei, die sie im Westen immer war. Warum sie jetzt aufwerten? Hinzu kommt ein anderes, deutlich schwerer wiegendes Argument: Eine Annäherung zur Linken dürfte die unselige, nach der Sachsen-Wahl vorerst beendete Öffnungsdebatte gegenüber der AfD reanimieren.

Und so steht erst einmal eine gefühlte Mehrheit im Präsidium gegen Mohring. Eine Zusammenarbeit mit der Linken sei undenkbar, wird ihm mitgeteilt, von Jens Spahn oder Julia Klöckner. Doch es gibt auch jene, die sagen, dass der Landesvorsitzende einen gewissen Verhandlungsspielraum benötige, und sie gewinnen die Überhand. Zu ihnen gehören Bundestagspräsident Wolfgang Schäuble, Ministerpräsident Günther und Wirtschaftsminister Peter Altmaier, aber auch Merkel. Mohring versichert, dass er wisse, was er tue. „Ich brauche das Vertrauen und die Freiheit, dass ich mit ihm reden kann", sagt er. „Ramelow ist inhaltlich leer. Und wir werden als Union alles mit ihm machen können. Ich halte es sonst nicht durch, wenn wir nicht reagieren."

So lauten einige der Sätze, die von der „Bild"-Zeitung online fast live veröffentlicht werden[84] – und, für sich genommen, geradezu verächtlich gegenüber Ramelow klingen. Sie werden später von Mohring bestätigt, wobei er dazu sagen wird, dass sie aus dem Kontext gerissen worden seien.

Doch der Thüringer Landeschef ist nicht der Einzige, der in der Union um sein politisches Überleben kämpft. In Folge seiner

Wahlniederlage eskaliert der Machtkampf um die Kanzlerkandidatur für die Bundestagswahl 2021. Schon nach dem Absturz in Brandenburg und dem schwachen Ergebnis in Sachsen wirkte Bundeschefin Kramp-Karrenbauer beschädigt. Merz, Spahn und ihre anderen Gegner hatten nur die Wahl in Thüringen für ihren Angriff abgewartet – der nunmehr beginnt.

Der Chef der Jungen Union, Tilman Kuban, sagt in der Sitzung des Bundesvorstands, die sich dem Präsidium anschließt, dass die Führungsfrage „jetzt geklärt" werden müsse. Die Unklarheit verunsichere Mitglieder und Wähler.[85] Kramp-Karrenbauer antwortet ihm, dass sie noch immer die Vorsitzende sei und die K-Frage erst in einem Jahr anstehe. Wer eine frühere Entscheidung wolle, solle dies sagen und sich auf dem Bundesparteitag im November zur Wahl stellen.

Am Mittag tritt Kramp-Karrenbauer mit Mohring im Adenauer-Haus vor die Presse, beide positionieren sich hinter silbernen Pulten, über ihnen steht: „Die Mitte." Die Vorsitzende beginnt. „Das war ein bitterer Tag für Thüringen", sagt sie. „Ein bitterer Tag für uns als CDU." Dann entlastet sie Mohring. Er habe einen „unglaublich engagierten Wahlkampf" geführt, sagt Kramp-Karrenbauer. Aber wie schon in Brandenburg und Sachsen habe es „keinen Rückenwind aus Berlin" gegeben. Union und SPD seien zu sehr „mit Interna" beschäftigt: Die SPD steht vor der Stichwahl um den Parteivorsitz, und auch „in der CDU gibt es Diskussionen, die hinlänglich bekannt sind".

Dann verkündet Kramp-Karrenbauer den Formelkompromiss, den Mohring erstritten hat. Der Abgrenzungsbeschluss habe Bestand, das stehe außer Frage. Aber: „Wenn es jetzt vom Ministerpräsidenten des Landes Thüringen, von Bodo Ramelow, einen Gesprächswunsch an den Fraktionsvorsitzenden, an den Landesvorsitzenden Mike Mohring gibt, dass Mike Mohring gesagt hat, er will das Gespräch auch führen, das ist im Grunde genommen auch eine parlamentarische Selbstverständlichkeit, das nehmen wir zur Kenntnis."

Das ist er also, der schmale Spalt im politischen Abgrenzungszaun, durch den sich Mohring schlängeln könnte. Aber erst einmal will er sich vor den Hauptstadtmedien rechtfertigen. Seine Landespartei, sagt er, habe „den Auftrag, verantwortlich mit dem Ergebnis umzugehen", zumal man bei den Erststimmen „auf Platz 1" eingelaufen sei, „vor der Linkspartei und vor der AfD". Alle 21 CDU-Abgeordneten seien direkt über ihren Wahlkreis in den Landtag eingezogen, im Durchschnitt mit zehn Prozentpunkten über dem Zweitstimmenergebnis. „Das wiederum heißt, dass nicht die Frage war, wie kommt die CDU vor Ort in Thüringen an, sondern wie steht's um das Vertrauen und die Bindungsfähigkeit der CDU Deutschlands an sich."

Das ist eine ziemlich sportliche Interpretation der Ereignisse. Der Mann, der seine Landespartei in die schwerste Niederlage ihrer Geschichte führte, will damit nichts zu tun haben. Im Gegensatz zu Kramp-Karrenbauer, die Mitverantwortung übernimmt, will er sich frei von Schuld betrachten. Im Gegenteil: Kein anderer deutscher Oppositionspolitiker, sagt er, besitze eine derart hohe Bekanntheit im eigenen Land wie er.

Schließlich kommt Mohring zum eigentlichen Thema. Er sei dem Parteipräsidium dankbar, „dass ich der Einladung des Ministerpräsidenten Bodo Ramelow, Gespräche zu führen, aus staatspolitischer Verantwortung nachkommen" könne. „Nicht mehr oder nicht weniger." Natürlich führe er die Gespräche „nicht mit der Parteivorsitzenden der Linken", er führe sie nur mit dem Ministerpräsidenten. „Und ich finde das selbstredend und verantwortlich fürs Land."

Zumal, sagt Mohring, das sei „keine Präjudizierung für irgendwelche Zusammenarbeit". Es gehe allein darum, zu sondieren, was „überhaupt möglich" sei. „Wenn sich die CDU all dem verweigern würde, dann würde sie ihrer Verantwortung nicht gerecht werden." Wichtig sei, dass Ramelow nicht lange geschäftsführend im Amt bleibe, „das ist die schlechteste aller Lösungen für Thüringen".

Die Journalisten haben viele Fragen. Wie werde sich die Thüringer CDU verhalten, wenn Ramelow zur Wiederwahl antrete? Jetzt wird Mohring sehr deutlich. „Rot-Rot-Grün ist abgewählt", sagt er. „Ich kann mir keine Situation vorstellen, dass die abgewählte Landesregierung von Rot-Rot-Grün durch die Unterstützung der CDU in eine neue Regierungsverantwortung gehoben wird. Das, glaube ich, schließt sich aus. Das würde meine Partei auch zerreißen."

Ist das wirklich Mohrings Strategie? Oder anders gefragt: Ist das überhaupt eine Strategie? Die CDU will mit Ramelow, aber nicht der Linken, über etwas reden, was nicht zur Fortsetzung von Rot-Rot-Grün oder einer Wiederwahl von Ramelow führen darf. Wie soll das bitteschön funktionieren? Will er ihm eine Expertenregierung vorschlagen, die er im Sommer erwog? Oder glaubt er wirklich, die Linke davon überzeugen zu können, eine bürgerliche Koalition unter seiner Führung zu tolerieren?

Es sieht nicht danach aus, als besitze Mohring darauf Antworten. Es geht ihm wohl erst einmal darum, Zeit zu gewinnen.

Auch Annegret Kramp-Karrenbauer kämpft. Als sie auf der Pressekonferenz auf den längst durchgestochenen Satz des JU-Vorsitzenden Kuban angesprochen wird, geht sie in die Gegenoffensive. „Wie Sie ja alle im Live-Ticker verfolgen konnten", sagt sie mit Sarkasmus in der Stimme, „ist im Vorstand vom Vorsitzenden der Jungen Union auch die Führungsfrage gestellt worden." Doch diese stehe erst nächstes Jahr an, vor der Bundestagswahl. Und: „Wer immer meint, die Frage müsse jetzt in diesem Herbst entschieden werden, der hat auf dem Bundesparteitag dazu die Gelegenheit."

Dann ist die Vorstellung in Berlin beendet. „Jetzt führe ich das Gespräch mit Bodo Ramelow und lote mit ihm aus, welche Vorstellungen er hat und teile die meiner Partei mit", sagt Mohring. Aber so einfach ist das nicht: Ramelow hat im Karl-Liebknecht-Haus in Berlin, wo er gerade mit dem Linke-Bundesvorstand tagt, die Zitate aus den CDU-Gremien gelesen. Der Linke ist empört. Mohring meint, er könne alles mit ihm und der Linken machen? Mohring behauptet, er und die AfD seien radikal? Mohring sagt, es gebe eine Einladung von ihm, Ramelow?

Der Ministerpräsident ist an seiner fragilsten Stelle getroffen: seinem Ego.

Nach der Bundesvorstandssitzung tritt er mit seiner Landesvorsitzenden vor die Presse. Als größte Partei, sagt er, werde man alle anderen „demokratischen Parteien" zu Gesprächen einladen. Wer dieser Einladung nicht folge, der wolle sich dem Dialog nicht stellen. Das ist ein klares Signal an Mohring: Du musst mit meiner Partei sprechen, nicht nur mit mir.

Was ihn selbst als Ministerpräsidenten betreffe, sagt Ramelow, so sei er für eine „zügige Wahl". Gleichzeitig habe er aber Zeit. „Rot-Rot-Grün ist im Amt. Meine Kompetenzen sind ohne Beschränkung, und ich bin in der Lage, das Land in Ruhe auch die nächste Zeit zu führen." Und was sei mit der CDU? Er könne leider gerade nicht erkennen, welchen Kurs Mohring fahre, antwortet Ramelow.

Sein Staatskanzleichef Hoff ist da schon etwas weiter. Er mutmaßt, dass Mohring insgeheim eine rot-schwarze Koalition anstrebt, aber als „israelische Lösung". Zur Mitte der Wahlperiode solle dann das Ministerpräsidentenamt von Ramelow zu Mohring wechseln, schreibt er in einem Aufsatz[86]. Mit diesem Modell glaube die CDU „aus dem Amt heraus in die kommende Landtagswahl" gehen zu können. Doch realistisch sei dies natürlich nicht.

Aber damit ist dieser lange Thüringen-Tag in Berlin nicht vorbei. Im Willy-Brandt-Haus, der SPD-Zentrale, steht Wolfgang Tiefensee neben der rheinländisch-pfälzischen Ministerpräsidentin Malu Dreyer, die interimsmäßig seine Bundespartei führt. „Die SPD steht bereit, Verantwortung zu übernehmen"[87], sagt der Landesvorsitzende. „Wir sind eine stabilisierende Kraft." Eine Minderheitsregierung der bisherigen Bündnispartner Linke, SPD und Grüne sei eine der möglichen Varianten – „in dem Moment, wo es eine Tolerierung gibt, die fest ist". Es müsse „stabile Verhältnisse" geben.

Und noch ein Spitzenkandidat ist aus Erfurt in die Hauptstadt gereist. Björn Höcke sitzt vor der blauen Wand im Gebäude der Bundespressekonferenz, neben ihm haben sich Alexander Gauland und AfD-Bundesparteichef Jörg Meuthen platziert. Die Linke möge zwei, drei Prozentpunkte hinzugewonnen haben, sagt der Thüringer Vorsitzende. Aber: „Es gibt nur einen deutlichen Wahlsieger, und das ist die AfD". Die Verdopplung des Ergebnisses sei eine „historische Leistung".

Höcke muss kritische Fragen abwehren, zu „Landolf Ladig", zu einer möglichen Kandidatur für den Bundesvorstand und zu seinen Umsturzphantasien. Auch Gauland wird befragt: Ob er denn inhaltlich die These von einem bevorstehenden „Volkstod" und die Aussage teile, dass bei einer politischen Wende die Deutschen „keine halben Sachen machen" würden. Der Bundestagsfraktionschef weicht aus. „Ich kann nicht finden, dass das etwas ist, was man nicht schreiben darf", antwortet er. Er sei nicht mit allem, was Herr Höcke sagt, einverstanden; dies gelte sicher auch umgekehrt. „Aber wir sind in den Grundzielen völlig einer Meinung."

Lieber redet der einstige hessische CDU-Staatssekretär Gauland darüber, dass Mohring mit Ramelow reden will. „Dass die CDU mit der ehemaligen Mauermörderpartei koaliert, das, glaube ich, nehmen die Mitglieder der CDU vor allem im Westen übel", sagt er. Er warte gerne darauf, wie dann die Parteibasis reagiere.

Ausfallschritt nach rechts

Während in Berlin die Parteigremien tagen, ist Michael Heym daheim in Südthüringen unterwegs. Der Landtagsfraktionsvize gehört zu den 21 CDU-Abgeordneten, die mehr oder minder knapp ihren Wahlkreis gewonnen haben. Er ist damit beschäftigt, die Wahlplakate abzuhängen, als er aufgeregte Anrufe erhält. Ob er gehört habe, was Mohring im Fernsehen gesagt habe? Dass die CDU jetzt mit Ramelow über eine Regierung reden wolle? Das könne man doch nicht so stehen lassen.

Kurz darauf ruft eine Reporterin des MDR bei Heym an und fragt ihn, was er von Gesprächen mit Ramelow halte. Nichts, antwortet er. Und falls die CDU tatsächlich mit Linken rede, dann müsse sie das auch mit der AfD tun. Schließlich gebe es auch eine denkbare Mehrheit aus CDU, FDP und AfD. „Man tut der Demokratie keinen Gefallen, wenn man ein Viertel der Wählerschaft verprellt", sagt Heym.[88]

CDU-Altministerpräsident Vogel hingegen stützt Mohring. Kontakte mit der AfD gingen gar nicht, sagt er, aber mit Ramelow müsse man reden. „Für uns gilt: Erst das Land, dann die Partei, dann die Person. Deshalb sollte sich die CDU Gesprächen nicht versagen." Klar sei jedoch: „Eine Koalition mit der Linken kommt für uns weiterhin nicht infrage."

Was aber dann? Eine Tolerierung? Vogel bleibt unbestimmt. „Der Ball für künftige Gespräche liegt bei Bodo Ramelow. Er ist mit seiner Linken der Wahlgewinner, er hat die Verantwortung, eine Regierung zu bilden." Auch wenn Rot-Rot-Grün abgewählt wurde, sei der Ministerpräsident „ohne Frage jetzt am Zug". Ramelow sollte Wege finden, „dass es nicht zu einer langandauernden geschäftsführenden Regierung" komme. „Dafür muss er die notwendigen Gespräche mit allen demokratischen Parteien führen, allerdings ausdrücklich nicht mit der AfD."

Was Vogel nur intern sagt: Er hält es für falsch, dass Mohring keine Verantwortung für die Wahlniederlage übernimmt. Er glaubt nicht, dass er sich noch lange im Amt halten wird.

Mohring kennt diese Prognosen. Aber er versucht, sie zu ignorieren. Auf der Rückfahrt von Berlin, im ICE nach Erfurt, hat sich Jana Hensel für „Die Zeit" zu ihm gesellt. Während der Politiker im Bordbistro belgische Waffeln isst, erzählt er der Journalistin davon, dass eine neue Situation neue Schritte erfordere.[89] Er zitiert Robert Frost: „Im Wald zwei Wege boten sich mir dar, und ich ging den, der weniger betreten war. Und das veränderte mein Leben."

Fragen zu Ramelow oder zu seinen eigenen Plänen lächelt der Landesvorsitzende weg. Stattdessen holt er sein Handy heraus und liest die Nachricht eines Freundes vor: Mit ihm, Mohring, habe der Herrgott jemanden ausgewählt, der sich schon einmal als sehr leidensfähig erwiesen habe. Hensel protokolliert: „Während er das vorliest, treten ganz kurz Tränen in seine Augen."

Inzwischen hat sich die Bundes-CDU in der Thüringen-Frage endgültig in einen sehr großen und einen ziemlich kleinen Teil gespalten. Und der große Teil ist gegen jedwede Gespräche mit der Linken. „Eine sozialistische Partei zu tolerieren oder mit ihr womöglich zu koalieren, ist keine ernsthafte Option", sagt der niedersächsische CDU-Landeschef Bernd Althusmann. CDU-Vize Julia Klöckner aus Rheinland-Pfalz warnt, die CDU werde überflüssig, wenn sie mit der Linkspartei oder der AfD koaliere: „Dann braucht es uns nicht mehr." Bundestagsfraktionsvize Carsten Linnemann (CDU) aus Paderborn, der auch Chef der mächtigen Mittelstands- und Wirtschaftsunion ist, fordert: „Wir müssen endlich Haltung zeigen statt Beliebigkeit und davon schwadronieren, dass wir jetzt mit den Linken reden."

Aber Mohring hat noch ein größeres Problem als Berlin. Es heißt Mario Voigt. Denn sein Stellvertreter sagt öffentlich dies: „Ich bin irritiert über die öffentlichen Gesprächsangebote in Richtung Linkspartei. Ich erwarte, dass der künftige Kurs der CDU zunächst in Partei und Fraktion diskutiert wird und es keine Alleingänge gibt."[90] Statt als Wahlverlierer Gesprächsangebote zu machen, müsse man erst einmal „den Scherbenhaufen in der CDU aufkehren". Die Gründe für die Wahlniederlage lägen auch im Landesverband. „Es ist zu einfach, das in Richtung Berlin zu schieben", sagte er.

Ähnlich äußert sich der Südthüringer CDU-Bundestagsabgeordnete Mark Hauptmann. „Ich bin überrascht über diese Wende von Mike Mohring", sagt er. Die Debatte sei ein schwerer Fehler. „Wir können nicht einfach eines unserer zentralen Versprechen über Bord werfen. Jetzt als Juniorpartner und als Steigbügelhalter für die Linkspartei zu agieren, das ist nicht der Weg, den wir gehen sollten."[91] Die CDU werde „völlig unglaubwürdig" und stünde „nur noch für Beliebigkeit".

Der Angriff ist orchestriert, er schwächt Mohrings Verhandlungsposition in Berlin und Erfurt. Der Landtagsabgeordnete Christian Herrgott, der sich stets eng mit Voigt abstimmt, beschwört mögliche Parteiaustritte und spricht sogar vom Untergang der Partei. „Jede Form der Zusammenarbeit mit der Linken" bedeute „den Todesstoß für die Thüringer CDU", sagt er. „Mir haben viele Mitglieder gesagt, dass sie in diesem Fall die Partei verlassen würden."[92]

Die Unternehmer im Land, die vor allem an einer funktionierenden Regierung interessiert sind, loben hingegen Mohrings Linie als Pragmatismus. „Neue Situationen erfordern neue Maßnahmen", sagt Stephan Fauth, der Hauptgeschäftsführer des Verbandes der Wirtschaft Thüringen. „Deshalb ist es jetzt entscheidend, dass alle demokratischen Parteien gesprächsbereit sind und machbare Varianten ausloten." Auch für den Präsidenten der Erfurter Industrie- und Handelskammer, Dieter Bauhaus, ist „eine schnelle und mit Mehrheit ausgestattete Regierungsbildung" am „vordringlichsten".

Am Montagabend versammelt sich der Landesvorstand der CDU in der kleinen Geschäftsstelle der Partei in Erfurt. Die Stimmung ist gereizt, feindlich. Voigt spricht von einem Alleingang Mohrings, der Landeschef antwortet, er werde absichtlich fehlinterpretiert. Er gehe nur darum, mit Ramelow zu reden, nicht mehr. Eine Koalition habe er nie angestrebt, auch eine Tolerierung von Rot-Rot-Grün könne es nicht geben. Das habe er doch in Berlin in der Pressekonferenz betont.

Dabei weiß Mohring, dass Ramelow mit ihm gar nicht mehr allein reden will. Kurz vor der Sitzung, um 18.43 Uhr, hat er eine SMS des Ministerpräsidenten erhalten. Darin verweist der Linke auf die Online-Berichterstattung der „Bild" vom Vormittag: „Werter Herr Mohring, wenn das Ihre Sicht ist, ziehe ich meine SMS von heute Morgen mit Bedauern zurück."

Schließlich einigen sich die Kombattanten in der CDU-Landesgeschäftsstelle auf eine gemeinsame Mitteilung. In ihr heißt es: „Für die CDU Thüringen gilt nach der Wahl das Gleiche wie vor der Wahl: Keine Koalition mit Linke oder AfD, entsprechend der geltenden Beschlusslage der CDU Deutschlands und Thüringens." Weiter heißt es: „Ich [Mohring] kann mir keine Situation vorstellen, dass die abgewählte rot-rot-grüne Landesregierung durch die Unterstützung der CDU in eine neue Regierungsverantwortung gehoben wird."

Dies ist, Wort für Wort, der Satz, den er bereits am Mittag im Adenauer-Haus gesagt hatte. Trotzdem wird er jetzt, in diesem Kontext, nach der ganzen Aufregung, anders wahrgenommen. In der Nacht meldet die Deutsche Presseagentur: „Äußerungen von Mohring nach der Landtagswahl am Sonntag waren bundesweit zunächst so verstanden worden, dass der Thüringer CDU-Vorsitzende die strikte Abgrenzung seiner Partei zur Linken infrage stellen könnte. Das hatte für Widerstand gesorgt, auch in Teilen der Thüringer CDU."

Am nächsten Morgen gibt der CDU-Bundestagsfraktionsvize Carsten Linnemann dem Deutschlandfunk ein Interview. Frage: „Herr Linnemann, ist Mike Mohring jetzt wieder erfolgreich auf Parteikurs eingeordnet worden? Gestern Abend gab es ja dann die Erklärung, es werde in Thüringen keine Koalition mit der Linkspartei geben."[93]

Antwort: „Ich habe mich über die Nachricht gefreut, muss ich zugeben. Ich habe gehört, dass es dort eine Debatte gab, aber mit einer klaren Abstimmung, und dass man sich distanziert von dem Gedanken einer Koalition mit der Partei Die Linke. Das halte ich für richtig, übrigens auch für existenziell für meine Partei, dass wir klar sagen, mit wem wir koalieren, mit wem nicht, und Die Linke hat einfach eine ganz andere Geisteshaltung in vielen, vielen Themen."

Mohring ist somit frontal aufgelaufen, bei seiner Landespartei, aber auch bei Ramelow, der mit ihm vorerst nicht allein reden will. Er glaubt, umsteuern zu müssen. Drei Tage nach der Wahl sitzt er in der ZDF-Fernsehshow von Markus Lanz, wo er schon öfter zu Gast war, um empathische Fragen zu seiner Krebserkrankung zu beantworten. Doch diesmal ist der Moderator gar nicht freundlich. Das Thüringer CDU-Ergebnis, sagt Lanz, sei eine „Klatsche", eine „Katastrophe", eine „derbe, feiste Niederlage": Habe er, Mohring, daran gedacht, einfach hinzuwerfen? „Nein", antwortet sein Gast. „Weil die Idee, die wir haben für das Land, genauso wichtig ist, wie sie am Samstagnachmittag wichtig war."

Auf einmal soll die Vorstellung, dass CDU und Linke miteinander reden, nur noch der Einfall des linken Ministerpräsidenten gewesen sein. Mohring erzählt von der SMS, die ihm Ramelow am Montagmorgen geschickt hatte. Es sei doch völlig normal, dass er so ein Gesprächsangebot in Betracht ziehe: „Dass wir aber eine Diskussion plötzlich bekommen haben in Deutschland, wo man unterstellt, dass wenn ich mit dem Ministerpräsidenten des Landes rede, meine Haltung aufgebe zur Linkspartei, das hat mich schon verwundert."

Schließlich präsentiert Mohring seinen neuen alten Plan, denn dafür ist er ja eigens ins Studio nach Hamburg gefahren. „Es geht in Thüringen offenbar nur noch mit einer Minderheitsregierung weiter", sagt er. Doch alle redeten leider nur von Rot-Rot-Grün. Dabei gebe es „noch eine zweite Minderheitsoption, die eben auch im Raum steht, die genauso funktioniert, dass nämlich SPD, FDP, Grüne und CDU diese Minderheit abbilden, ohne die Ränder, ohne links und rechts". Er jedenfalls würde gerne eine „Minderheit in der Mitte" führen.

Damit hat Mohring das Simbabwe-Modell reaktiviert – nur diesmal in der Minderheitsversion. Doch die Debatte über das Verhältnis zur Linken hat sich längst verselbstständigt. Politiker, Wissenschaftler, Journalisten diskutieren munter durcheinander. Werner Henning, der im thüringischen, zutiefst katholischen Eichsfeld seit 1990 CDU-Landrat ist, lässt seit der gemeinsamen Rom-Reise auf Ramelow nichts mehr kommen. Jetzt wirbt er offen für eine Koalition mit ihm. „Ich fände es gut, wenn die CDU sich auch mit der Linken, wie sie heute ist, versucht, offen zu befassen", sagt er. Vor vielleicht zehn oder 15 Jahren wäre eine Zusammenarbeit „noch ein Tabubruch gewesen"[94]. Damals habe man bei der Linken noch an „Klassenstandpunkt und ideologische Bekenntnisse" gedacht. „Davon kann man heute so nicht mehr reden."

Ein unmoralisches Angebot

Den Gesetzen der Dialektik folgend organisiert sich nun auch die Gegenbewegung besser – und Michael Heym wird, was ihn selbst am meisten überrascht, zu ihrem Protagonisten. Da die Agenturen seine Widerworte nach Berlin getragen haben, erhält er nun eine Anfrage von Robin Alexander, dem Vizechefredakteur der „Welt". Die Vermittlung übernimmt Karl-Eckhard Hahn, der Pressesprecher der CDU-Landtagsfraktion, der auch schon Lieberknecht unter anderem als Regierungssprecher diente. Heym wiederholt gegenüber Alexander seine These, dass es im Erfurter Landtag eine „bürgerliche Mehrheit rechts" von 48 Stimmen gebe[95]. Auf die Frage, ob die AfD für ihn eine bürgerliche Partei sei, antwortet der Fraktionsvize, dass er sie als „konservative Partei" betrachte. „Wenn über die AfD gesprochen wird, sehe ich zuerst die fast 25 Prozent Wähler, die dieser Partei ihre Stimme gegeben haben", sagt er. „Den immer gleich lautenden Reflex, dass das alles Nazis wären, den teile ich so nicht."

Die AfD, sagt Heym, müsse sich halt nur entscheiden, ob sie Protestpartei bleiben oder lieber Verantwortung übernehmen wolle. Für eine Kooperation müsse sie sich bewegen, man könne die Wahlprogramme nicht einfach mixen. „Und es muss ja auch nicht jede Zusammenarbeit gleich in einen Koalitionsvertrag münden." Nur Höcke mit seinen „extremistischen Verlautbarungen und Positionen": Der ist für Heym dann doch ein Problem. Da ist sie wieder, die Reduzierung der Differenzen zur AfD auf eine Personalie.

Die Reaktion fällt scharf aus, auch in der CDU. Der sächsische Bundestagsabgeordnete Marco Wanderwitz twittert: „Leute wie Herr Heym haben in der CDU nichts verloren. Wir Christdemokraten grenzen uns nach rechts- wie linksradikal klar ab. Die AfD ist keine bürgerliche Partei. Die Zahl ihrer Wählerinnen und Wähler ist kein Argument. Eine Partei wird nicht durch Wahl demokratisch." Ähnlich formuliert es Thomas Röwekamp, der Vorsitzende der Bremer CDU-Bürgerschaftsfraktion: „Zusammenarbeit mit einem Faschisten von der AfD verstößt gegen die Beschlüsse der Partei, ist parteischädigend, ist vor allem aber antidemokratisch und ein Verrat an unseren Werten..."

Selbst Christian Hirte distanziert sich vorsichtig: „Michael Heym vertritt eine Einzelmeinung", twittert er. „Was vor der Wahl gesagt wurde, gilt auch danach: Keine Koalition mit Linke oder AfD."

Nur Mohring selbst meldet sich nicht. Er ruft nicht seinen Fraktionsvize an, um ihn zur Räson zu bringen. Und er lässt erst auf mehrfache Anfragen hin Hahn ein Zitat verschicken, in dem er synchron mit Hirte Heyms Recht auf „Einzelmeinung" betont. Die Frage, warum sich der Landesvorsitzende nicht deutlich distanziert, beschäftigt viele in Erfurt und Berlin. Einige vermuten dahinter eine ausgefeilte Taktik: Stellvertreter Heym soll mit den Rechten flirten, derweil sein Vorsitzender auf der linken Seite mit Ramelow kuschelt. Damit halte sich die CDU alle Optionen offen.

Doch die Antwort ist banaler. Mohring muss sich noch als Fraktionsvorsitzender im Amt bestätigen lassen. Die anderen Fraktionen haben ihre Vorsitzenden schon wiedergewählt: Die Linke Hennig-Wellsow, die AfD Höcke, die SPD ihren einzig direkt gewählten Abgeordneten Matthias Hey und die Grünen Dirk Adams. Der einzige neue Fraktionschef heißt Kemmerich. Er führt jetzt neben der Landespartei auch die kleine FDP-Fraktion mit fünf Abgeordneten.

Mohring hingegen kann sich einer Mehrheit in seiner CDU-Fraktion nicht mehr sicher sein. Das liegt an Mario Voigt und dessen Getreuen – aber eben auch daran, dass einige seiner Anhänger zur AfD tendieren. Zu ihnen gehört der Abgeordnete Jörg Kellner, der einen „Appell konservativer Unionsmitglieder in Thüringen" mit der Überschrift „Demokratie erfordert Dialog" unterschrieben

hat. Initiiert wurde der Aufruf von Heyms Kreisverband Schmal-
kalden-Meiningen, Vizekreischef Ralf Liebaug führt die Liste der
17 Unterstützer an. Auch Christian Sitter, der Landeschef der „Werteunion", hat unterschrieben.

In dem Papier heißt es: „Wir appellieren an die CDU Thüringen
und die CDU-Fraktion im Thüringer Landtag, dass sie, losgelöst von
der medialen Debatte, ihrer Verantwortung für die Zukunft unseres
Freistaates Thüringen gerecht werden und sich aktiv am Gesprächs-
prozess mit ALLEN [Versalien im Original] demokratisch gewählten
Parteien im Thüringer Landtag beteiligen."[96] Koalitionen mit Linke
und AfD seien zwar ebenso unmöglich wie die Wahl eines Ministerpräsidenten Höcke oder Ramelow. „Jedoch muss alles dazwischen
unter Demokraten besprochen werden können, um auszuloten, ob
und wie in Thüringen eine stabile Regierung gebildet werden kann."
Es könne „in einer freiheitlichen Gesellschaft nicht sein, dass fast
ein Viertel der Wählerstimmen bei diesen Gesprächen außen vor
bleiben" solle. „Die Gespräche sind ergebnisoffen zu führen und
zügig zu beginnen." Man halte es für „undenkbar, in einer freiheitlichen Gesellschaft wieder Rede- und Denkverbote" zuzulassen.

Das ist ziemlich genau das, was kurz zuvor Björn Höcke den Fraktionen von CDU und FDP mitgeteilt hat. In gleichlautenden Briefen
schrieb er an Mohring und Kemmerich, dass die AfD zu ihrer „staatspolitischen Verantwortung" stehe, um die „politische Blockade" zu
beenden. „Eine von unseren Parteien getragene Expertenregierung
oder eine von meiner Partei unterstützte Minderheitsregierung wären denkbare Alternativen zum ‚Weiter so' unter Rot-Rot-Grün."

Im Berliner Adenauer-Haus ist man alarmiert. Die Befürchtung,
dass ein Taktieren gegenüber der Linken eine AfD-Debatte auslösen
könnte, scheint sich zu bewahrheiten. Umso wuchtiger reagiert der
Generalsekretär. Das Verhalten einiger Parteikollegen in Thüringen
sei „irre", erklärt Ziemiak. „Die Meinung der CDU hat sich nicht
geändert. Punkt aus. Ende der Durchsage"[97]. Jede Form der Zusammenarbeit − „nicht nur Koalition, sondern jegliche Form, auch

irgendwelche Stimmen oder wie auch immer von der AfD" – sei nicht akzeptabel. „Es geht hier nicht um irgendwelche strategischen Überlegungen, es geht hier um die Frage von Werten und Grundsätzen." Jene, die das in der CDU anders sähen, sollten sich fragen, ob sie noch in der richtigen Partei seien.

Wie die Thüringer CDU sonst das Dilemma des Wahlergebnisses auflösen soll, ohne mit den Linken zu sprechen: Das sagt Ziemiak allerdings nicht.

Auch der Zentralrat der Juden in Deutschland reagiert empört. „Die Thüringer CDU-Kommunalpolitiker, die gesprächsoffen für die AfD sein wollen, handeln verantwortungslos", sagt Präsident Josef Schuster. „Denn sie tragen dazu bei, die AfD weiter salonfähig zu machen". Schon in der Weimarer Republik hätten sich Bürgerliche als „Steigbügelhalter für eine Partei von Rechtsaußen betätigt" und damit „furchtbar geirrt". „Das sollte bis heute eine ausreichende Warnung für alle Demokraten sein."[98]

Die Lehren von Weimar

Doch ist das so? Ist das, was in Thüringen geschieht, mit der Weimarer Republik zu vergleichen? Er sei gegen einfache Analogien, sagt der Jenaer Historiker Jürgen John. „Doch die Parallelen sind da."[99] Die Parallele, die der emeritierte Professor für Regionalgeschichte zeichnet, reicht zurück bis in den Februar des Jahres 1924, hinein in das noch sehr junge Land Thüringen. Dessen Hauptstadt ist nicht Erfurt, das damals noch preußisch ist, sondern Weimar, der Geburtsort der Republik. „Natürlich waren die Umstände völlig verschieden zu heute", sagt der Historiker. Aber die Gesetzmäßigkeiten, nach denen Gesellschaft und Politik funktionierten, blieben dieselben.

In den vier Jahren, die das Land Thüringen zu diesem Zeitpunkt besteht, haben sich bereits drei Regierungen im Dauerstreit verschlissen. Die erste – gebildet aus Bürgerlichen und

Sozialdemokraten, toleriert von USPD und KPD – hielt ein knappes Jahr. Die sozialdemokratische Nachfolgeregierung, von den Kommunisten gestützt, überstand zwei Jahre. Die dritte, ein rot-rotes Experiment aus SPD und KPD, wurde durch die Regierung in Berlin mit brachialer Gewalt beendet: Die Reichswehr marschierte ein.

Immerhin scheint die erste deutsche Republik langsam ihre erste große Krise hinter sich zu haben. In München ist der Putsch von Adolf Hitler gescheitert und die NSDAP verboten, derweil die örtlichen Aufstände der KPD schnell niedergeschlagen sind. Die Verhandlungen mit Frankreich und Belgien über einen Abzug ihrer Truppen aus dem besetzten Ruhrgebiet laufen. Und dank der neuen Rentenmark mildert sich die Hyperinflation merklich ab.

In Thüringen herrscht im Winter 1924 Landtagswahlkampf. Die SPD-Reste der Regierung sind geschäftsführend im Amt, die KPD-Minister, darunter Theodor Neubauer, befinden sich auf der Flucht. Die bürgerlichen Parteien wie DVP, DDP und der reaktionäre Landbund haben sich im „Thüringer Ordnungsbund" zusammengeschlossen. Ihre Parole lautet „Links abwählen".

Der rechte Bund gewinnt die Wahlen, wenn auch nicht mit absoluter Mehrheit. Insgesamt 48 Prozent vereint er auf sich, während SPD und KPD gemeinsam auf 41,5 Prozent kommen. Die Konservativen bedürfen der Stimmen des Völkisch-Sozialen Blocks, einer Art Deckorganisation der illegalen NSDAP, die gut 9 Prozent erhalten hat.

Der Nazi-Block erklärt sich bereit, eine Regierung des Ordnungsbundes zu tolerieren. Aber er stellt Bedingungen. Sein Anführer ist Artur Dinter, er hat das hunderttausendfach verkaufte Buch „Die Sünde wider das Blut" geschrieben, in dem er die Juden ein „antisemitisches Bastardvolk verhängnisvoller Blutmischung" nennt. Er fordert nun, dass die neue Thüringer Regierung „nur aus deutschblütigen, nichtmarxistischen Männern besteht".

Man einigt sich, unter deutschen Männern. Am 21. Februar wird mit den Stimmen des Ordnungsbundes und der Völkischen das Kabinett unter dem DVP-Mann Richard Leutheußer gewählt. Damit ist erstmals das Tabu in Deutschland gebrochen: Eine bürgerliche Regierung lässt sich von Völkischen und Nationalsozialisten tolerieren.

Das hat Folgen. Nach nur wenigen Monaten erzwingt die von Nazis gestützte Rechtskoalition den Rücktritt des jüdischen Staatsbankpräsidenten, gegen den zudem wegen Meineids ermittelt wird. Als der Staatsanwalt Kurt Frieders aus Protest die offenkundig konstruierte Anklage niederlegt, wird er jahrelang mit Disziplinarverfahren und Ermittlungen verfolgt, bis er nach Österreich flieht.

„Die völkisch-nationalsozialistische Fraktion setzte ihre Forderungen brachial durch", sagt Jürgen John. Er zählt auf: die Entlassung republikanisch gesinnter Beamter, die Vertreibung des Bauhauses aus Weimar, die Aufhebung des Redeverbotes für Hitler.

„Damit wurde hier in Thüringen zum ersten Mal der parlamentarische Weg in den Abgrund der späteren NS-Diktatur beschritten", sagt der Historiker. Die Regierung Leutheußer habe sich „als Türöffner" erwiesen. 1926 findet in Weimar der erste Reichsparteitag der wieder legalen NSDAP statt.

Drei Jahre regieren die Nazis indirekt mit, danach verlieren sie vorübergehend an Einfluss. Nach den Landtagswahlen 1927 wirkt die extreme Rechte zersplittert: Die wieder legalisierte NSDAP erhält nur 3,5 Prozent und zwei Sitze; zwei andere völkische Parteien bekommen jeweils nur einen Sitz ab. „Die Lage entspannte sich, weil sich die Republik wirtschaftlich erholte", sagt Jürgen John. Doch ab 1927 verdichten sich die Anzeichen für die nächste Krise. Nach dem Börsencrash in New York schlägt die große Depression auch in Thüringen voll durch, mit Massenarbeitslosigkeit, Armut, Hunger.

Zumal, die demokratischen Parteien nutzen die Zeit nicht. Weder die KPD noch das bürgerliche Lager wollen mit der SPD zusammenarbeiten, wobei diese Abneigung auf Gegenseitigkeit beruht. Der Versuch, eine „Regierung der Mitte" zu bilden, die sich von der NSDAP mitwählen lässt, scheitert diesmal.

Und so wird Thüringen nur provisorisch von verschiedenen Minderheitskabinetten regiert, bis es im Dezember 1929 zur nächsten Wahl kommt. Jetzt wird die NSDAP mit 11,3 Prozent erstmals zweistellig – und im Januar 1930 offizieller Teil einer deutschen Regierung. In Thüringen hat man sich eben schon an die Nazis gewöhnt. Hitler reist persönlich nach Weimar, um durchzusetzen, dass der Münchner Putschist und verurteilte Hochverräter Wilhelm Frick Innenminister wird.

Damit beginnt in Thüringen der Probelauf für das, was die Nazis später im ganzen Reich exekutieren. Kommunistische Bürgermeister und Lehrer werden ebenso entlassen wie sozialdemokratische Beamte. An der Universität Jena wird das neue Fach Rassenkunde unterrichtet. Linke Zeitungen dürfen nicht mehr erscheinen. Autoren wie Erich Maria Remarque kommen in den Schulen auf den Index, Werke von Paul Klee oder Ernst Barlach werden aus den Kunstsammlungen verbannt.

Frick stürzt 1931 über einen Misstrauensantrag im Landtag, aber den braunen Vormarsch bremst dies nicht. Bei den Landtagswahlen im Sommer 1932 wird die NSDAP mit 42,5 Prozent stärkste Kraft, das sind gut fünf Prozentpunkte mehr, als die Partei bei den gleichzeitig stattfindenden Reichstagswahlen erhält. Während es in Berlin noch ein halbes Jahr bis zur Machtergreifung Hitlers dauern wird, bildet sich in Thüringen eine der ersten Landesregierungen unter Führung der NSDAP.

Im März 1933, Frick ist inzwischen Reichsinnenminister, werden die Länder gleichgeschaltet. Der Terror hat begonnen. „Es waren andere Zeiten, wir müssen mit Vergleichen vorsichtig sein", sagt Jürgen John in Jena. „Aber wir sollten uns an die Thüringer Konstellation des Jahres 1924 erinnern."

Verhärtungen

Auch mit Verweis auf diese historische Perspektive warnen die Thüringer Koalitionspolitiker die CDU vor der AfD. Die grüne Umweltministerin Anja Siegesmund rät Mohring dringend davon ab, „die Tür nach rechts weit aufzumachen, um sich als Ministerpräsident wählen zu lassen".[100] Ähnlich äußern sich Hennig-Wellsow und Tiefensee.

Inzwischen haben die rot-rot-grünen Sondierungsgespräche offiziell begonnen. Parallel dazu gibt Ramelow den beschäftigten Ministerpräsidenten, leitet die wöchentlichen Kabinettssitzungen, fährt nach Berlin zum Bundesrat oder redet auf der „Gala der Besten" der Erfurter Industrie- und Handelskammer. Er bleibe ja, sagt der Ministerpräsident, bis zur Konstituierung des neuen Landtags im Amt. Danach werde er einfach die Geschäfte mit dem jetzigen Kabinett weiterführen. Alle Regierungsmitglieder hätten sich dazu bereit erklärt. „Insofern regiert Rot-Rot-Grün weiter, bis ein neuer Ministerpräsident vom Landtag gewählt wird."[101]

Doch von wem? Seine Partei, antwortet Ramelow, habe CDU und FDP zu Gesprächen eingeladen, das entsprechende Schreiben liege auch bei Mike Mohring auf dem Tisch. Der Eichsfelder Landrat Henning sei ja „nicht der einzige kluge Christdemokrat", der auf neuen Wegen gehen wolle. „Auch Kurt Biedenkopf hat mich persönlich wissen lassen, dass er eine Kurskorrektur seiner Partei im Verhältnis zur Linken in Thüringen für richtig hält", sagt der Ministerpräsident.

Ramelow bleibt dabei, dass er sich nicht mit Mohring allein treffen werde. „Wenn er über Möglichkeiten und Formen einer Zusammenarbeit sprechen will, was ich immer noch hoffe, dann wird er das mit meiner Parteivorsitzenden Susanne Hennig-Wellsow und mir tun müssen", sagt er. Es werde „kein separates Gespräch des CDU-Vorsitzenden mit mir über eine mögliche strukturelle Kooperation" geben. Der Grund? „Nachdem Mike Mohring meine SMS, in der ich ihm meine Bereitschaft für ein vertrauliches Gespräch signalisiert hatte, in einer Fernsehsendung öffentlich breitgetreten hat, hat sich dieses Angebot von selbst erledigt." Die Bleiloch-Talsperre und das Gespräch der beiden erscheinen in diesem Moment sehr weit weg.

Dennoch will sich der Ministerpräsident optimistisch geben. Er sei bereit für Neues, sagt er. „Wir erleben gerade das Ende der alten Bundesrepublik. Das ist jetzt die Stunde des Landtags, in dem sich eine neue Regierung Mehrheiten suchen muss." Der „Dreiklang Bürger, Regierung und Parlament" müsse neu definiert werden – und zwar mit dem klaren Fokus auf den Bürger. Für Ramelow bedeutet dies vor allem: Mehr direkte Demokratie.

Ansonsten will sich der Ministerpräsident „so bald wie möglich" zur Wiederwahl stellen. „Eine neue rot-rot-grüne Regierung würde dann vorab nur mögliche Handlungsfelder bestimmen, aber möglicherweise keinen formalen Koalitionsvertrag abschließen." Das müsse man aber noch mit den Partnern „ergebnisoffen" besprechen.

So ähnlich beschreibt es Staatskanzleichef Benjamin Hoff in seinem Aufsatz, in dem er über die Motive Mohrings und die „israelische Lösung" mutmaßt. Weder Koalition noch echte Tolerierung seien vermittelbar, nicht in der CDU – und nicht in der eigenen Partei. „Unabhängig davon kann jedoch eine sachbezogene Zusammenarbeit durchaus vorstellbar sein – freilich in einer Form, die der CDU die Möglichkeit der Erkennbarkeit und Glaubwürdigkeit garantiert und sie nicht in einen Sog geraten lässt, in dem ein extrem populärer Ministerpräsident Ramelow quasi als ‚Volkspräsident Ramelow' eine Allparteien-Koalition anführt."

Doch noch, analysiert Hoff, sei die CDU nicht so weit: „Alle seit dem Wahlsonntag unternommenen Schritte und Äußerungen aus der thüringischen Christdemokratie weisen auf das Fehlen eines strategisch handlungsfähigen Zentrums hin." Mohring gehe es vorerst nur darum, seine Machtstellung zu stabilisieren. Der Landesvorsitzende wirke wie „ein angeschlagener Boxer": Zwar sei er noch fähig, „einen erfolgreichen Schlag zu vollbringen", „doch mehr aus Reflex, nicht aus taktischer Finesse oder strategischer Weitsicht".

Am 7. November 2019 steht der Boxer Mohring vor dem Saal seiner Fraktion im gleißenden Kameralicht und sieht ziemlich abgekämpft aus. 14 Abgeordnete haben ihn gerade wieder zu ihrem Vorsitzenden gewählt. Doch sieben votierten gegen ihn, neben Mario Voigt werden die Namen Christian Herrgott, Marcus Malsch und Christoph Zippel genannt.

Mohring versucht sich an einem Lächeln und sagt dann, was Politiker in solchen Situationen sagen: Es sei ein „ehrliches Ergebnis" und angesichts der Wahlniederlage auch irgendwie „plausibel"[102].

Und die Annäherungsübungen an die AfD? Der Fraktionschef versucht, Klarheit zu demonstrieren: „Es gibt keine Koalition mit links, keine Koalition mit der AfD. Es gibt keine Kooperation mit links, es gibt keine Kooperation mit der AfD. Es gibt auch keine Grauzonen dazwischen." Doch dann, schließlich haben die beiden ihn eben gewählt, adelt er die Aussagen von Heym und Kellner zum Akt praktizierter Meinungsfreiheit. „Die Mitglieder meiner Partei haben das Recht, ihre Meinung zu äußern", sagt er. Schließlich gibt er Paul Ziemiak noch einen mit: „Niemand ist deshalb irre."

Dann redet er schnell von seiner Viererkoalition namens Simbabwe; er werde, sagt er, das Gespräch mit SPD, Grünen und FDP suchen. Doch viel mehr als Wunschvorstellungen sind dies nicht. Mohring weiß, dass in der Realität alles auf eine rot-rot-grüne Minderheitsregierung unter Ramelows Führung hinausläuft. Am 26. November liefert der Landtag sogar ein praktisches Beispiel dafür, wie Linke gewählt werden können: 52 von 90 Abgeordneten stimmen für Birgit Keller als Landtagspräsidentin. Das sind zehn Stimmen mehr, als Linke, SPD und Grüne haben. Die bisherige Infrastrukturministerin und frühere Landrätin, die ihre Karriere in der SED-Kreisleitung Nordhausen begann, ist damit die protokollarisch wichtigste Politikerin des Landes.

Mit der Sitzung, in der Birgit Keller gewählt wird, hat sich der 7. Thüringer Landtag konstituiert. Damit ist laut Verfassung die Amtszeit der Landesregierung automatisch beendet. Ramelow bittet alle Minister und Staatssekretäre, so wie er geschäftsführend im Amt zu bleiben, damit das Land bis zur Wahl eines neuen Ministerpräsidenten eine Regierung hat. Wenige Tage später beenden Linke, SPD und Grüne ihre Sondierungen und beschließen, Koalitionsverhandlungen für eine Minderheitsregierung aufzunehmen. „Ich bin ziemlich zuversichtlich, dass Bodo die nötigen Stimmen zusammenbekommt"[103], sagt Hennig-Wellsow und verweist auf die Wahl der Landtagspräsidentin.

Die Linke kann sich somit der SPD und der Grünen endgültig sicher sein. Zwar gab es mehrere Gespräche ihrer Parteispitzen mit CDU und FDP, aber sie blieben politische Folklore. Auf einem letzten Treffen der SPD im Erfurter Hotel „Zumnorde" wirbt Landeschef Tiefensee bei Mohring, Walk und Kemmerich für eine Unterstützung von Rot-Rot-Grün. Er, der 1990 in Leipzig am Runden Tisch saß, bevor er zum Oberbürgermeister der Stadt aufstieg, schlägt nun ein ähnliches Modell für eine Kooperation einer künftigen Minderheitsregierung mit CDU und FDP vor.

Doch die Zeiten, als von ganz neuen, bürgernahen Demokratiemodellen geträumt wurde, sind lange vorbei. Der FDP-Chef lehnt ab. „Über parlamentarische Zusammenarbeit rede ich mit parlamentarischen Vertretungen, nicht mit Parteien"[104], sagt er. „Wir werden uns dem Eindruck entgegenstellen, dass wir in irgendeiner Art eine rot-rot-grüne Minderheitsregierung stützen." Ähnlich formuliert es Mohrings Generalsekretär Walk: „Die abgewählte rot-rot-grüne Landesregierung wird nicht durch die Unterstützung der CDU in eine neue Regierungsverantwortung gehoben oder toleriert." Alle wesentlichen Entscheidungen fielen ab jetzt im Parlament.

Linke, Grüne und SPD verschicken trotzdem gemeinsam Einladungen an FDP und CDU, um über eine Tolerierung zu reden. Doch selbst Hennig-Wellsow bezweifelt, dass sie eine rasche Antwort bekommt. „Ich glaube, dass der Zug erst einmal abgefahren ist für konkrete Vereinbarungen." Sie habe den Eindruck, dass Kemmerich und Mohring „die AfD schon einkalkuliert" hätten. „Das wird gefährlich."

Projekt Regierung

Inzwischen ist Advent. Die Zeit drängt. Je näher der mögliche Wiederwahltermin Ramelows rückt, umso stärker tritt eine Frage in den Vordergrund, mit der sich die CDU schon im Jahr 2014 herumplagte: Wird die Partei einen Gegenkandidaten aufstellen? Wie damals scheint Mohring auch jetzt nur verlieren zu können. Tritt er gegen Ramelow an, dürfte ihm mindestens ein Drittel seiner Fraktion die Stimme verweigern. Gleichzeitig könnte die AfD für ihn stimmen. So oder so wäre er demontiert.

Seit dem Wahlabend war Mohring deshalb konsequent dem Problem ausgewichen, obwohl ihn Führungsleute wie Hirte intern und öffentlich bedrängten. Erst Ende November, als er auf einem Landestag der Jungen Union Nachfragen nicht mehr ignorieren kann, sagte er, dass es keine Gegenbewerbung geben werde, auch nicht die Kandidatur eines Dritten.

Doch nicht nur die Personalfrage ist ungeklärt. Auch eine Strategie für die Opposition existiert nicht. In der Fraktion wird über wechselnde Mehrheiten diskutiert, was bedeutete, dass die CDU mal mit Rot-Rot-Grün, mal mit AfD und FDP stimmen könnte. Doch Mohring weiß, dass man dafür jeweils von der einen oder anderen Seite bundesweit verprügelt werden würde.

Auch für Dieter Althaus ist dies die schlechteste aller Optionen. Falls seine Partei nicht aktiv die Regierungspolitik mitgestalte, werde sie sich noch stärker verzwergen, sagt er zu Freunden wie Helmut Peter, dem omnipräsenten Autohaus-Unternehmer aus Nordhausen, der so gut mit Ramelow kann. Beide sind sich einig, dass es zu einer gemeinsamen Regierung der CDU mit der Linken kommen müsse, irgendwie.

Der Ex-Ministerpräsident telefoniert mit Mohring, der daraufhin zum Strategietreffen lädt. Am 10. Dezember treffen sich die Männer in einem Restaurant in Klettbach, einem Dorf zwischen Erfurt und Weimar. Der Gasthof gehört dem Schatzmeister seiner

Landespartei, hier lässt sich unbeobachtet reden. Mit dabei sind Bernhard Vogel, Generalsekretär Raymond Walk, Birgit Diezel und Klaus Zeh, der viele Jahre Minister war und als einer der Wenigen in der Partei eine Bürgerrechtsvergangenheit vorweisen kann.

Althaus wirkt gut vorbereitet, er beschreibt eine Expertenregierung, die zentrale Projekte abarbeiten solle, den Haushalt, wichtige Gesetze, Strukturreformen. Linke und CDU könnten auch Parteilose für die ihnen zustehenden Ministerposten benennen, Ramelow und Mohring übernähmen die Spitze der Regierung. Das Modell ähnelt den Überlegungen Mohrings vom Sommer, natürlich mit dem entscheidenden Unterschied, dass es damals um Simbabwe ging, also eine Koalition ohne die Linke.

Vogel wirkt skeptisch. Allerdings ist er schon seit dem Wahlabend davon überzeugt, dass die CDU eine Wiederwahl Ramelows nicht verhindern kann, ohne am Ende dem Land zu schaden. Und das Land, das sagt er auch in Klettbach, gehe nun mal vor, es dürfe keine Dauerregierungskrise geben. Er sei deshalb dafür, die nötigen Gespräche mit Ramelow und anderen Beteiligten zu führen. Der Alte, wie ihn viele in der Landespartei nennen, hat damit seinen Segen erteilt.

Knapp zwei Wochen später, es ist der Tag vor Heiligabend, findet das nächste, noch geheimere Treffen statt. Althaus fährt gemeinsam mit Helmut Peter im Auto aus Nordthüringen nach Erfurt, der Unternehmer hat extra Eichsfelder Wurst und Brötchen für die kollektive Verpflegung eingepackt. Um 9 Uhr treffen sie Mohring im „Dompalais", wo die CDU ihre Wahlniederlage begoss. Und noch jemand ist erschienen: Bodo Ramelow. Fast niemand außer den Anwesenden ahnt von dem Treffen, die Medien bekommen nichts mit, auch die Linke-Führung ist nicht eingeweiht.

Althaus hat mehrere eng beschriebene Seiten mitgebracht und hält einen langen Vortrag darüber, wie er sich die „Projekteregierung" vorstellt. Er beschreibt die Politikfelder, auf denen sich gemeinsam arbeiten ließe: Kommunalfinanzen, Infrastruktur,

Landwirtschaft, der .Etat natürlich. Der Linke ist mit vielem einverstanden, die Duzpolitiker Ramelow und Althaus verstehen sich blendend, Peter hört begeistert zu.

Mohring hingegen wirkt auf die anderen merkwürdig unbeteiligt. Er schaut immer wieder auf sein Handy, holt sich Kaffee, sagt wenig. Misstraut er dem Ganzen? Tatsächlich hat das, was Althaus und Ramelow miteinander besprechen, mit der Realität in den beiden Parteien wenig zu tun. Die CDU hat, was die Linke betrifft, gerade zwei Monate lang ihre innere Zerrissenheit vorgeführt. Und dass der Ministerpräsident seine Partei überzeugen kann, mit der CDU in eine gemeinsame Regierung zu gehen, muss bezweifelt werden. Warum sonst hält er das Treffen vor der eigenen Linke-Spitze geheim?

Aber wer weiß das schon genau, was alles möglich ist. Schließlich ist man in Thüringen, dem Land der Experimente, in dem jeder jeden kennt. Vielleicht wird nur ein Katalysator gebraucht, eine parteilose Autorität von außen, die über alle Zweifel erhaben ist? Die Männer im „Dompalais" sind sich darin einig, dass für die öffentliche Kommunikation ein unabhängiger, prominenter Name als Vermittler gebraucht wird. Es dauert nicht lange, bis der Name von Joachim Gauck fällt.

Als früherer DDR-Pastor und Stasiunterlagen-Behördenchef steht er für die kritische Reflexion der Linken, als parteiloser Altbundespräsident hat er das nötige Gewicht. Dass er noch 2014 die linke Machtübernahme kritisch kommentierte, später aber seine Meinung korrigierte, macht ihn als Vermittlerfigur besonders glaubwürdig. Auch Ramelow erinnert sich gerne an den Versöhnungsabend mit Gauck auf der Wartburg. Damit ist es beschlossen.

Auf der Rückfahrt ins Eichsfeld ruft Althaus den Ex-Bundespräsidenten Christian Wulff an, den er noch aus der gemeinsamen Ministerpräsidentenzeit kennt. Von ihm bekommt er aber nur die Nummer des Büros von Gauck. Auch Mohring sucht den Kontakt, er hat noch gemeinsame Bekannte aus der Zeit des „Neuen Forum" und erwischt den Altbundespräsidenten schließlich bei sich zu Hause.

Dann ist Weihnachten, Thüringen atmet durch, derweil sich Gauck von Mohring in mehreren Telefonaten erklären lässt, warum er unbedingt in Thüringen helfen muss. Schließlich sagt er zu. Teil des Deals: Der Altbundespräsident wird sich öffentlich äußern. Die Gelegenheit bietet sich am 5. Januar 2020 während eines Interviews in der ZDF-Sendung „Berlin Direkt". Darin wird Gauck zuerst zur Weltlage befragt, etwa zum Truppenabzug im Irak.

Doch der Redaktion ist bedeutet worden, dass der Altbundespräsident gerne etwas zu Thüringen sagen würde. Wie sehe er die Lage in Erfurt? „Es sind Mehrheiten vorhanden in Thüringen, die die Wählerschaft geschaffen hat", antwortet Gauck. Dann fragt er rhetorisch zurück: „Und will ich jetzt als CDU-Block dastehen und sagen, so, da schauen wir jetzt mal zu?" Er jedenfalls verstehe diejenigen in der Union, die nach Möglichkeiten suchten, eine Regierung, an der man selber nicht beteiligt sei, irgendwie ins Amt kommen zu lassen.

Sollte die Union eine Minderheitsregierung unter Ramelow stabilisieren? Zumindest, sagt Gauck, sollte man ein Regierungshandeln nicht verhindern. Hier müsse die CDU über ihren Schatten springen, sonst wäre der Nachteil für sie größer. Und ja, natürlich, es gebe auch in der Linken immer noch Teile, die Probleme mit der Demokratie hätten. Das gelte aber nicht für Ramelow: „Der Ministerpräsident dort ist nun nicht gerade aufgefallen als ein kommunistischer Akteur."

Eine linke Minderheitsregierung unterstützen? Das ist nicht unbedingt das, was sich Althaus und Mohring erhofft haben. Sie wollen ja eine gemeinsame Regierung.

Aber sei's drum: Noch am selben Abend, kurz nachdem das Interview ausgestrahlt ist, schickt Althaus eine vorbereitete SMS an den Autoren dieses Buchs. Sie wirkt wie eine Pressemitteilung: Er schlage eine „Projektregierung" seiner Landespartei mit der Linken vor; es wäre „sehr förderlich", wenn Altbundespräsident Gauck demnächst Ramelow und Mohring „zu einem erörternden Gespräch" einlade.

Dem Ex-Ministerpräsidenten ist ein Lapsus unterlaufen. Eigentlich, so sieht es jedenfalls Mohring, soll es „Projekteregierung" lauten, mit „Projekten" in Plural. Es soll sich somit um ein Bündnis handeln, das in der gebotenen Nüchternheit und der bekannten staatspolitischen Verantwortung genau definierte Projekte abarbeitet, mehr nicht. Eine „Projektregierung" klingt dagegen wie ein gemeinsames, singuläres „Projekt", fast wie eine politische Vision. Genau diesen Eindruck wollte der CDU-Landeschef vermeiden.

Dafür, dass Althaus wohl ohne Absicht ein „e" unterschlagen hat, spricht auch der restliche Inhalt seiner Mitteilung. „Für mich heißt die Aufgabe, in konstruktiven Gesprächen Projekte für Thüringen kurzfristig zwischen Linke und Union zu definieren", schreibt er. Diese Projekte könnten dann „die Grundlage einer projektbezogenen Zusammenarbeit von Linke und Union" in dieser Wahlperiode sein. Dies gelte auch für die Kabinettsbildung: „Bei der Personalauswahl für eine solche Projektregierung sollte die Fachkompetenz und nicht die Parteimitgliedschaft im Mittelpunkt stehen."

Sofort beginnt der politische Sturm, der sich über die Feiertage kurz gelegt hatte, aufs Neue zu toben. Die Union sieht sich zu den inzwischen eingeübten Deklarationen genötigt. CSU-Landesgruppenchef Alexander Dobrindt meldet sich aus dem bayerischen Seeon, wo die Bundestagsabgeordneten ihre Winterklausur abhalten. Es dürfe keine Zusammenarbeit mit AfD oder Linkspartei geben, sagt er. „Und aus der Perspektive würde ich dringend dazu raten, dass man solchen Ideen und Überlegungen, mit der Linkspartei gemeinsame Sache zu machen, doch dringend widersteht." Kramp-Karrenbauer schickt ihren Sprecher vor, der auf die Beschlusslage verweist. „Die Haltung der CDU ist klar. Daran wird sich nichts ändern."[105]

Mohring hat nichts anderes erwartet. Er mimt angemessene Überraschung und beurteilt den Vorschlag öffentlich vorsichtig nur als „diskussionswürdig". Sein Statement, das er nur auf Anfrage übermitteln lässt, ist in reinstem Diplomatendeutsch gehalten:

„Sofern der von mir sehr geschätzte Bundespräsident a.D. Joachim Gauck zu einem Gespräch über die Lage in unserem Land einlädt, werde ich in der CDU dafür werben, diese Einladung anzunehmen und ein solches Gespräch zu führen."

Immerhin ist das eine Zusage. Ramelow hingegen schweigt. Er schweigt nicht nur zum Vorschlag von Althaus. Er schweigt auch, als Susanne Hennig-Wellsow für die Linke eine „Projektregierung" kategorisch ablehnt. Natürlich, sagt sie, werde die Linke gerne mit der CDU reden – aber nur darüber, wie sie eine Minderheitsregierung unterstütze. Staatskanzleichef Hoff qualifiziert den Vorstoß fast höhnisch ab. Der Union, sagt er, gehe es doch nur darum, „sich politisch wichtig zu machen."[106]

Als sich der Ministerpräsident nach vier langen Tagen endlich öffentlich zum Thema meldet, klingt er distanziert. Bislang kenne er den Vorschlag von Althaus ja nur aus der Zeitung[107], sagt er. „Wenn jemand darüber reden möchte, muss er meine Partei einladen und dann sagen, was genau er mit einer Projektregierung meint." Er jedenfalls gehe davon aus, dass die Verhandlungen mit SPD und Grünen in den nächsten Tagen abgeschlossen seien. „Und ich rechne damit, dass auf dieser Basis eine rot-rot-grüne Minderheitsregierung gebildet werden kann."

Wie ist das zu verstehen? Natürlich muss Ramelow, so wie Mohring, Rücksicht auf die eigene Partei nehmen. Und natürlich muss er, wie Mohring, Überraschung vortäuschen. Doch die Kühle, ja Kälte seiner Reaktion erklärt dies nicht. Er glaubt wohl nicht mehr daran, das Modell in der Linken durchsetzen zu können. Gleichzeitig ist er aber auf die CDU und ihre Enthaltung im Landtag angewiesen. Er muss Mohring mindestens hinhalten.

Aber Dieter Althaus gibt nicht auf, im Gegenteil. Er stellt jetzt sogar öffentlich das Dogma seiner Partei infrage. „Der in diesem Zusammenhang diskutierte Unvereinbarkeitsbeschluss der CDU Deutschlands aus dem Dezember 2018", sagt er, „macht insbesondere vor dem Hintergrund der jüngeren Entwicklungen in

Ostdeutschland und des Willens zahlreicher Bürger in der jetzigen Form keinen Sinn".[108] Die Partei müsse in Thüringen „eine geeignete Form der politischen Mitverantwortung" finden. Im Übrigen werde Ramelow von vielen Unternehmern „hochgeschätzt" und genieße in Deutschland ein „breites Ansehen". Die Linke in Thüringen sei „nicht mehr die SED", sie stehe – im Gegensatz zur AfD – insgesamt auf dem Boden des Grundgesetzes.

Am selben 9. Januar, an dem der „Spiegel" diese Sätze veröffentlicht, trifft sich Althaus wieder mit Ramelow. Sein Unternehmer-Freund Helmut Peter veranstaltet ein Schlachtefest auf einem Bauernhof in Steigerthal nahe Nordhausen. Er hat auch Mario Voigt eingeladen, damit Althaus mit ihm über die „Projektregierung" reden kann. Ansonsten wird viel gegessen, getrunken und blutige Wurst gemacht, Ramelow vermittelt den Eindruck, dass vieles möglich sei.

Die zerrissene Union

Doch der Eindruck hält bloß bis zum nächsten Morgen. In Erfurt treffen sich die Spitzen von Linke, SPD und Grüne, um ihr Programm zu finalisieren. Hennig-Wellsow sagt, für sie und ihre Partei gebe es nur ein „Projekt" – und dies sei die einzige Linke-geführte Regierung Deutschlands. „Wir wollen Rot-Rot-Grün. Punkt."[109] Und die „Projektregierung"? Die CDU, sagt sie, habe „ein bisschen Torschlusspanik" und komme „mit ihrem Denkprozess zu spät". Ramelow solle sich „in der ersten Februarwoche" vom Landtag wiederwählen lassen. Das klingt fast hochmütig. Liegt es daran, dass sie sich mit ihrer Linkspartei auf der richtigen Seite der Geschichte wähnt? Oder will sie so einfach nur größtmöglichen Druck erzeugen?

Für die Bundes-CDU verweist Generalsekretär Ziemiak nochmals auf den Abgrenzungsbeschluss, der „einstimmig gefasst" worden sei, „auch mit Unterstützung der CDU Thüringen."[110] Linke und

AfD blieben tabu. Aber die Debatte lässt sich nicht aufhalten, das gilt für beide Richtungen. „Werteunion"-Landeschef Christian Sitter, der den Appell für Gespräche mit der AfD unterschrieb, hat inzwischen Hans-Georg Maaßen für das Amt des Ministerpräsidenten vorgeschlagen und nach Thüringen eingeladen. Und so steht der frühere Bundesverfassungsschutzchef an einem Januarabend auf der Bühne in der voll besetzten „Lindenhalle" im eichsfeldischen Niederorschel. Etwa 250 Menschen sitzen ihm gegenüber, das Publikum besteht überwiegend aus Männern mittleren Alters[111].

Die Thüringer CDU, ruft Maaßen, müsse jetzt mutig sein. „Sie sollte einen eigenen Kandidaten oder eine Kandidatin stellen, um dann eine Minderheitsregierung zu bilden. Es gibt eine Mehrheit jenseits einer sozialistischen Regierung." Beifall.

Ja, sagt Maaßen, die AfD sei „teilweise radikal". Aber die Linke sei es auch. Ramelow habe schon im Westen der DKP nahegestanden und sei ein „in der Wolle gefärbter Kommunist". Und bei der Linken handele es sich eben nicht nur um die Nachfolgepartei der SED. „Sie ist die SED!"

Die Union präsentiert sich in Niederorschel in ihrer ganzen Zerrissenheit. An Maaßens Tisch sitzt die vormalige CDU-Bundestagsabgeordnete Vera Lengsfeld, die vor der Wahl für eine Zusammenarbeit mit der AfD warb. Das Grußwort hält wiederum CDU-Landrat Henning, der eine Koalition mit der Linken forderte. Will nun Maaßen gegen Ramelow antreten? Er kokettiert. Nein, er wolle nicht kandidieren, hatte er in einem Interview gesagt. Aber er sei der Überzeugung, dass die CDU den Regierungschef stellen müsse, „damit die Sozialisten das Land nicht ruinieren"[112]. Er stehe bereit, um an „einer derartigen Lösung" mitzuarbeiten.

Maaßen fordert die Landespartei auf, einen Kandidaten aufzustellen und nicht zum „Steigbügelhalter der Sozialisten" zu werden. Alles andere, ruft er, sei „ein Verrat" an den Opfern der SED und den Werten der Union. Falls der CDU-Bewerber mit AfD-Stimmen gewählt werde, dann sei das auch egal.

Als Maaßen aus dem Publikum gefragt wird, wie die Partei mit dem wahrscheinlichen Proteststurm umgehen solle, falls ein CDU-Regierungschef mit AfD-Stimmen gewählt werde, antwortet er: „Ich stehe nicht zur Wahl. Aber wenn ich zur Wahl stünde, würde ich sagen: Ich kann jeden verstehen, der mich wählt. Weil ich einfach gut bin." Dann fügt er an: „Wer uns wählt, sollte uns schnurz sein."

Jetzt reicht es dem Eichsfelder CDU-Landtagsabgeordneten Thadäus König. Er ruft ins Saalmikrofon, dass er natürlich Ramelow nicht wählen werde. Gleichzeitig könne die CDU keinen Kandidaten ohne eigene Mehrheit aufstellen. Man sollte bitte realistisch sein: „Es wird zu einer rot-rot-grünen Minderheitsregierung kommen." Die CDU müsse dann diese Regierung mit eigenen Themen stellen. Nun wird Vera Lengsfeld laut. „Das ist Selbstfesselung!", ruft sie. „Keine Zusammenarbeit mit der Höcke-AfD!", erwidert König ebenso laut.

Die AfD in Erfurt findet jedenfalls an der Idee eines Kandidaten Maaßen Gefallen. „Ich kann mir gut vorstellen, dass meine Fraktion ihn wählen würde", sagt Höckes Co-Landeschef Stefan Möller. „Maaßen ist uns mehrfach lieber als Ramelow." Tatsächlich führt Möller Gespräche mit Vertretern der „Werteunion", um einen Kandidaten zu finden, der für die CDU, die FDP und die eigene Fraktion wählbar wäre. Das gemeinsame Ziel lautet: Ramelows Wiederwahl verhindern.

KAPITEL 5
ENDSPIEL

Oder kommt die CDU vielleicht doch noch mit der Linken ins Geschäft? Am Sonntag, dem 13. Januar 2020, sitzen Ramelow und Mohring wieder im „Dompalais", diesmal in Gesellschaft des vormaligen Bundespräsidenten Gauck. Es gibt keine Wurst aus dem Eichsfeld, sondern Suppe vom Caterer und teuren Rotwein. Der Ministerpräsident ist im Privatwagen gekommen, die Konspiration soll bis zum Ende des Treffens gewahrt bleiben. Das Timing ist präzise: Für den Tag darauf ist ein erstes offizielles Treffen von Linke, SPD und Grünen mit CDU und FDP geplant, Mohring und Kemmerich haben nach monatelangem Zögern die Einladung angenommen.

Die Männer sitzen zwei Stunden beisammen. Wie eine Woche zuvor im ZDF schlägt Gauck die „begrenzte Form der Duldung" einer von der Linken geführten Minderheitsregierung durch die CDU vor.[113] Diese Tolerierung light müsse dann die Linkspartei „etwas kosten". Mohring lässt sich nicht konkret darauf ein, er will ja eigentlich die „Projektregierung". Doch dafür braucht er mehr Zeit. Die Ministerpräsidentenwahl dürfe nicht schon Anfang Februar stattfinden, verlangt er. Habe nicht Ramelow selbst im Landtag von einer Frist bis Ende Februar gesprochen? Das wäre doch ein vernünftiger Zeitrahmen. Der Linke gibt sich offen für die Forderung, bleibt aber unverbindlich.

Nach zwei Stunden verschicken der geschäftsführende Ministerpräsident und der CDU-Landeschef per Twitter die miteinander abgestimmten Stellungnahmen. „Joachim Gauck hat heute zu einem offenen Gedankenaustausch über Demokratiefragen eingeladen", schreibt Ramelow. „Dabei habe ich erläutert, warum ich mit Herrn Mohring über eine projektorientierte Regierungsarbeit intensiv weiterreden möchte. Es muss um neue Wege und Ideen in der Politik gehen."

Mike Mohring textet: „Auf Einladung von Bundespräsident a. D. Joachim Gauck haben wir heute über die Herausforderungen in unserem Land gesprochen. Ich fände es richtig, wenn der Ministerpräsident zu Gesprächen über Projekte einlädt, die für Thüringen wichtig sind."

Nachdem die Tweets verschickt sind, muss der Ministerpräsident ein unangenehmes Telefonat mit Susanne Hennig-Wellsow führen. Wie schon beim Treffen mit Mohring und Althaus vor Weihnachten hat er die Landes- und Fraktionschefin und ihren Stellvertreter Steffen Dittes nicht vorab eingeweiht. Nun wirft ihm Hennig-Wellsow „Vertrauensbruch" vor: Es gehe nicht, dass Ramelow derart wichtige Gespräche führe, ohne sie mindestens vorher zu konsultieren. Abgesehen davon ist sie fest entschlossen, eine wie auch immer geartete Regierung mit der CDU abzulehnen. Das sagt sie Ramelow sehr deutlich – um danach für mehrere Tage das bilaterale Gespräch mit ihm zu meiden.

Aus dem Weg gehen können sich die beiden freilich nicht. Der nächste Vormittag, im „Radisson"-Hotel, einem Betonblock am Erfurter Innenstadtring, der in der DDR das Interhotel „Kosmos" war. Die Vertreter von Rot-Rot-Grün sind früh erschienen, Hennig-Wellsow, Dittes, Tiefensee, Hey, Siegesmund, Adams. Um sie herum gruppieren sich zwei Dutzend Journalisten und etliche Kamerateams. Was sie von der Intervention Gaucks halten?

SPD und Grüne geben sich irritiert. „Wenn es eine stabile Mehrheit auch außerhalb der SPD gibt, dann nur zu", sagt SPD-Fraktionschef Hey. „Wir wollen dem nicht im Wege stehen."[114] Sein grüner Amtskollege Adams assistiert: Falls Linke und CDU allein Politik machen wollten, dann müssten sie das einfach mal mitteilen. „Hier ist meiner Meinung nach insbesondere der Ministerpräsident gefordert, zu sagen, welche Politik er machen will".

Jetzt schreitet Mohring gemeinsam mit Kemmerich über den dicken roten Teppich, die beiden haben ihr Eintreffen miteinander synchronisiert. Vor allem Mohring will die Geschlossenheit des bürgerlichen Rudiments demonstrieren. Die beiden Männer tragen keinen Schlips, lächeln, geben sich entspannt. Fast scheint es so, als kämen sie nur zum Kaffee vorbei. Irgendwelche Stellvertreter oder Generalsekretäre von CDU und FDP sind nicht zu sehen. Dabei haben Linke, SPD und Grüne jeweils drei, vier Verhandler geschickt.

„Ich glaube nicht, dass wir hier stundenlang sitzen", sagt Kemmerich cool. „Es ist ein Akt der gegenseitigen Wertschätzung, dass wir dieses Gespräch führen."[115] Dann stellen er und Mohring sich im Beratungssaal zu Ramelow. Die drei Männer flachsen und scherzen für die Kameras. Schließlich verteilen sich die fünf Parteien um die Tische, die im Rechteck aufgestellt sind.

Kemmerich und Mohring sitzen nebeneinander, sie hören vor allem zu, sagen wenig. Man werde im Parlament sicher an der einen oder anderen Stelle ins Geschäft kommen, erklären sie. An welchen Stellen genau, wird nachgefragt. Sie geben keine konkreten Antworten. Unterm Tisch schicken sich Ramelow und Mohring SMS hin und her. Der CDU-Mann verlangt, so wie am Abend zuvor, die Verschiebung der Ministerpräsidentenwahl. Der Linke antwortet ihm ausweichend.

Dann, keine zwei Stunden später, treten der CDU- und der FDP-Mann vor die Türen – und die Kameras. Auch hier teilen sie in der Substanz wenig mit. Es gebe eine Themenliste, sagt Mohring jetzt immerhin, aber dafür brauche man längere Verhandlungszeit. Sicher sei aber, dass die CDU das „ideologische Projekt Rot-Rot-Grün" nicht verlängern werde.

Letzter Versuch

Mohring setzt auf die Fraktionsklausur, die wenige Stunden später im ostthüringischen Bad Blankenburg beginnt. Dort will er einen letzten Versuch wagen. In dem Beschlussentwurf, der an die Abgeordneten verteilt wird, stehen nicht nur 22 inhaltliche Punkte, über die er mit Ramelow reden will und die vor allem von mehr Geld für Kommunen, Lehrer oder Polizei handeln. Es steht auch die „Projektregierung" darin, freilich ohne die Linke zu erwähnen: „Die CDU-Fraktion im Thüringer Landtag empfiehlt daher ein neues Thüringer Modell: Eine zeitlich befristete und inhaltlich begrenzte Expertenregierung, die sich darauf beschränkt, politisch umzusetzen, was für eine gute Zukunft des Landes zwingend erforderlich ist und sich auf einen breiten Konsens bei Bürgerinnen und Bürgern stützen kann."

Der Entwurf stammt von Karl-Eckhard Hahn, der inzwischen nicht mehr als Sprecher, sondern als Grundsatzreferent der Fraktion fungiert. Für ihn ist die Regierungsbeteiligung der CDU die einzige Möglichkeit, aktiv den linken Umbau der Gesellschaft auszubremsen. Hahn stellt das Papier den Abgeordneten vor, derweil sich Mohring auffällig zurückhält. Tatsächlich passiert nun das, was er befürchten musste: Seine Anhänger, mit Heym und Kellner an der Spitze, verbünden sich mit dem Lager um Voigt. Der Passus zur Projektregierung wird wieder gestrichen.

Die letzte Chance für eine Linke-CDU-Regierung ist damit vergeben. Dennoch fordert Generalsekretär Walk noch einmal in der Presse, die Ministerpräsidentenwahl auf Ende Februar zu verschieben. „Wir müssen die Themen klären", sagt er, und meint damit die 22 Punkte, die auf der Klausur beschlossen wurden.

Aber die Gegenseite hat es jetzt sehr eilig. Parallel zum CDU-Treffen in Bad Blankenburg schaffen Linke, SPD und Grüne in Erfurt Tatsachen. Die drei Parteien einigen sich auf einen Koalitionsvertrag, nur der Zuschnitt der Ministerien ist noch offen. Die Linke startet schon mal eine Mitgliederbefragung, SPD und Grüne bereiten Landesparteitage vor. Zwar ist die Aufbruchstimmung aus dem Jahr 2014 längst verschwunden und das gegenseitige Misstrauen groß. Aber ein rot-rot-grünes Minderheitsbündnis erscheint den Beteiligten als einzige realistische Machtperspektive.

In der Linkspartei haben Hennig-Wellsow, Dittes und Hoff ihren Ministerpräsidenten endgültig davon überzeugt, dass seine Landespartei noch nicht bereit für das Experiment einer „Projektregierung" mit der CDU sei. Allerdings ist das, was sie planen, auch ein Experiment. Erstmals seit langer Zeit soll in Deutschland das Wagnis einer Minderheitsregierung eingegangen werden, und dies ohne festen Tolerierungspartner.

Aber wird in Thüringen gelingen, was in fast allen anderen Bundesländern gescheitert ist? Minderheitsregierungen hielten in Deutschland nie sonderlich lange – bis auf eine rot-grünes Experiment in Sachsen-Anhalt mit Duldung der PDS. Es funktionierte ab 1998 immerhin für vier Jahre. Könnte also dem „Magdeburger Modell" nun ein „Erfurter Modell" folgen?

Noch lautet die Antwort Nein. Noch ist die CDU nicht dazu bereit. Und über eine „Projekt(e)regierung" will erst recht niemand reden, außer Mohring und vielleicht Ramelow.

Damit lastet der größte Druck erst einmal wieder auf dem CDU-Landeschef. Soll er gegen den Linken antreten, mit dem Risiko, dass ihn AfD-Abgeordnete wählen, aber Teile seiner Fraktion nicht? Oder sollte er die Wahl Ramelows im dritten Wahlgang einfach zulassen?

Mohring versucht, dem Dilemma mit einer alten Taktik zu entkommen: Er recycelt die Verfassungsdebatte von 2014. Anders als fünf Jahre zuvor hätte er bei einer Alleinkandidatur Ramelows sogar die Mathematik auf seiner Seite: Den 42 Stimmen der Koalition stehen potenziell 48 Nein-Stimmen von AfD, CDU und FDP gegenüber.

Und so reaktiviert Mohring den Streit darüber, wie die Formulierung der „meisten Stimmen" in Artikel 70 der Verfassung auszulegen sei. Erneut kalkuliert er darauf, dass die Mehrheit der Bevölkerung die dominierende Rechtsmeinung teilt, wonach die Nein-Stimmen zählen. Wieder hofft er darauf, die Legitimität eines wiedergewählten Ministerpräsidenten Ramelow infrage stellen zu können, um damit Rot-Rot-Grün zu zermürben. Eine mögliche Blockadeallianz aus AfD, CDU und FDP nimmt er billigend in Kauf.

Um das Anti-Bündnis schon einmal zu testen, bringt Mohring im Landtag einen Antrag zur „Feststellung des Wahlverhaltens" ein. Der Landtag soll mit schwarz-blau-gelber Mehrheit beschließen, dass ein Ministerpräsident mehr Ja- als Nein-Stimmen erhalten müsse, um gewählt zu werden. Die Entscheidung besäße zwar keine rechtliche Verbindlichkeit, aber eine hohe politische Symbolik. Mohring stellt seinen Vorstoß als Dienst an der Demokratie dar: „Je unklarer die Mehrheitsverhältnisse sind, desto klarer müssen die Regeln sein", sagt er.

Doch an dieser Stelle zieht Kemmerich nicht mehr mit. Als der CDU-Antrag im Justizausschuss zur Vorabstimmung steht, enthält sich die FDP. Rot-Rot-Grün ist dadurch in der Mehrheit, das Gremium empfiehlt dem Parlament die Ablehnung.

Was sind die Gründe Kemmerichs? Erstens will er sich nicht mehr von Mohring vereinnahmen zu lassen. Er habe die taktischen Spielchen satt, sagt er in der Fraktion. Zweitens irritierten ihn die Gespräche zwischen Mohring und Ramelow über eine „Projektregierung" – und zwar so sehr, dass er sich eigens in einem Brief an Gauck über dessen angebliche Einmischung beklagte. Und drittens: Kemmerich kokettiert mit dem Gedanken, selbst gegen Ramelow anzutreten. Damit würde sich jede Debatte über die Bedeutung von Nein-Stimmen erübrigen.

Doch mit der Ankündigung eines Gegenkandidaten ist Björn Höcke schneller als die FDP. Seine AfD-Fraktion, sagt er am 22. Januar, suche einen Parteilosen, der eine „bürgerliche Mehrheit" hinter sich versammeln könne. Man sei mit der Ansage in den

Wahlkampf gezogen, Rot-Rot-Grün und Ramelow abzulösen. „Einfach um deutlich zu machen, dass wir unser zentrales Wahlversprechen im Auge behalten, wird es einen Gegenkandidaten geben."[116]

Höckes Ansage ist mutig. Die AfD hat keinen Kandidaten, der einzige Aspirant, den sein Co-Landeschef Möller überreden konnte, hat am selben Morgen abgesagt. Es handelte sich dabei offenbar um den parteilosen Ex-Landrat Hans-Helmut Münchberg, den Mohring von dem Plan abbringen konnte. (Der Ex-Landrat wird auf Nachfrage abstreiten, jemals gefragt worden zu sein.) Doch um die Personalnot weiß nur der innere Kreis der AfD-Landesspitze.

In der CDU wächst durch die Ankündigung der Druck auf Mohring, gegen Ramelow anzutreten. Stimmen aus der AfD, heißt es, seien ja nun keine Gefahr mehr. Auch Kemmerich fühlt sich durch diese Logik ermutigt. Seine FDP-Fraktion erwäge, sagt Kemmerich am 28. Januar, einen eigenen Kandidaten aufzustellen. Einen Namen nennt er noch nicht. Aber intern ist längst beredet, dass er selbst antreten würde.

Die FDP-Führung in Berlin wirkt darüber besorgt. Er brauche niemandem die Folgen erklären, falls ein Liberaler mit Stimmen der AfD gewählt würde, sagt Partei- und Fraktionschef Lindner in der Sitzung der Bundestagsfraktion. Wenn dies passiere, wäre der Schaden für die FDP enorm. Der Thüringer Abgeordnete Gerald Ullrich, ein Landesparteivize Kemmerichs, widerspricht: Es gehe um ein Zeichen gegen Links wie Rechts, ansonsten entscheide darüber allein der Landesverband. Die Thüringer FDP wisse am besten, was die Menschen in Thüringen wollten.[117]

Inzwischen steht auch der Wahltag fest. Die Abstimmung soll am 5. Februar stattfinden. „Durch die Fraktionen wird hierfür der Abgeordnete Herr Bodo Ramelow, MdL, für die Wahl zum Ministerpräsidenten des Freistaats vorgeschlagen", heißt am 27. Januar der entscheidende Satz im Antrag von Linke, SPD und Grünen. Hennig-Wellsow twittert stolz: „Zack. Eingereicht." Der Termin für den Showdown ist damit gesetzt. Der Countdown läuft.

Prompt eskaliert in der CDU die Kandidatendebatte. Am Abend des 28. Januar tagt der Landesvorstand. Christian Hirte drängt darauf, einen eigenen Bewerber aufzustellen, falls die AfD jemanden vorschlage. Doch er ist mit dieser Forderung nahezu allein; Mohring hat seit 2014 die Landesspitze handverlesen. Im internen Protokoll der Sitzung heißt es: „Am Ende der Diskussion stand die mehrheitliche Meinung, dass es sich ausschließt, einen Kandidaten der CDU, der von der AfD gewählt wird, zu stellen. Wie sich die FDP dazu stellt, ist noch nicht klar. Einigkeit besteht darin, dass die CDU-Fraktion keine Stimmen für Ramelow abgibt."

Mit seinen Abgeordneten hat es Mohring am nächsten Tag deutlich schwerer. In einer langen Sitzung ringt er ihnen noch einmal mehrheitlich das Bekenntnis ab, keinen eigenen Kandidaten aufzustellen. Mit Kemmerich, sagt er, habe er die Vereinbarung, dass man jeden Schritt gemeinsam gehe. Und die AfD bluffe nur: Sie habe gar keinen Bewerber.

Mohrings Einschätzung ist – zu diesem Zeitpunkt – durchaus korrekt. Die AfD findet einfach niemanden, der für sie antreten will. Der parteilose Bürgermeister Matthias Reinz aus Bad Langensalza, der kurzzeitig willig war, hat nach einigen Tagen Bedenkzeit abgesagt. Auch andere mögliche Kandidaten zieren sich, in Apolda, in Bad Berka und anderswo.

Was Mohring nicht weiß: Hirte und Voigt sprechen insgeheim mit Kemmerich und ermuntern ihn zu einer Bewerbung. Angeblich, das jedenfalls wird der FDP-Chef später öffentlich behaupten, versprechen sie ihm mindestens sechs Stimmen. Ihr Kalkül: Wenn die CDU keinen Kandidaten aufstellt, sollen es eben die Liberalen tun.

Am Freitag, dem 31. Januar, tagt der Landtag. Björn Höcke hat sein weißes Hemd etwas aufgeknöpft, der Schlips fehlt. Der AfD-Chef steht leicht erhöht hinter dem Rednerpult des Plenarsaales, er stößt mit dem rechten Zeigefinger energisch in die Luft, in Richtung Ramelow; der geschäftsführende Ministerpräsident sitzt nur wenige Meter von ihm entfernt auf der Regierungsbank. „Unter Bodo

Ramelow ist Thüringen zu einem Feuchtbiotop für Linksextremismus geworden", ruft Höcke. Dann wendet er sich zur CDU: „Diesen roten Gesellen", sagt er und zeigt auf die Linke-Fraktion, „wollen Sie unser Land tatsächlich noch mal fünf Jahre ausliefern?"

Und er wiederholt seinen Vorschlag vom November: „Sehr geehrter Herr Mohring, ich mache Ihnen hier nochmal das Angebot: Unterbrechen wir die Landtagssitzung nach diesem Tagesordnungspunkt. Wir ziehen uns mit dem Kollegen Kemmerich zurück. Ich bin bereit, meine persönliche Karriere dem Staatsziel zu opfern, dass Thüringen gut regiert werden muss. Wir werden gemeinsam einen bürgerlichen Ministerpräsidentenkandidaten finden, der dieses Land gut regiert."

In Höckes AfD hat sich eine Idee verfestigt: Was wäre, wenn die Fraktion nur zum Schein einen eigenen Kandidaten aufstellte und dann, im Geheimen, Kemmerich oder einen anderen Bewerber von FDP und CDU wählte?

Doch zunächst braucht die Partei einen Kandidaten. Einen Mann, der parteilos, aber AfD-nah ist. Einen Mann, der seine bürgerliche Existenz riskierte. Einen Mann, der den Strohmann spielen würde.

Der Scheinkandidat

Es ist Samstag, der 1. Februar, bis zur Ministerpräsidentenwahl sind es nur noch vier Tage. Der AfD-Landtagsabgeordnete Lars Schütze berät mit Stefan Sell, einem Maler aus dem Dorf Neunheilingen, der für die AfD im Kreistag von Mühlhausen sitzt, die leidige Kandidatenfrage. Wen könnte die Partei noch ansprechen?

Sell erwähnt Christoph Kindervater, den ehrenamtlichen Bürgermeister aus dem Dorf Sundhausen. Der Mann ist 42 Jahre alt, arbeitet als Vertreter eines Bamberger Unternehmens und führt ansonsten mit Frau und Sohn ein eher unauffälliges Dasein, aus dem er gelegentlich im Internet ausbricht. Dort schreibt er dann vom „Merkel-Regime" und davon, dass die Deutschen nicht für die NS-Verbrechen in „Sippenhaft" genommen werden dürften[118]. Dass dies die Sprache des rechten AfD-„Flügel" ist, stört ihn nicht, im Gegenteil. Er ist mit einigen Leuten aus der Partei gut bekannt, darunter mit Sell. Auch Höcke hat er auf einer Feier kurz gesprochen.

Als Stefan Sell anruft, ist Christoph Kindervater dabei, zum Einkaufen nach Bad Langensalza zu fahren. Die drei Männer treffen sich im Rewe-Supermarkt beim Bäcker, trinken Kaffee. Der Bürgermeister muss nicht groß überredet werden. Er hat die Nachrichten verfolgt und ist sofort bereit. Man einigt sich darauf, dass sich Kindervater zum Schein als überparteilicher Kandidat präsentieren soll. Noch am selben Abend schreibt er E-Mails an AfD, CDU und FDP: Er stehe am Montag zwischen 8 und 10 Uhr vor dem Landtag für Nachfragen zur Verfügung.

Während sich Kindervater im Supermarkt-Café zur Kandidatur für das Amt des Ministerpräsidenten des Freistaats Thüringen bereit erklärt, trifft sich die Eisenacher CDU zur Klausur im Feuerwehrhaus von Wartha, einem Vorort der Stadt. Vorsitzender ist Raymond Walk, Mohrings Generalsekretär in der Landespartei. Auch aus dem benachbarten Wartburgkreis sind einige Mitglieder gekommen, darunter CDU-Landesvize Christian Hirte, der dortige Kreischef. Die meisten sind der Meinung, dass die Union im Landtag einen eigenen Kandidaten aufstellen müsse.

Nur Walk warnt vor den Risiken der geheimen Abstimmung. Hirte hingegen plädiert für einen eigenen Kandidaten oder eine Unterstützung Kemmerichs. Er weiß um die schwierige Lage von Mohring. Doch für ihn ist es eine Frage des Prinzips, der Selbstachtung, das hat er auch seinem Landeschef gesagt.

Tags darauf, am Sonntag, erscheint ein langes Essay von Mohrings Mitarbeiter Hahn in der rechtskonservativen Zeitschrift „The European". Die Wahl Kemmerichs, schreibt er, sei eine allein von den Linken beschworene Gefahr, die es gar nicht gebe. „Die

Stimmabgabe zugunsten eines FDP-Kandidaten, der ohne einen Koalitionsvertrag oder sonstige politische Zusicherungen an den Start ginge, verpflichtete diesen politisch zu absolut nichts. Weder gegenüber der AfD noch irgendjemandem sonst. Bei der Zusammenstellung eines Kabinetts wäre er vollkommen frei."[119]

Ebenfalls am Sonntag steht Hirte in Bad Langensalza, wo tags zuvor das AfD-Kandidatengespräch stattfand, bei einem Neujahrsempfang der CDU. Nun sagt er auch öffentlich, dass die CDU – oder die FDP – einen Kandidaten aufstellen müsse: „Wir sollten nicht abwarten, was andere machen, sondern uns positionieren"[120]. Wenig später läuft die Forderung im regionalen Radio.

Mohring spürt, dass es jetzt eng für ihn wird. Schon seit dem Freitag versucht das Voigt-Lager, eine Sondersitzung der Fraktion zu organisieren, um am Montag einen eigenen Kandidaten aufzustellen. Der Landesvorsitzende weiß sich nicht mehr anders zu helfen: Er meldet sich per SMS bei Angela Merkel und Annegret Kramp-Karrenbauer und bittet um Telefonate. Die Kandidatur eines Bürgerlichen sei heikel, schreibt Mohring an die CDU-Vorsitzende, es drohe „ernste Gefahr". Sie sehe die Situation ganz genauso, schreibt sie ihm zurück.

Später am Tag telefonieren Kramp-Karrenbauer und Merkel mit Mohring und bestärken ihn in seinem Kurs: Die CDU dürfe keinen Kandidaten aufstellen; das Risiko, dass die AfD die Situation ausnutzen könne, sei zu groß. Mohring bittet die beiden Frauen, Christian Lindner anzurufen, und ihn zu bitten, bei Kemmerich zu intervenieren.

Der CDU-Landeschef selbst meldet sich auch nochmals bei seinem FDP-Amtskollegen, mit der dringenden Bitte, nicht anzutreten. Doch Kemmerich interessiert das nicht mehr. Am frühen Sonntagabend lässt er sich von seinem Landesvorstand als Kandidat aufstellen – wenn auch erst für einen möglichen dritten Wahlgang. Damit hat die FDP, ohne dass sie dies ahnt, die Falle der AfD aktiviert. Jetzt muss die CDU nur noch hineintapsen.

Mohring erfährt davon vorerst nichts. Es ist fast 22 Uhr, als er eine Telefonkonferenz des CDU-Landespräsidiums organisiert. Er will ein Votum erzwingen, das Hirte und Voigt kaltstellt. Walk schaltet sich von einer Tankstelle in Erfurt zu. Auch seine Stellvertreter sind in der Leitung – und Dieter Althaus, den der Landeschef zur Unterstützung dazu gebeten hat.

Der Ex-Ministerpräsident wird laut. Die AfD, sagt er, habe CDU und FDP eine Leimrute ausgelegt, angesichts mehrerer Kandidaten sei die Enthaltung der einzige Weg. Mohring redet und redet, er appelliert, bittet. Es ist gegen 23 Uhr, als er jeden einzelnen Gesprächsteilnehmer am Telefon abfragt. Die Mehrheit billigt seine Linie, keinen Kandidaten aufzustellen. Christian Hirte enthält sich. Mario Voigt sagt, er habe sich „noch keine abschließende Meinung" gebildet.

Im Anschluss schickt Mohring an Kemmerich mehrere Kurznachrichten. Es bleibe bei der gemeinsam besprochenen Linie: Keine Kandidatur, keine Abhängigkeit von der AfD. Falls Ramelow auch nach dem zweiten Wahlgang nicht gewählt sei, werde man eine Auszeit beantragen und gezielt mit SPD und Grüne das Gespräch suchen. Kemmerich schreibt zurück, dass die FDP in den ersten beiden Wahlgängen keinen Kandidaten aufstellen werde. Den Beschluss seines Landesvorstandes, ihn im dritten Wahlgang antreten zu lassen, erwähnt er allerdings nicht.

Der nächste Morgen. Es ist Montag, der 3. Februar, bis zur Wahl des Ministerpräsidenten verbleiben noch zwei Tage. Vor dem Landtag in Erfurt warten keine Vertreter von CDU und FDP auf den Dorfbürgermeister aus Sundhausen. Nur zwei, drei Journalisten sind da. Es ist kalt, Christoph Kindervater setzt sich mit dem AfD-Abgeordneten Schütze in die leere Landtagskantine und versucht zu erklären, warum Ramelow nicht Ministerpräsident werden dürfe: „Thüringen hat nicht links gewählt, Thüringen hat liberal-bürgerlich-konservativ gewählt." Er sei also für eine Koalition von AfD, CDU und FDP unter seiner Führung? „Natürlich! Warum denn nicht?"

Wenig später führt Schütze Kindervater in den Sitzungsraum der AfD-Fraktion, damit er sich dort nominieren lassen kann. Nicht alle Abgeordneten wirken von dem spontanen Kandidaten begeistert. Aber auch die Alternative für Deutschland hat in diesem Moment keine Alternative. Die Zeit drängt: Um 11 Uhr – 48 Stunden vor Beginn der Sondersitzung des Landtags – läuft die Frist ab, bis zu der sich Kandidaten für den ersten und zweiten Wahlgang anmelden können.

Während Kindervater mit der AfD zusammensitzt, versammelt sich die CDU-Fraktion; etwa zwei Drittel der Abgeordneten sind erschienen. Marcus Malsch hatte bereits am Freitag vergeblich eine Sitzung gefordert und stattdessen nun zu einem informellen Treffen gebeten. Formal einladen könnte nur der Fraktionsvorsitzende, aber Mohring ist extra zu Terminen nach Leipzig gefahren. Er will unbedingt jedweden Beschluss vor Ablauf der Frist verhindern.

So wie auf der Klausur Mitte Januar in Bad Blankenburg haben die Gegner und Anhänger Mohrings wieder ein gemeinsames Ziel. Zwar können sie ohne den Fraktionschef keinen eigenen Kandidaten für die ersten Wahlgänge anmelden. Aber sie können Kemmerich wählen, falls dieser am Mittwoch antreten sollte. Und dies, darin sind sie sich jetzt einig, wollen sie auch tun.

Mohring wird den Vorgang intern später so zusammenfassen: „Das war Meuterei."

Derweil lässt die FDP die 11-Uhr-Frist zielgerichtet verstreichen. Wie vom Landesvorstand beschlossen, will Kemmerich erst im dritten Wahlgang antreten, wenn Spontankandidaturen möglich sind. Und wer weiß: Vielleicht wird ja Ramelow bereits in einem der ersten beiden Wahlgänge gewählt.

Am Montagabend tagt der Landesparteirat der FDP in der Gaststätte „Hubertus" am Rande von Erfurt – und unterstützt den Plan bei einer Enthaltung. Allerdings: Kemmerich, heißt es nun, soll nur dann antreten, falls auch die AfD im dritten Wahlgang Kindervater oder einen anderen Bewerber aufstellt. Später telefoniert der

Landesvorsitzende mit dem Bundesvorsitzenden, auch Christian Lindner gibt sein Okay.

Die Einzige, die wirklich gegen Kemmerichs Antritt argumentiert, ist die Landtagsabgeordnete Ute Bergner, eine Selfmade-Unternehmerin aus Ostthüringen; ihre Messtechnik-Firma beschäftigt etwa 300 Menschen. Sie hält die eine FDP-Kandidatur für Hybris, außerdem schätzt sie ihren Fraktionschef nicht sonderlich. Aber sie besitzt keine Stimme im Parteirat und äußert ihre Kritik nicht öffentlich.

Am Montagmorgen, dies nur der Vollständigkeit halber, hatte sich übrigens doch noch ein potenzieller CDU-Kandidat gemeldet – aus den USA, von einer Dienstreise nach Washington D. C. Der ostthüringische CDU-Bundestagsabgeordnete Albert Weiler teilte per „Bild" mit, dass er sich zum Ministerpräsidenten wählen lassen würde. Doch Mohring lachte ihn öffentlich dafür aus. „Spannend ist, dass Albert Weiler in Washington ist, und wer in den USA ist, wird schlecht am Mittwoch MP"[121], sagte er.

Bedenke das Ende!

Am Dienstag, dem 4. Februar, einen Tag vor der Ministerpräsidentenwahl, unterschreiben Linke, SPD und Grüne öffentlichkeitswirksam ihren Koalitionsvertrag. Sie präsentieren sich selbstbewusst als künftige Minderheitsregierung. Die Landes- und Fraktionsvorsitzenden posieren mit ihrem kandidierenden Ministerpräsidenten wie auf einem Siegerfoto.

Thomas Kemmerich ist nach Berlin gefahren. Mittags trifft er in einem Restaurant ein halbes Dutzend Journalisten zum Hintergrundgespräch, es geht ausschließlich um seine mögliche Wahl zum Ministerpräsidenten. Im Anschluss führt der Deutschlandfunk-Reporter Klaus Remme ein kurzes Interview mit dem Thüringer FDP-Chef, das allerdings nie gesendet wird.

Er kandidiere als „Stimme der Mitte", sagt Kemmerich. Es gehe ihm darum, „gegen die teilweise verfassungsfeindlichen Tendenzen von links und rechts" Haltung zu beweisen.

Und was sagt er zu Kindervater, seinem möglichen Gegenkandidaten? Er halte es „für einen Affront", einen politisch unerfahrenen, ehrenamtlichen Bürgermeister einer 354-Seelen-Gemeinde, als Kandidaten für das Amt des Ministerpräsidenten vorzuschlagen, antwortet Kemmerich. „Das wird der Sache nicht nur nicht gerecht. Das gibt sie der Lächerlichkeit preis, und das zeigt, welches Verhältnis die AfD zu unserer Demokratie hat. Das müssen die Leute wissen und sehen. So kann's nicht gehen."

Aber warum kandidiere dann er, der Chef einer Fünf-Prozent-Partei? In anderen Demokratien, sagt Kemmerich, gebe es doch immer wieder Minderheitsregierungen. „Und eine demokratische Theorie ist auch nicht fern davon, dass das durchaus ein kleinerer Partner im parlamentarischen Gefüge sein kann – weil erkennbar das Bemühen um Mehrheiten im Parlament von einem kleineren Partner größer und vielleicht auch versöhnender ist." Das sei „sehr erfolgreich in Norwegen gelaufen", und in anderen Ländern auch.

Remme fragt nach. Also meine er das wirklich ernst? Oder warum lächle er gerade? Schmunzle er über sich selbst, oder freue er sich?

„Ich freue mich", sagt Kemmerich. „Ich bin ein sehr positiver Mensch und sehe es als große Chance für Thüringen an, es zu tun. Ich strebe das Amt nicht an um des Amtes Willen. Aber wenn es notwendig ist, in der Form politische Verantwortung zu übernehmen, dann freue ich mich darauf."

Nächste Frage: „Haben Sie sich schon Gedanken über die Regierungsbildung gemacht?" Kemmerich räuspert sich und antwortet: „Wenn es zu der Situation kommt, dann werden wir ein Angebot geben, an CDU und SPD, in eine gemeinsame Regierung einzutreten. Wir wollen aber auch Platz lassen im Kabinett für Experten in Fachfragen, sei es im Ministerrang, sei es im Staatssekretärsrang.

Weil manche Aufgaben, glaube ich, können auch frisches Blut von außen und neue Herangehensweisen vertragen."

Ist das jetzt ein Mann, der sich wichtigmachen will, um nicht als Zählkandidat belächelt zu werden? Oder plant hier jemand die Regierungsübernahme? Die späteren Beteuerungen des FDP-Landeschefs, niemals an den Erfolg seiner Bewerbung geglaubt zu haben, klingen jedenfalls nach dem Abhören der bislang unveröffentlichten Aufnahme ziemlich schal.

Oder ist Kemmerich falsch beraten? In Berlin wird er von einem seiner wichtigsten Mitarbeiter begleitet. Fraktionssprecher Thomas Philipp Reiter, so heißt er, ist ein überaus schillernder politischer Fahrensmann[122]. Er arbeitete für Christian Wulff in Niedersachsen und beriet später Althaus und Mohring in Thüringen. Später versuchte er es in der FDP, bewarb sich erfolglos für ein Abgeordnetenmandat im Berliner Bezirk Marzahn-Hellersdorf und das Bürgermeisteramt in Elmshorn. Zuletzt war er Mitarbeiter in der Beratungsfirma des früheren Hamburger CDU-Bürgermeisters Ole von Beust.

Dank der Facebook-Einträge von Reiter erfährt man, dass sich Kemmerich am Dienstag vor der Ministerpräsidentenwahl im „Chinaclub" des Berliner Hotels „Adlon" noch mit Rainer Zitelmann trifft, einem Nationalliberalen, der Psychologieseminare gibt und umstrittene Bücher über Hitler und die Historisierung der NS-Zeit veröffentlicht hat. Linksstehende Historiker zählen ihn zur „Neuen Rechten". Auf Nachfrage wird Kemmerich später sagen, dass es allein um wirtschaftspolitische Themen ging. Über seine mögliche Wahl in Thüringen sei nicht geredet worden. Reiter will sich nicht dazu äußern.

Derweil wächst in Erfurt die Spannung. Am Dienstagnachmittag twittert der Autor dieses Buches: „Wenn die AfD im 3. Wahlgang trotz eigenem Kandidaten taktisch Kemmerich wählt, ist natürlich auch ein FDP-MP möglich." Staatskanzleichef Hoff, der seit Monaten alle denkbaren Varianten durchspielt, funkt als Antwort auf Twitter gezielt die Oppositionsfraktionen an und schreibt: Das Szenario werde dann real, falls „alle Mitglieder" der CDU-Fraktion gemeinsam mit der AfD Kemmerich zum Ministerpräsidenten wählen wollten, und die FDP bereit sei, „das Bündnis mit der AfD" einzugehen.

Am Abend vor dem Wahltag tagen im Landtag die CDU-Abgeordneten gemeinsam mit dem Vorstand der Landespartei im Fraktionssaal, der nach Bernhard Vogel benannt ist. Da alle Fristen abgelaufen sind, konnte Mohring gefahrlos zu der Sitzung einladen. Auch Vogel selbst ist gekommen, der Fraktionschef hat ihn eigens aus Speyer herbeifahren lassen.

Doch der 87-jährige Altministerpräsident ist nicht die erhoffte Stütze für Mohring. Im Gegenteil: Der Alte war schon nach der Landtagswahl der Meinung, dass sich der Landesparteichef aus seiner Verantwortung stehle. Später hielt er es für falsch, dass Mohring nicht selbst kandidierte. Und so ermuntert Vogel jetzt die Abgeordneten, für Kemmerich zu stimmen: Wenn die CDU die Wahl zwischen einem FDP-Unternehmer und einem Sozialisten habe, dann müsse sie sich für den bürgerliche Kandidaten entscheiden.

Mohring warnt mehrfach davor, dass die AfD tricksen könnte, das unweigerlich folgende Beben würde einen „politischen Tsunami" auslösen. Vogel und auch Mario Voigt antworten, dass diese Gefahr nur theoretisch bestehe, nicht praktisch. Schließlich gibt der Fraktionsvorsitzende auf, auch weil er vermutet, dass ein Abwahlantrag gegen ihn bereit liegt. Aber er versucht, sich zumindest gegen das potenzielle Fiasko abzusichern: Er fragt jeden einzelnen Abgeordneten und jeden einzelnen Vorständler ab, ob er dafür sei, Kemmerich zu wählen – ganz egal, was sich daraus entwickeln könne.

Einer nach dem anderen sagt Ja. Auch Voigt. Mohring selbst äußert sich nicht zu seinem geplanten Wahlverhalten. Dafür sendet wiederum Hirte, der sich auf einer Dienstreise nach Japan befindet, eigens aus dem Flieger eine SMS: Auch er sei, natürlich, für die Wahl Kemmerichs!

Was erst im Rückblick auffällig wirkt: Mohring berichtet nicht von seinen Telefonaten und SMS-Kontakten mit der Kanzlerin und der CDU-Vorsitzenden. Vor allem erwähnt er nicht eine spezielle

Mitteilung, die ihm Annegret Kramp-Karrenbauer geschickt haben will. In der SMS bekräftigt sie angeblich ihre konkrete Aufforderung an die gesamte Landtagsfraktion, sich konsequent in allen drei möglichen Wahlgängen zu enthalten.

Um 20.49 Uhr twittert Mohring ein Foto, das Vogel zeigt, während er zu den Abgeordneten redet. Dazu schreibt er die altrömische Weisheit: „Was auch immer du tust, tue es klug und bedenke das Ende!"

Das Ende ist nur durch eine Wand von der CDU getrennt. Direkt neben dem Bernhard-Vogel-Saal, im Raum der AfD-Fraktion, tagt gleichzeitig Björn Höcke mit dem Landesvorstand seiner Partei. Nach unzähligen Gesprächen, Telefonaten und Strategierunden wird nun die Möglichkeit, Kemmerich heimlich zu wählen, erstmals in größerem Rahmen diskutiert. Die Stimmung im Raum tendiert dazu, die Option im Zweifel zu nutzen. Aber eine Entscheidung fällt nicht.

Später, die Sitzungen beider Fraktionen enden nahezu parallel, verlassen die Abgeordneten von CDU und AfD den Landtag. Einige sehen sich im Foyer und der Tiefgarage, grüßen sich, schwatzen kurz miteinander. Die SPD-Landtagsabgeordnete Dorothea Marx wird danach behaupten, dass sich der AfD-Abgeordnete Torben Braga und der CDU-Abgeordnete Stefan Schard „unter lautstarker Bekundung der Vorfreude" voneinander verabschieden. Schard dementiert den Vorgang, auch der CDU-Abgeordnete Marcus Malsch sagt, dass es kein Gespräch gab. Das Landgericht Mühlhausen wird später auf Antrag Schards entscheiden, dass die Sozialdemokratin ihre Behauptung nicht wiederholen darf.

Was niemand bestreitet: Die meisten AfD-Abgeordneten erhalten noch an diesem Abend die Information, die erst am Morgen offiziell wird: Die CDU will für Kemmerich stimmen.

Gegen Mitternacht erhält Mohring tatsächlich eine SMS von Annegret Kramp-Karrenbauer. Die AfD sei dabei, eine „Falle" zu stellen, schreibt sie ihm. Die CDU müsse sich komplett heraushalten. Mohring sollte die Abstimmung mit seiner „Person verknüpfen". Ist das die Mitteilung, über die Kramp-Karrenbauer später berichten wird? Falls ja, dann kommt sie zu spät. Die Fraktion hat sich kollektiv anders entschieden, über Mohring Stimme hinweg.

In der Nacht zu Mittwoch verdichtet sich das vage Raunen über eine Wahl Kemmerichs zur halbrealen Option. Das liegt auch daran, dass der FDP-Landeschef der Zeitung „Freies Wort" ein kurzes Interview[123] gegeben hat. Es sind nur drei präzise Fragen – und drei sehr interpretationsfähige Antworten.

Freies Wort: „Herr Kemmerich, sind Sie Zählkandidat oder meinen Sie das mit Ihrer Kandidatur wirklich ernst?"

Kemmerich: „Die Wählerinnen und Wählerinnen im Freistaat Thüringen haben nicht nur links oder rechts gewählt, sondern erwarten auch von der bürgerlichen Mitte, dass sie Verantwortung übernimmt. Dafür stehe ich."

Freies Wort: „Und wenn Sie nun mit den Stimmen der AfD Ministerpräsident werden sollten?"

Kemmerich: „Wir haben uns inhaltlich klar und deutlich gegen die AfD abgegrenzt, ich bin der Gegenkandidat zu extrem rechts und extrem links."

Freies Wort: „Haben Sie schon Menschen gefunden, die im Fall eines Wahlsieges in Ihrem Kabinett Minister werden würden? Wenn ja: Wen?"

Kemmerich: „Ich kandidiere nicht, um bestimmten Menschen zu Ministerämtern zu verhelfen, sondern um Rot-Rot-Grün abzulösen. Daher müssten auch nicht alle jetzt noch amtierenden Minister ausgetauscht werden, zum Beispiel in der SPD."

Nachdem diese Zitate am Abend online publiziert sind, bekommt der FDP-Vorsitzende Lindner vom Autor dieses Buchs eine Frage per SMS gestellt: Bestehe nicht die Gefahr, dass Kemmerich am nächsten Tag von der AfD trotz eigenem Kandidaten gewählt werde? Seine Antwort: „Sie kennen doch Thomas Kemmerich. Der ist der Anti-Höcke in Sache und im Stil. Wie würde die AfD erklären, dass sie einen Anti-Höcke gewählt haben? Deshalb glaube ich an dieses spekulative Szenario nicht."

In der Falle

Der Tag, an dessen Ende er im Barocksaal in der Erfurter Staatskanzlei stehen wird, beginnt für Thomas Kemmerich wie jeder andere Arbeitstag. Er verlässt sein Haus im Süden der Weimarer Innenstadt und lässt sich in seiner Dienstlimousine nach Erfurt fahren. Zu seiner Frau sagt er zum Abschied, er werde froh sein, wenn er später, bei der Wahl des Ministerpräsidenten, alle fünf Stimmen seiner Fraktion erhalten werde. So jedenfalls wird er es später jedem erzählen, der ihn zu den Ereignissen befragt: Als Beweis dafür, dass er wirklich nichts, aber auch gar nichts von dem ahnte, was ihm später gegen seinen erklärten Willen widerfahren sei.

Jedoch, es gibt seine Aussagen vom Vortag, laut denen er sein Kabinett längst zusammenstellt. Und es gibt konkrete Warnungen, direkt an ihn gerichtet. Die erste kommt von Wolfgang Tiefensee, dem SPD-Landesvorsitzenden. Um 7.05 Uhr wendet sich der Wirtschaftsminister per Twitter an Kemmerich und nimmt Bezug auf das Interview, das nun auch in der aktuellen Druckausgabe vom „Freien Wort" steht: „Ist es wahr, dass Sie sich mit den Stimmen der AfD zum MP wählen lassen und dann die SPD-Minister zum Bleiben auffordern wollen? Welch ein politischer Dammbruch und welch eine Anmaßung." Kemmerich antwortet nicht.

Kurz vor 9 Uhr erhält der FDP-Landeschef eine SMS von seinem Bundesvorsitzenden. Die Mitteilung stammt ursprünglich von Annegret Kramp-Karrenbauer; Lindner leitet sie nur weiter. Darin warnt die CDU-Vorsitzende eindringlich davor, dass die AfD heimlich bei der Abstimmung umschwenken könnte. Das wird nicht passieren, textet Kemmerich zurück. Ausgeschlossen!

Um 10.07 Uhr folgt die nächste Warnung, diesmal kommt die SMS von Mohring. „Die AfD wird dich wählen. Du musst wissen, was das bedeutet." Kemmerich meldet sich nicht zurück.

Als der Vorsitzende im Parlamentsgebäude im Erfurter Süden anlangt, beginnen in den sechs Fraktionen die Vorbesprechungen.

Die Abgeordneten gehen alle noch einmal die Rechnung durch. Also: Ramelow dürfte in den ersten beiden Wahlgängen mindestens die 42 Stimmen der rot-rot-grünen Koalition bekommen – und Kindervater die 22 der AfD. Die Abgeordneten von CDU und FDP würden sich wohl kollektiv enthalten. Beide Male hätte der geschäftsführende Ministerpräsident die nötige absolute Mehrheit von 46 für seine Wiederwahl verfehlt.

Im dritten Wahlgang, wenn die „meisten Stimmen" einer relativen Mehrheit reichen, träte dann zusätzlich Kemmerich an – allerdings nur, falls die AfD auch einen Kandidaten aufstellt. Am Ende würden sich die Stimmen der Opposition wahrscheinlich hälftig auf die beiden Kandidaten der Opposition aufteilen. Bodo Ramelow wäre sicher wiedergewählt.

Aber: Die Wahl ist geheim. Außerdem hat sich das Gerücht, das seit Tagen waberte, zu einer realen Option verfestigt: Die AfD könnte Kindervater als Strohmann vorschicken und heimlich Kemmerich wählen. Am Ende, falls alle mitmachten, hätte der FDP-Kandidat bis zu 48 Abgeordnete hinter sich. Er wäre Ministerpräsident.

Doch noch wollen die meisten Beteiligten oder Beobachter in Erfurt und Berlin nicht an diese Möglichkeit glauben. Dazu gehört auch der geschäftsführende Ministerpräsident. Am Morgen ist Bodo Ramelow noch einmal kurz in der Staatskanzlei, er räumt seinen Schreibtisch auf und legt den Generalschlüssel, mit dem er im Haus fast jede Tür öffnen kann, in die Mitte der Tischplatte. „Warum machen Sie das?", fragt ihn eine seiner Sekretärinnen. „Weil es sich so gehört", antwortet Ramelow.

Und weil es sich so gehört, hat der Ministerpräsident den Oppositionsfraktionen von CDU und FDP angeboten, sich vor der Wahl noch einmal offiziell als Kandidat vorzustellen. Den AfD-Abgeordneten hingegen schreibt er Briefe, in denen er sie einzeln daran erinnert, dass sie demokratisch gewählt wurden, um die Verfassung und die Gesetze zu achten. Dazu hat er Screenshots gelegt, mit

Äußerungen einiger Fraktionsmitglieder, die aus seiner Sicht gegen ihre Verfassungstreue sprechen.

Die FDP nimmt, im Unterschied zur CDU, Ramelows Angebot an. Und so steht der Linke am Vormittag vor den fünf liberalen Abgeordneten, um sich befragen zu lassen und, gleichsam nebenbei, seinem bürgerlichen Konkurrenten viel Glück zu wünschen. Thüringen ist klein, Kemmerich und er kennen sich seit Jahrzehnten. Nachdem sie 1990 aus dem Westen nach Erfurt kamen, sind sie sich in unterschiedlichen Funktionen immer wieder über den Weg gelaufen, als Gewerkschafter und Unternehmer, als Abgeordneter und Parteipolitiker – und zuletzt als Spitzenkandidaten. Nun scherzen die beiden miteinander im FDP-Fraktionssaal. Ramelow sagt, dass es völlig in Ordnung sei, dass Kemmerich antrete. „Das ist gut für die Demokratie."

Kemmerichs Sprecher Reiter twittert ein Bild von Ramelow, wie er im Fraktionssaal sitzt. Dazu schreibt er über den Besuch des Linken: „Er widerspricht seinem Koalitionspartner Tiefensee von der SPD – eine mögliche Kandidatur von Kemmerich sei für ihn ‚demokratische Selbstverständlichkeit' und keine ‚Anmaßung'".

Mohrings Mitarbeiter Hahn stellt über den Tweet einen eigenen Kommentar: „Da ist Bodo Ramelow unbedingt zuzustimmen: Eine Kandidatur von Kemmerich ist eine ‚demokratische Selbstverständlichkeit' – seine Wahl wäre es ebenfalls."

Doch Demokratie kann nur funktionieren, wenn sie transparenten Regeln folgt. Björn Höcke plant aber, diese Regeln zu missbrauchen. Am Morgen hat er die enge Führungsspitze zu sich in sein Landtagsbüro gerufen. Er sei sich mit Bundestagsfraktionschef Gauland einig, teilt er ihnen mit: Kindervater solle im dritten Wahlgang nur zum Schein kandidieren, damit die AfD-Abgeordneten mit ihren Stimmen Kemmerich ins Amt verhelfen könnten. Es gehe jetzt darum, die linke Landesregierung zu entmachten und ein Wahlversprechen zu erfüllen. Das zähle.

Aber noch bleibt der Plan geheim. Wer weiß schon, ob Ramelow dank einiger abtrünniger CDU-Abgeordneter nicht schon in den ersten beiden Wahlgängen gewählt wird. Als sich die AfD-Fraktion im großen Beratungsraum versammelt, wird Höcke vor den Abgeordneten noch nicht konkret. Er spricht nur in dem ihm eigenen Pathos davon, dass die AfD jetzt Geschichte schreiben könne. „Wir müssen diszipliniert sein", sagt er. Auch Kindervater weiß in diesem Moment noch nicht, welche Rolle ihm zugedacht ist. Aber er ahnt es – und es ist ihm egal. Ihm geht es darum, dass Ramelow abgelöst wird.

Sieben Sekunden

Kurz vor 11 Uhr sind alle 90 Landtagsabgeordneten im Plenarsaal versammelt. Kameraleute und Fotografen laufen durch das Rund und ballen sich um die Protagonisten Ramelow, Kemmerich, Höcke. Über ihnen, auf den Besuchertribünen, sitzen Staatssekretäre, Minister, Angehörige – und Kandidat Kindervater. Alle Presseplätze sind besetzt, mehr als hundert Journalisten haben sich akkreditiert, viele müssen stehen. Selbst nach Parlamentswahlen war der Landtag noch nie derart voll.

Um 11.05, nach den üblichen Formalien zu Beginn einer Sitzung, sagt die linke Landtagspräsidentin Birgit Keller: „Sehr geehrte Damen und Herren, damit rufe ich Tagesordnungspunkt 1 auf: Wahl des Ministerpräsidenten des Freistaats Thüringen." Es gebe zwei Kandidaten: Linke, SPD und Grüne hätten Abgeordneten Bodo Ramelow vorgeschlagen, die AfD Christoph Kindervater.

Danach werden die Abgeordneten in alphabetischer Reihenfolge aufgerufen. Sie laufen einzeln durch den Saal hinter das Präsidium, erhalten von Abgeordneten, die als Wahlhelfer benannt wurden, ihre Wahlzettel, gehen in eine der beiden provisorischen Kabinen, stimmen ab, werfen den Zettel in die Urne und spazieren zurück an ihren Platz. Das Ganze wirkt wie eine kreisförmige Prozession, sie dauert etwa zehn Minuten. Danach wird an einem Tisch hinter dem Präsidium ausgezählt.

Um 11.23 Uhr ist das Ergebnis da. Ramelow hat 43 Stimmen bekommen. Das heißt, dass wohl mindestens ein CDU- oder FDP-Abgeordneter – oder, wer weiß, sogar ein AfD-Mitglied – den Linken wählte. 22 Abgeordnete haben sich enthalten.

Für Kindervater stimmten 25 Abgeordnete, drei mehr, als die AfD-Fraktion Mitglieder hat. Höcke und seine Getreuen sind beglückt: Für sie stimmt die Richtung.

Die absolute Mehrheit von 46 Stimmen hat, wie erwartet, keiner der beiden Kandidaten erreicht. In einer von der AfD beantragten Unterbrechung versammelt sich auch die CDU-Fraktion. Die Stimmung ist gereizt: Von wem kamen die drei zusätzlichen Stimmen für Kindervater? Einige verdächtigen Michael Heym, der sich empört wehrt und sagt, er habe mit dem Handy ein Foto seines Wahlzettels gemacht, mit dem er beweisen könne, dass er sich enthalten habe.

Um 11.41 Uhr beginnt der zweite Wahlgang. Um 12.13 Uhr ist das Ergebnis da. Ramelow hat nun 44 Stimmen erhalten, also noch eine mehr als zuvor, Kindervater hingegen nur noch 22; 24 Abgeordnete haben sich enthalten. Damit haben wohl zwei Abgeordnete von CDU, FDP oder AfD für Ramelow gestimmt. Aber es fehlen immer noch zwei Stimmen zur absoluten Mehrheit.

Nun ist er da, der Moment, in dem sich die Interessen, Ambitionen, Kalkulationen, Fehleinschätzungen und Zufälle zusammenzufügen, in dem sich die Schlafwandler von Thüringen endgültig aufeinander zu bewegen. Nun, da hat Höcke durchaus recht, wird Geschichte geschrieben. Nun wird etwas passieren, was am 21. Februar 1924, unter anderen Umständen und mit anderen Beteiligten, erstmals in Thüringen passierte. Nun wird eine teils völkisch, teils rechtsextrem gesinnte Fraktion darüber bestimmen, wer Ministerpräsident wird.

Die AfD beantragt eine Unterbrechung und versammelt sich in ihrem Fraktionssaal. Alle Abgeordneten müssen ihre Handys abgeben. Jetzt spricht Höcke deutlich aus, was er zuvor nur andeutete.

Er habe „eine Idee", die viele schon diskutiert hätten: Wenn Kemmerich jetzt im dritten Wahlgang antrete, sollte ihn die AfD wählen, geschlossen. Das sei nicht die feine Art, gewiss, aber damit erfülle man das Wahlversprechen, die Linksregierung und Ramelow zu entmachten.

Die Debatte währt nur kurz, einige Abgeordnete sagen, dass es schwierig sei, ausgerechnet Kemmerich zu wählen, schließlich habe der immer auf die AfD eingehauen. Aber ernsthaft dagegen argumentiert niemand. Nachdem sich alle einverstanden gezeigt haben, wird Kindervater in den Raum gerufen und eingeweiht. Der Bürgermeister muss nicht überredet werden. Liebend gerne mache er den Strohmann, sagt er, es gehe nicht um ihn. „Hauptsache, der Ramelow ist weg."

Damit ist auch der Köder in die Falle gelegt – und im Raum neben der AfD, im Bernhard-Vogel-Saal, bereitet sich die CDU darauf vor, kollektiv hineinzulaufen. Die Fraktion hat Gäste: Thomas Kemmerich, der Retter des bürgerlichen Lagers, ist mit seinen Abgeordneten eigens vorbeigekommen, um zu sagen, dass er wahr machen werde, was er versprochen habe: Er kandidiere! Fast alle CDU-Abgeordnete klopfen laut mit den Händen auf die Tische.

Nur Mohring stellt Fragen, darunter eine, mit der er Kemmerich noch einmal zum Nachdenken bringen will: Ob er auch antrete, falls die AfD ihren Bewerber zurückzöge? Kemmerich antwortet sinngemäß: Er stehe! Er werde sich nicht von Entscheidungen der AfD abhängig machen.

Damit hebelt er die Bedingung, die sein eigener FDP-Landesparteirat am Montagabend ausdrücklich für die Kandidatur gestellt hatte, de facto aus. Stürmisches Klopfen. Die CDU-Abgeordneten wollen das jetzt, unbedingt. Mohring wird später erzählen, dass er sich spätestens jetzt wie in der Handlung von „Die Welle" gefühlt habe: Die Fraktionen von CDU und FDP seien wie im Rausch in eine Richtung gelaufen. Dass Höcke es war, der ihnen den Weg wies, hätten sie nicht gemerkt.

Es ist 12.41 Uhr, als alle 90 Landtagsmitglieder wieder im Plenarsaal versammelt sind. Der Parlamentarische Geschäftsführer der FDP, Robert-Martin Montag, kündigt offiziell die Kandidatur seines Vorsitzenden an. Damit gibt es jetzt drei Bewerber: Ramelow, Kindervater und Kemmerich. Präsidentin Keller unterbricht noch einmal die Sitzung, es müssen neue Wahlzettel gedruckt werden.

Spätestens jetzt wird in den Gängen des Landtags über das Szenario, das bis dahin vielen als exotisch galt, offen gesprochen. Auch Susanne Hennig-Wellsow ahnt, was ihrer Partei bevorsteht. Die Ausgangslage sei „katastrophal", sagt sie. Das Ganze könne auf „eine große Finte der AfD" hinauslaufen[124]. Die Linke-Abgeordnete Katharina König-Preuss ist sich sogar nahezu sicher. Sie twittert: „Wahrscheinliches Szenario: AfD wählt im III. Wahlgang nicht den eigenen Kandidaten, sondern den Kandidaten der FDP. Würde der Logik & den Ankündigungen der AfD folgen."

Auch Hoff geht inzwischen vom Worst-Case-Szenario aus. Lange vor dem Wahltag hatte er konspirativ mit mehreren CDU-Abgeordneten gesprochen: Sie sicherten ihm vier Unionsstimmen für Ramelow zu, um spätestens im zweiten Wahlgang die absolute Mehrheit herzustellen. Dies war ein zentraler Grund dafür, dass sein Chef, der Ministerpräsident, so demonstrativ selbstsicher in die Abstimmung gegangen war.

Doch nur zwei CDU-Abgeordnete scheinen sich an die Absprachen gehalten zu haben. Und Hoff weiß, was alle wissen: Jetzt ist es zu spät, Ramelow zurückzuziehen. Da es noch zwei andere Kandidaten gibt, lässt sich der Wahlgang, den Linke, SPD und Grüne beantragt hatten, nicht mehr stoppen. In diesem Moment stimmt der abgenutzte Satz wirklich: Das Schicksal nimmt seinen Lauf.

Nach 20 Minuten sind die neuen Stimmzettel gedruckt. Um 13.06 Uhr beginnt die dritte und letzte Prozession der Abgeordneten, danach wird ausgezählt. Als alle Zettel auf dem Tisch sortiert sind, ist die Bestürzung der Wahlhelfer bis auf die Tribünen zu spüren. Sie zählen ein zweites Mal.

Doch am Ergebnis ändert sich nichts. Präsidentin Keller bekommt es auf einem Stück Papier gereicht. Nun verlagert sich die Bestürzung ins Präsidium. Der Linke-Abgeordnete Daniel Reinhardt, der als Schriftführer neben Keller sitzt, blickt schräg nach unten, wo Susanne Hennig-Wellsow in der ersten Reihe der Linke-Fraktion sitzt, die rechte Hand auf dem Arm Ramelows neben ihr. Reinhardt schüttelt beinahe unmerklich den Kopf. Es lässt sich live beobachten, wie das Blut aus dem Gesicht des Ministerpräsidenten entweicht. Er weiß, dass er abgewählt ist.

Birgit Keller referiert das Ergebnis. Das Protokoll will, dass sogar die Verlesung einen Spannungsbogen besitzt. Abgegebene Stimmzettel: 90. Gültige Stimmzettel: 90. Enthaltungen: 1. Stimmen für Ramelow: 44. Stimmen für Kindervater: 0.

Stimmen für Kemmerich: 45.

Kemmerich hat eine Stimme mehr als Ramelow erhalten, auf ihn entfielen, wie es die Landesverfassung verlangt, „die meisten Stimmen".

Er ist gewählt.

Das, was nun geschieht, zeichnen mehrere Fernseh- und Videokameras aus unterschiedlichen Perspektiven auf. Linke, SPD und Grünen wirken gelähmt. Hennig-Wellsow zieht Ramelow zu sich, klopft ihm aufmunternd sanft auf die Schulter. Die AfD-Fraktion bleibt größtenteils ruhig, so hatte man es zuvor vereinbart. Nur der Abgeordnete Torsten Czuppon kann nicht an sich halten. Er lacht laut, triumphierend. Stefan Möller, Höckes Co-Landeschef, ruft: „Geschichte!" Oben, auf der Tribüne, gluckst aus dem Kandidaten Kindervater ein Kichern.

Die FDP-Abgeordneten wirken verdattert, überwältigt. Drei von ihnen stützen ihre erblassten Gesichter auf die Hände. Kemmerich bläst kurz Luft aus den Backen, er schluckt. Allein aus den Reihen der CDU ist Jubel zu vernehmen. Hier schauen nur wenige Abgeordnete ernst, darunter auch Mohring. Der Rest der Fraktion jubelt, klatscht, lacht.

Die CDU-Abgeordneten wirken wie befreit. Fast ein Vierteljahrhundert hatte ihre Partei Thüringen regiert, bis ihr Ramelow die Macht entriss. Dies hier, die Wahl Kemmerichs, ist ihre Revanche. Es werden nur wenige Minuten vergehen, bis drüben, im Fraktionsgebäude, auf dem CDU-Fraktionsflur die Sektflaschen entkorkt werden.

Doch noch hat Kemmerich sieben Sekunden. Sieben lange Sekunden, bis ihn die Präsidentin fragen wird, ob er die Wahl annimmt. Lehnt er ab, wäre Ramelow weiter geschäftsführend im Amt. Aber der Linke wäre politisch erledigt. Er könnte es nicht wagen, wieder ohne eigene Mehrheit zur Wahl anzutreten. Kemmerich hätte gewonnen und nebenbei die AfD gedemütigt.

Aber auf die Idee, eine Pause zu beantragen, um über eine Exit-Strategie zu beraten, kommen weder er noch sein Parlamentarischer Geschäftsführer Montag. Sie hätten, werden beide später sagen, überhaupt nicht gewusst, dass zu diesem Zeitpunkt noch eine Unterbrechung möglich war. Kemmerich ist breitbeinig in eine Situation hineingelaufen, die viel zu groß für ihn ist. Er wirkt heillos überfordert.

Die sieben Sekunden sind um. Präsidentin Keller fragt, ob er die Wahl annehme. Kemmerich schluckt noch einmal, flüstert zu Montag „Muss ich aufstehen?", steht auf, knöpft das Jackett zu und sagt: „Ich nehme die Wahl an." Ein CDU-Abgeordneter, der schräg hinter Kemmerich sitzt, nickt leicht mit dem Kopf, so, als wolle er sagen, gut gemacht, so muss es sein. Dann klatscht er, so wie die meisten anderen Mitglieder der Fraktion, mit einer Hand auf seinem Pult Beifall.

Um 13.28 Uhr steht Thomas Karl Leonard Kemmerich aufrecht im Plenarsaal des Landtags, während durch die Fensterfront die Sonne auf ihn scheint. Um ihn herum haben sich alle Abgeordneten von ihren Plätzen erhoben, auch der Abgeordnete Ramelow. Kemmerich schwört, alle Kraft dem Wohle des Volkes zu widmen, so wahr ihm Gott helfe.

Nun ist er Ministerpräsident.

KAPITEL 6
MINISTERPRÄSIDENT KEMMERICH

Im Plenarsaal lösen sich die Abgeordneten des rot-rot-grünes Lagers langsam aus ihrer Schockstarre. Während die Landtagspräsidentin zurück zu ihrem Platz geht, um den Tagesordnungspunkt für beendet zu erklären, weiß Kemmerich nicht, wohin mit sich und seinen Händen. Er entschließt sich dazu, an seinem Jackett herumzuknöpfen, als er sieht, wie Susanne Hennig-Wellsow mit schnellen Schritten auf ihn zuläuft, einen Blumenstrauß in der Hand. Jedoch, einen Meter vor ihm macht sie abrupt halt. Sie wirft ihm die Blumen vor die Füße, dreht sich um, und geht ebenso schnell zurück, wie sie kam.

In dieser Sekunde wird Hennig-Wellsow bundesweit bekannt. Mit dem Strauß, den sie dem von der AfD gewählten Ministerpräsidenten vor die Cowboystiefel wirft, produziert sie aus der Sicht ihrer Partei einen ikonischen Moment des Widerstands. In dieser Sekunde legt sie die Basis für ihre spätere Wahl zur Bundesvorsitzenden der Linken.

Kemmerich wirkt verblüfft, hilflos. Er schaut nach unten, auf die Blumen, versucht ein halbes Lächeln, knetet seine Hände, reibt sie gegeneinander. Immerhin, die anderen Fraktionschefs scheinen sich einigermaßen an die Usancen zu halten. SPD-Fraktionschef Hey hat den für Ramelow gekauften Strauß liegen gelassen, gibt Kemmerich sehr kurz die Hand und sagt „Kein guter Tag für Thüringen". Ebenso schnell hat Grünen-Fraktionschef Adams dem genügt, was er für seine Pflicht hält.

Dann kommt Mohring, mit Blumenstrauß und breitem Lächeln im Gesicht. Er schüttelt Kemmerich ausdauernd die Hand, zehn Sekunden lang. Die zwei Männer reden, lächeln. Mohring legt vertraut die rechte Hand auf die Schulter des Ministerpräsidenten, dann dreht er sich um zum Gehen – und schaut direkt Höcke ins

Gesicht, der auch gratulieren will. Beide nicken sich zu, dann gehen sie eilig aneinander vorbei.

Höcke und Kemmerich machen es kurz. Nur drei Sekunden geben sie sich die Hand, doch das reicht für die Fotos, die Minuten später im Netz stehen. Der AfD-Mann, das „Flügel"-Abzeichen am Revers, senkt den Kopf nach unten, so, als erweise er dem Ministerpräsidenten seine tiefe Ehrerbietung. Kemmerich schaut Höcke direkt ins Gesicht und bedankt sich. Falls ihm die Situation unangenehm ist, so lässt er sich dies nicht anmerken.

Anschließend kommen die einfachen Abgeordneten an die Reihe, eine lange Schlange zieht sich durch den Plenarsaal. Besonders herzlich gratulieren die Fraktionsmitglieder der CDU, die meisten von ihnen legen beim Händedruck ihre linke Hand auf die Schulter Kemmerichs. Schließlich sind alle Gratulationen absolviert. Nur ein entscheidender Politiker fehlt im Reigen: Bodo Ramelow.

Kemmerich will zu seinem Platz gehen, als ihn Birgit Keller vom Präsidium aus per Mikrofon anspricht: „Herr Ministerpräsident, ich frage Sie, laut Tagesordnung würden wir die Sitzung für zwei Stunden unterbrechen, damit Sie Ihr Kabinett berufen können. Ist das so vorgesehen?"

Die alte Regierung ist nicht mehr im Amt. In der Landesverfassung, Artikel 75, heißt es: „Das Amt eines Ministers endet auch mit dem Rücktritt oder jeder anderen Erledigung des Amtes des Ministerpräsidenten." Damit ist das rot-rot-grüne Kabinett nicht mehr existent, auch nicht geschäftsführend. Die Thüringer Regierung besteht, in diesem Moment, allein aus Thomas Kemmerich.

Die linke Landtagspräsidentin, die bislang das Prozedere ohne erkennbare Regung durchzog, richtet nun fast inquisitorisch ihren Blick auf den neuen Ministerpräsidenten, der händeknetend vor ihr steht, ein „Ja" murmelt und dazu ein schiefes Lächeln versucht. Dann knöpft Kemmerich wieder am Jackett herum, steckt erst die rechte und danach die linke Hand in die Hosentaschen, und läuft zu den Reihen seiner FDP-Fraktion. Jeder im Saal, der nicht unbedingt etwas anderes sehen will, kann bezeugen: Dieser Mann hat keinen Plan.

Der perfekte Sturm

Doch Linke, SPD und Grüne haben ihr Urteil über den Vorgang längst gefällt. So wenig sie vorher mit diesem Ergebnis rechneten, so sicher sind sie jetzt: Es war eine reaktionäre Intrige, eine rechtsextremistische Verschwörung – ein „Pakt mit dem Faschismus", wie Susanne Hennig-Wellsow in die Kameras sagt.

Und sie ist längst nicht allein. Thüringen hat Twitter angezündet, es ist der perfekte politische Sturm. Hashtags wie #AFDP, #NichtmeinMP, #Dammbruch oder #Faschismus trenden. Die linke Bundespartei paraphrasiert einen Ausspruch Lindners, mit dem er 2017 die Verhandlungen mit der Union und den Grünen abbrach: „Lieber mit Faschisten regieren als nicht regieren." Ihr Vorsitzender Bernd Riexinger bezeichnet FDP und CDU als „Steigbügelhalter der rechtsextremen AfD".

Die Grünen geben sich nicht minder empört. Für Bundestagsfraktionschefin Katrin Göring-Eckardt ist die Wahl „kein Unfall, sondern ein bewusster Verstoß gegen die Grundwerte unseres Landes". Und Bundeschefin Annalena Baerbock erklärt: „Niemand kann sagen, er habe das nicht gewusst. Wir sind entsetzt von der Ruchlosigkeit und Verantwortungslosigkeit von CDU und FDP in Thüringen."

Die SPD wirkt fast noch erregter. Der frühere SPD-Bundeschef und Außenminister Sigmar Gabriel twittert: „Ein historischer Bruch: zwei bürgerlich-demokratische Parteien konspirieren mit der rechtsextremen Höcke-AfD. Ein abgezocktes Spiel, dass die Demokratie der Lächerlichkeit preisgibt." Der neue Bundeschef Norbert Walter-Borjans, der inzwischen mit Saskia Esken per Urwahl an die Spitze der SPD gewählt wurde, sagt: „Dass die Liberalen den Strohmann für den Griff der Rechtsextremisten zur Macht geben, ist ein Skandal erster Güte. Da kann sich niemand in den Berliner Parteizentralen wegschleichen." Vizekanzler Olaf Scholz (SPD) teilt mit: „Was in Erfurt passiert ist, war kein Zufall, sondern eine abgekartete Sache". Generalsekretär Lars Klingbeil assistiert: „Ein Tiefpunkt der deutschen Nachkriegsgeschichte". Juso-Bundeschef Kevin Kühnert twittert: „Die Masken sind gefallen."

Für die Union stellen die Reaktionen der SPD ein ernstes Problem dar. Die Große Koalition hat seit Anfang 2018 mehrere Krisen durchgestanden. Könnte sie jetzt an Thüringen scheitern? Der frühere SPD-Bundesvize Ralf Stegner stellt offen die Bündnisfrage: „Wenn FDP-Chef Christian Lindner und CDU-Chefin Annegret Kramp-Karrenbauer diese Farce nicht sofort beenden, kann es kein Weiter-so in der Großen Koalition geben", sagt er. „Wir können nicht mit einer Partei regieren, die mit Nazis kooperiert." Der nordrheinisch-westfälische SPD-Chef Sebastian Hartmann verlangt, dass der Koalitionsausschuss in Berlin einberufen wird. „CDU und FDP müssen alles dafür tun, damit dieser unsägliche Tabubruch korrigiert wird", sagt er. „Mit Naivität oder Blödheit kann sich da niemand herausreden."

Nur die AfD triumphiert. „Der erste Mosaikstein der politischen Wende in Deutschland: Sieg der bürgerlichen Mehrheit!!!", twittert Bundeschef Jörg Meuthen. „Gratulation nach Thüringen!" Bundestagsfraktionschefin Alice Weidel schreibt: „Rot-Rot-Grün in Thüringen hat schon jetzt fertig! Gratulation an Ministerpräsident Thomas L. Kemmerich. An der AfD führt kein Weg mehr vorbei!" Gauland gibt sich in einer Mitteilung der Fraktion staatstragend: „Thüringen hat einen Ministerpräsidenten mit einer demokratischen Mehrheit, die den Willen der Wähler abbildet. Die bürgerlichen Kräfte haben sich durchgesetzt. Das Ausgrenzen der AfD funktioniert nicht. Wir gratulieren Thomas Kemmerich zu seiner Wahl und wünschen ihm eine glückliche Hand."

Parallel zum Sturm im Netz beginnen die Demonstrationen. Schon kurz nach der Wahl Kemmerichs twittert Vize-Juso-Bundeschefin Antonia Hemberger, die aus Thüringen stammt: „Demos heute: 15.20 Landtag, Erfurt 17.00 Theaterplatz, Weimar 18.00 Holzmarkt, Jena". Tausende folgen den Aufrufen. Auch anderswo in Deutschland gehen die Menschen auf die Straße, teilweise professionell organisiert, teilweise spontan. Vor allem vor Geschäftsstellen der FDP versammeln sich die Menschen. Sie alle fordern dasselbe: Den sofortigen Rücktritt Kemmerichs.

Um 16 Uhr tritt Christian Lindner im Berliner Hans-Dietrich-Genscher-Haus vor die Kameras. Er grenzt sich maximalmöglich von der AfD ab. „Es gibt keine Basis für eine Zusammenarbeit", sagt er. Gleichzeitig ruft er CDU, SPD und Grüne zur Kooperation auf. Sollten sie sich verweigern, „dann wären baldige Neuwahlen zu erwarten und aus meiner Sicht auch nötig".

Lindner muss dabei zusehen, wie sich seine Partei in Zeitlupe zu spalten beginnt. Sein Stellvertreter Wolfgang Kubicki lobt den „großartigen Erfolg" für Kemmerich. „Ein Kandidat der demokratischen Mitte hat gesiegt." Die einflussreiche Bundestagsabgeordnete Marie-Agnes Strack-Zimmermann schreibt hingegen auf Twitter: „Sich von jemandem wie (Björn) Höcke (AfD) wählen zu lassen, ist unter Demokraten inakzeptabel und unerträglich". Und der frühere FDP-Bundesinnenminister Gerhard Baum zieht dieselbe Parallele, die der Historiker John aus Jena gezogen hatte: „Ein Hauch Weimar liegt über der Republik", sagt der 87-Jährige. Für ihn seien die „Schrecken der Nazis" noch lebendig.

Im Adenauer-Haus hat CDU-Generalsekretär Ziemiak inzwischen mit allen stellvertretenden Vorsitzenden und der Spitze der CSU telefoniert. Die Chefinnen sitzen beide im Flieger. Kramp-Karrenbauer, die seit Juli 2019 auch Verteidigungsministerin ist, befindet sich auf dem Weg nach Straßburg. Angela Merkel ist am Morgen mit einer großen Delegation nach Südafrika abgeflogen. Mit beiden steht Ziemiak in Kontakt.

Der Konsens ist rasch erzielt: Der einzige Ausweg, um die Koalition im Bund zu retten, ist die Neuwahl des Thüringer Landtags. Falls es Bedenken gibt, einem souveränen Parlament vorzuschreiben, wie es sich zu verhalten hat: Sie werden offenkundig weggewischt. Ziemiak tritt kurz nach Lindner vor die Presse. Die Wahl Kemmerichs, sagt er, sei keine Grundlage für eine „bürgerliche Politik". Die Entscheidung spalte das Land, es müsse Neuwahlen geben. Synchron dazu äußert sich CSU-Chef Söder in München: „Ich glaube nicht, dass Thüringen jetzt mit dem heutigen Tag regierungsfähiger geworden ist. Das beste und ehrlichste wären klare Neuwahlen."

Wenig später, gegen 17 Uhr, ist Kramp-Karrenbauer in Straßburg gelandet, nun sitzt sie auf einem Ledersessel im Gebäude der EU-Parlaments und spricht in ein Mikrofon: „Ich sehe keine stabile Grundlage für den jetzt gewählten Ministerpräsidenten, und insofern bin ich der Auffassung, dass man darüber reden muss, ob neue Wahlen nicht der sauberste Weg aus dieser Situation sind". Die Thüringer CDU-Fraktion habe „ausdrücklich gegen die Empfehlungen und gegen Forderungen und Bitten der Bundespartei" gehandelt. „Das möchte ich noch einmal ganz klarstellen."

Chaos

Das richtet sich auch gegen Mohring. Kramp-Karrenbauer fühlt sich offenkundig von ihm getäuscht. Zudem hat der Mann, der immer Ministerpräsident werden wollte, augenscheinlich vor, mit der FDP zu regieren. Oder?

Drei Stunden zuvor, im Thüringer Landtag. Kemmerich ist gerade gewählt, Mohring hat gratuliert, nun tritt er aus dem Plenarsaal und sagt in die Mikrofone, die sich ihm entgegenstrecken: „Wir sind nicht verantwortlich für die Kandidaturen anderer Parteien, wir sind auch nicht verantwortlich für das Wahlverhalten anderer Parteien."[125] Man sei nur verantwortlich dafür, im dritten Wahlgang den „Kandidaten der Mitte" gewählt zu haben. „Es ist ganz entscheidend, dass Thomas Kemmerich klar macht, dass es keine Koalition mit der AfD gibt und dass er ganz deutlich macht, dass es eine klare Abgrenzung auch nach rechts gibt. Wir wollen dieses Land zusammenhalten und führen, darin liegt die große Aufgabe des neuen Ministerpräsidenten, diese Spaltung zu überwinden."

Was bedeute dies? Nun, antwortet Mohring, man werde ja sehen, welche Vorschläge der Regierungschef mache. „Wir hören uns die Vorschläge an, und wir haben ja Thomas Kemmerich mitgewählt und daraus folgt ja auch nicht, dass wir uns einer Mitarbeit verweigern."

So verschwurbelt die Sätze klingen mögen, die Botschaft ist eindeutig genug: Mohring will unter Kemmerich regieren. Oder eher über ihm, schließlich ist seine CDU im Landtag viermal so stark wie die FDP. Vizeministerpräsident und Finanzminister, das wäre eine Position, aus der sich einiges machen ließe. Oder? Es wäre Mohrings Machtübernahme durch Kemmerichs Hintertür.

Fehlen nur noch SPD und Grüne für die einst geplante Viererkoalition, die dann die Linke wohl oder übel unterstützen müsste. Mohring appelliert: „Alle haben gesagt, es geht um staatspolitische Verantwortung. Das geht natürlich so rum wie auch andersrum."

Wenn man Mohring glauben mag, ist sein Handeln ein einziger Opfergang. „Wir ganz persönlich, ich ganz persönlich, die CDU, wir haben verzichtet, da zu kandidieren", sagt er. „Ich habe selber verzichtet, als Spitzenkandidat, weil ich mich an das gehalten habe, was unsere Partei festgelegt hat. Aber wir haben mit unseren Stimmen verantwortlich entschieden. Und jetzt geht es um das Land Thüringen."

Während Mohring in Erfurt über eine gemeinsame Regierung mit Kemmerich redet, sitzt Christian Hirte in seinem Hotelzimmer in Tokio. Der Ostbeauftragte der Bundesregierung ist als Parlamentarischer Wirtschaftsstaatsekretär in Japan. Die ersten Termine des deutsch-japanischen Digitaldialogs sind absolviert, jetzt steht das Abendessen an. Aber gratulieren will er als stellvertretender CDU-Landeschef dann doch noch. Er twittert: „Herzlichen Glückwunsch @KemmerichThL! Deine Wahl als Kandidat der Mitte zeigt noch einmal, dass die Thüringer RotRotGrün abgewählt haben.

Viel Erfolg für diese schwierige Aufgabe zum Wohle des Freistaats Thüringen!"

Bei Albert Weiler, dem Bundestagsabgeordneten, der sich Anfang der Woche selbst als Ministerpräsidentenkandidat vorgeschlagen hatte, ist es erst früher Morgen. Er befindet sich in Washington D.C., eine Dienstreise. Aber für „Bild"-TV lässt er sich aus den USA gerne per Videotelefonat zuschalten. Aus der Perspektive der Handykamera wirkt der Abgeordnete wenig vorteilhaft, aber dafür weiß Weiler umso besser Bescheid. „Thomas Kemmerich wird das Gleiche tun, was ich getan hätte in diesem Falle", sagt er. „Er wird versuchen, für die Menschen in Thüringen zu regieren."

Ob er überrascht sei? Ach nein, antwortet Weiler. Kemmerich habe vielleicht nicht daran geglaubt, dass das passieren könnte. „Aber vom Grundsatz der Strategie, aus Sicht eines Politikers, der schon lange Politik macht, war das für mich nicht unbedingt eine sehr große Überraschung. Ich habe im Grund nach damit gerechnet." Habe es Absprachen gegeben? Nein, antwortet der Abgeordnete. „Aus meiner Sicht gab's keinen Deal; es gab viel Unsicherheit, wie man sich verhalten will."

Und noch einer zeigt sich erfreut an diesem Tag. „Die Wahl von Thomas Kemmerich ist ein Riesenerfolg", sagt Hans-Georg Maaßen dem „Tagesspiegel". „Ich habe in Thüringen die Wende unterstützt. Hauptsache, die Sozialisten sind weg."[126]

Auch Björn Höcke will alles, was er tat, nur für dieses eine Ziel getan haben. Er stellt sich für ein Facebook-Video vor eine blaue Wand mit AfD-Fraktionslogo, die Hände in den Hosentaschen, und sagt ein wenig onkelhaft: „Ja, was für ein spannender Tag im Landtag, liebe Freunde." Dann schüttelt er den Kopf hin und her, so, als könne er es immer noch nicht glauben. Er lächelt und sagt: „Wir haben ein kleines Stück Geschichte geschrieben." Ziel sei es gewesen, Ramelow nebst seiner Koalition abzulösen. Und das sei gelungen.

Blöd für Höcke ist bloß, dass sich sein Co-Chef Möller so gar nicht an die freistaatstragende Sprachregelung hält. Stattdessen sagt er in eine MDR-Kamera, dass man von Anfang an geplant habe, CDU und FDP mit einem eigenen Kandidaten zu ködern. „Das war ja auch Sinn der ganzen Strategie. Wir haben versucht, Herrn Kemmerich als Gegenkandidaten überhaupt erstmal aufs Podium zu locken. Das hat er auch gemacht, und dann haben wir ihn planmäßig gewählt. Denn wir wollten – das war unser oberstes Ziel – Rot-Rot-Grün 2.0 verhindern."[127]

Auch Höcke kann in seiner Videobotschaft nicht völlig darüber hinweggehen, dass seine AfD mit dem höchsten Verfassungsorgan des Landes ein Hütchenspiel veranstaltet hat. „Ja", sagt er, „wir haben heute vielleicht auch mal die taktische Karte gespielt. Aber wir haben's in enger Zusammenarbeit und in enger Abstimmung mit unserem Kandidaten getan, Herrn Kindervater, dem ich an dieser Stelle ganz herzlich für seine Bereitschaft danken will ..." Noch sei die AfD nicht stark genug, einen eigenen Ministerpräsidenten zu stellen. Aber die Kraft habe schon gereicht, „kryptokommunistische Ministerpräsidenten" abzulösen. „Darauf können wir alle stolz sein."

Höcke lässt das Video im Fraktionsgebäude aufzeichnen, einem wuchtigen Bau aus der NS-Zeit, das durch einen langen Korridor mit dem Plenarsaal und dem Verwaltungstrakt verbunden ist. Hier teilen sich AfD und CDU eine Etage. Die Abgeordneten, die gerade gemeinsam einen Ministerpräsidenten gewählt haben, begegnen sich in den Gängen. Einige geben sich die Hand, manche klopfen sich gegenseitig auf die Schulter. Gefeiert wird aber getrennt. Der Sekt fließt.

Eine Etage unter ihnen, bei der FDP-Fraktion, ist keine Zeit zum Anstoßen. Der Flur ist vollgestopft mit Leuten, die dort noch nie gesehen wurden: Mitarbeiter der Staatskanzlei, Protokollbeamte, Polizisten vom Landeskriminalamt. Sie wollen den Ministerpräsidenten instruieren und Anweisungen erhalten. Doch Kemmerich hat andere Sorgen: Er braucht jetzt sehr schnell eine Rede, und zwar nicht irgendeine. In einer guten Stunde soll er dem Landtag, nein:

der gesamten Bundesrepublik erklären, wie er Thüringen regieren will. Einige Mitarbeiter setzen sich mit dem Parlamentarischen Geschäftsführer Montag zusammen, um Stichpunkte zu sammeln.

Abschied und kein Willkommen

Zu diesem Zeitpunkt befindet sich der Mann, der eben noch Thüringen regierte, in der Staatskanzlei. Direkt nach der Vereidigung seines Nachfolgers hat sich Ramelow die eineinhalb Kilometer in die Regierungsstraße fahren lassen. Nachdem er die weinenden Sekretärinnen umarmt hat, beginnt er mit ihnen und einigen Mitarbeitern, seine Utensilien in Kisten zu sortieren. Er hängt die Bilder ab und packt das Hundekörbchen seines Terriers Attila ein. Der Generalschlüssel liegt ja schon auf dem Schreibtisch.

Gut fünf Jahre hat er, der erste linke Ministerpräsident Deutschlands, in dem Haus residiert, in dem sich im 18. Jahrhundert die Statthalterei des Fürsterzbischofs von Mainz befand. Dann kam der französische Kaiser: Im Jahr 1808, zum Fürstenkongress in Erfurt, empfing hier Napoleon Herzöge, den russischen Kaiser Alexander und Goethe, der aus dem nahen Weimar herüberkam. Später, die Franzosen waren besiegt, zog der preußische Regierungspräsident ein, im 20. Jahrhundert folgten Arbeiter- und Soldatenräte, die Gestapo, das amerikanische Militär, die sowjetische Kommandantur, die DDR-Kreisverwaltung – und schließlich Vogel, Althaus, Lieberknecht und Ramelow.

Aber nun muss er ausziehen, ungeplant und unvorbereitet. Eine Etage über ihm, im Dachgeschoss, ist Benjamin Hoff mit seinen Kisten fertig, er hat sich bereits von den Mitarbeitern verabschiedet, die er im Barocksaal zusammenrufen ließ. Der Ex-Minister hatte in der Sekunde, in der Kemmerich „Ja" sagte, sofort umgeschaltet. Er fuhr mit seinem Fahrrad vom Landtag in die Stadt, um die Staatskanzlei für die Übergabe bereit zu machen. Hoff ahnt zwar, dass es Kemmerich kaum schaffen wird, eine Regierung zu bilden und dem Druck standzuhalten. Aber spätestens seit diesem Tag kann niemand mehr gewiss sein, was in Thüringen geschehen wird.

Inzwischen sind Ramelows Kisten und Bilder nebst Hundekorb in einen Kleinbus geladen, den ein Parteimitarbeiter besorgt hat. Die Dienstlimousine, die dem Ex-Ministerpräsidenten noch für einen Übergangszeitraum zusteht, fährt ihn zu seinem Haus, das sich nur einen guten Kilometer nördlich der Regierungsstraße befindet. Wie üblich folgen die Personenschützer in einem zweiten BMW. Daheim steht Germana Alberti vom Hofe schon mit gepackten Koffern bereit: Sie hat ihrem Mann am Telefon mitgeteilt, dass er mit ihr ins Zweithaus an die Bleiloch-Talsperre fahren wird, da gebe es keine Debatte. Nachdem das Gepäck in den privaten Skoda geladen ist, fahren die Eheleute Ramelow gen Ostthüringen, auf die Begleitung durch die Leibwächter verzichten sie. Trotzdem kümmert sich das Landeskriminalamt darum, dass sich Streifenwagen nahe der Datscha postieren.

15.30 Uhr im Landtag, die Pause ist vorbei. Eigentlich soll jetzt das Kabinett vereidigt werden. Doch der neue Ministerpräsident hat niemanden anzubieten, keinen Minister, keine Ministerin. Er ist die Regierung, niemand sonst. Der Tagesordnungspunkt wird auf Antrag der FDP verschoben. Nun steht Thomas Kemmerich am Rednerpult und beginnt: „Meine sehr verehrte Frau Präsidentin, meine sehr verehrten Damen und Herren, es geht um Thüringen." Unruhe im Saal.[128]

„Die Arbeit beginnt jetzt." Die linke Abgeordnete Anja Müller ruft laut: „Mit Nazis!"

„Ich bitte doch, davon abzusehen, meine Rede zu unterbrechen. Ich zeige den höchstgrößten Respekt vor der neuen Aufgabe und danke ausdrücklich allen, welche diese in der Vergangenheit ausgeführt haben. Herr Ministerpräsident Ramelow – ich glaube, er ist nicht mehr im Hause – ich danke Ihnen persönlich."

Jetzt wird es richtig laut. Der linke Abgeordnete André Blechschmidt ruft: „Er muss bis 18 Uhr sein Zimmer räumen, weil Sie es angewiesen haben, ich glaube es doch wohl nicht! Heuchler in Reinkultur." Der Linke Knut Korschewsky, der vor Hennig-Wellsow die Landespartei führte, schreit: „Scheinheilig hoch zehn! Scharlatan!" Präsidentin Keller verteilt an ihre Genossen Ordnungsrufe.

Kemmerich setzt noch einmal an: „Herr Ministerpräsident Ramelow, ich danke Ihnen persönlich ganz besonders für Ihren Einsatz für den Freistaat." Die linke Abgeordnete Karola Stange: „Das ist ja wohl das Allerletzte!"

Und so geht es weiter, überall im Saal lärmt es, die Grünen wollen Zwischenfragen stellen, Kemmerich lehnt ab. Er ist jetzt beim wichtigsten Teil seiner Rede angelangt. „Für uns gilt: Was wir vor der Wahl gesagt haben, gilt auch nach der Wahl. Das bedeutet auch, dass die Brandmauern gegenüber den Extremen stehen bleiben, bestehen und auch Bestand haben." Grünen-Fraktionschef Adams ruft: „Sie haben sie heute eingerissen, die Brandmauer zu den Faschisten!"

Nun spricht der Ministerpräsident von sich in der dritten Person: „Wer Kemmerich gewählt hat, hat einen erbitterten Gegner von allem gewählt, was auch nur einen Hauch von Radikalismus – rechts wie links – und Faschismus aufweist." CDU und FDP klopfen auf den Pulten Beifall, aus der grünen Fraktion ist höhnisches Lachen zu vernehmen. „Wir werden ein kompetentes, vielfältiges und sachbezogenes Kabinett aufstellen. Wir sprechen eine Einladung an CDU, SPD und Grüne aus, gemeinsam staatspolitische Verantwortung für Thüringen wahrzunehmen." Die grüne Abgeordnete Madeleine Henfling ruft: „Niemals!"

Kemmerich setzt fort: „Gemeinsam müssen wir die besten Lösungen für Thüringen in den Mittelpunkt der Debatten stellen und zum Wohle des Landes umsetzen. Auch nach meiner heutigen Wahl bleibt es dabei, dass für jede Initiative im Parlament Mehrheiten gefunden werden müssen. Wir wollen dem Freistaat Thüringen und seinen Bürgerinnen und Bürgern die Freiheit geben, sich zu entfalten und ihre Potenziale zu nutzen – in der Bildung, in der Wirtschaft, in der Gesellschaft als Ganzes." Es wird noch einmal laut und Kemmerich sagt schnell: „Für die FDP-Fraktion beantrage ich abschließend, die 7. Plenarsitzung zu vertagen."

Präsidentin Keller lässt ordnungsgemäß abstimmen. Linke, SPD und Grüne votieren dagegen. Doch AfD, CDU und FDP stimmen gemeinsam dafür. Und sie sind, wieder, in der Mehrheit. Es ist 15.37 Uhr, als die Landtagssitzung, die Thüringen verändert hat, vorläufig endet. Aus der AfD-Fraktion ist Beifall zu hören.

Wenige Minuten später befindet sich Thomas Kemmerich in einem Raum nahe der Zuschauertribüne. Hier erhalten normalerweise die Besucher des Parlaments eine Einführung in den Parlamentsbetrieb – und hier wollte Ramelow mit seinem neuen Kabinett feiern. Eine Phalanx aus Dutzenden, längst warm gewordenen Sektflaschen steht auf Tischen bereit, unbeachtet. Alle schauen nur auf den Ministerpräsidenten, der nun Kemmerich heißt. Er hat sich vor einer blauen Wand aufgebaut, die Fahnen von Thüringen und Deutschland stehen neben ihm. Der Ministerpräsident versucht, seine erste Pressekonferenz zu geben.

Kemmerich wiederholt die Kernpunkte seiner Rede, dann wechselt er in die Gegenoffensive. „Die spontanen Demonstrationen, Tiraden in den sozialen Medien, Drohanrufe machen mich bestürzt", sagt er. Er hoffe, dass die „überwiegende Zahl der Thüringer" dies ablehne. Es müsse jetzt darum gehen, Gemeinsamkeiten zu finden, um die „aufgepeitschte Stimmung wieder einzufangen".

Frage: Was sage er zum Abstimmungsverhalten der AfD? „Dass die AfD so agiert hat, wie sie agiert hat, können Sie selber bewerten. Ich kann nur nochmals betonen, die Brandmauern gegenüber der AfD bleiben bestehen." Es habe keine Absprachen gegeben. „Ich bin Anti-AfD, Anti-Höcke." Die „Brandmauer gegenüber den Extremen" stehe „auf beiden Seiten", also auch gegenüber der Linken. Für alle anderen Fraktionen gelte: „Wir werden heute noch in Gespräche eintreten."

Und was sei mit Christian Lindner? Was habe ihm der FDP-Vorsitzende gesagt? „Der hat mir gratuliert und gute Nerven gewünscht."

Doch Nerven reichen nicht. Kemmerich braucht Partner – ohne sie, das wird Lindner wenige Minuten später in Berlin sagen, sind Neuwahlen „unabwendbar". Dass SPD und Grüne mit ihm reden werden, glaubt der Ministerpräsident nicht mehr, so viel hat er inzwischen von den öffentlichen Äußerungen mitbekommen. Bleibt nur die CDU. Wie wird sie sich entscheiden?

Unterdessen stehen vor dem Landtag Hunderte Demonstranten. Sie halten Schilder hoch, auf denen steht „Faschisten sind NIEMALS Partner" oder „Es ist wieder geschehen." Es sind Anhänger, Mitglieder und Funktionäre der bisherigen Koalitionsparteien, aber auch Studenten und Schüler, die sich am Nachmittag eines Werktags versammeln.

Kemmerich lässt sich in die Staatskanzlei fahren. Als er 17.14 Uhr vor dem Barockbau eintrifft, ist es noch ruhig, nur einige Fotografen warten. Kemmerich steigt aus der Limousine, knöpft sein Jackett zu und geht, von der Abendsonne beschienen, zu dem Portal, an dessen rechter Seite das Schild mit der Aufschrift „Der Thüringer Ministerpräsident" montiert ist. Die Fotografen rufen ihm zu, er solle, bitte, davor stehen bleiben. Doch Kemmerich geht rasch ins Haus.

Nach etwa einer halben Stunde hat der Ministerpräsident sein Büro inspiziert. Jetzt sitzt er im Nebenraum, einem Besprechungszimmer, von dem man in den Kabinettssaal gelangt. Hier trifft Kemmerich auf Benjamin Hoff. Es ist dunkel geworden, das orangefarbene Licht der Straßenlaternen leuchtet in den Raum, Lärm dringt herein, Sprechchöre, Gesänge.

Die Demonstranten sind Kemmerich vom Landtag in die Regierungsstraße gefolgt – und sie haben auf dem Weg ihre Zahl vervielfacht. Auf einem ihrer Transparente steht: „Nächstenliebe verlangt Klarheit. Evangelische Kirche gegen Rechtsextremismus." Jemand hat einen Strauß mit roten Tulpen an die Wand der Staatskanzlei gestellt, dazu ein Bild von Ramelow und der Unterschrift: „Still my MP!". Vor dem Eingang brennen Kerzen.

Drinnen, in der Staatskanzlei, überreicht der gewesene Minister dem neuen Ministerpräsidenten den Generalschlüssel, den Ramelow auf seinem Schreibtisch zurückließ. Jetzt sitzen sie sich schweigend gegenüber, von draußen lärmt der Protest. Von dem, was nun gesagt wird, können nur die beiden Männer berichten. Nach Hoffs Erzählung redet Kemmerich als erster. „Hören Sie das?", fragt er sein Gegenüber. „Das sind die Extreme von Links und Rechts. Ich bin das Bollwerk in der Mitte."

Geschichtsstunde

Nun hält Professor Hoff dem „sehr geehrten Herrn Ministerpräsidenten" eine Kurzvorlesung in Geschichte. „Es war der Ordnungsbund, der sich von den Nationalsozialisten tolerieren und ins Amt hieven gelassen hat", sagt er. „Daraus entstand der Mustergau Thüringen. Sie müssen damit leben, ein Ministerpräsident von Gnaden derjenigen zu sein, die Liberale, Bürgerliche, Linke und Millionen weitere in Buchenwald und anderswo ermordet haben. Ich gehe guten Gewissens." Kurz darauf twittert er diese Sätze in die Welt, versehen mit dem Zusatz, dass er dies gerade dem neuen Ministerpräsidenten genauso mitgeteilt habe.

Kemmerich wird später sagen, dass er sich an diesen Gesprächsablauf nicht erinnere. Hoff habe ihn bloß gebeten, seine Mitarbeiter gut zu behandeln, was ja eine Selbstverständlichkeit sei.

Nach seinem Aufeinandertreffen mit Kemmerich geht Hoff hinaus in die Dämmerung, zu den Protestierenden. Es ist vor allem das urbane, studentische, linksliberale Milieu, das demonstriert, in Erfurt, aber auch in Berlin, Leipzig, Hamburg, München, Düsseldorf oder Jena – und im Kulturstädtchen Weimar, wo sich Menschen vor dem Privathaus Kemmerichs versammeln. Vom flachen wie bergigen Land werden keine Proteste vermeldet. Dort überwiegt die Zustimmung für den neuen Ministerpräsidenten, die Umfragen werden dies später zeigen. Dennoch gibt es nur eine Botschaft, die alles überdröhnt. Sie lautet: Kemmerich muss weg.

Hoff spricht nun zu den Demonstranten. Er zieht die Parallele zum Thüringen vor 90 Jahren, zur ersten Regierung mit NS-Beteiligung, spricht von „widerlicher Scharade", von „Tabubruch". Dabei geht er nicht einmal so weit wie der frühere belgische Premier Guy Verhofstadt, ein Liberaler, der am Nachmittag zwei Bilder bei Twitter hochgeladen hat. Eines zeigt Höcke, wie er Kemmerich gratuliert – das andere den Handschlag von Adolf Hitler mit Paul von Hindenburg im März 1933, der den Beginn des „Dritten Reiches" markiert. Dazu kommentiert der EU-Abgeordnete: „What happened in Thuringen is totally unacceptable. My response? Not in our name!"

Kemmerich versucht derweil, die Anmutung einer Regierung herzustellen. Er bestellt alle Staatssekretäre in die Staatskanzlei. Sie sind Mitglieder der Linken, der SPD und der Grünen. Aber als politische Beamte befinden sie sich so lange im Dienst, bis sie in den Ruhestand versetzt werden. Gehen sie von selbst, verlieren sie ihre Pensionsbezüge. Nun, es ist 18 Uhr, sitzen sie mit dem Ministerpräsidenten am Kabinettstisch und werden von ihm gebeten, vorerst im Amt zu bleiben. Es sei eine „nie dagewesene Situation", sagt er.

Während Kemmerich versucht, sich notdürftig in der Staatskanzlei einzurichten, ist Steffen Winter von Erfurt aus zur Bleiloch-Talsperre gefahren. Der Reporter vom „Spiegel" stammt aus Thüringen, in den 1990er Jahren hatte er für die „Thüringische Landeszeitung" gearbeitet, er kennt Ramelow seit fast drei Jahrzehnten. Am Nachmittag, kurz nach der Wahl Kemmerichs, hatte er per SMS den Linken um ein Interview gebeten und schließlich, zwei Stunden später, eine kurze Antwort bekommen: Er solle nach Saalburg-Ebersdorf kommen.

Für alle anderen Journalisten ist Ramelow an diesem Tag nicht zu sprechen. Sein bisheriger Sprecher Günter Kolodziej hat in Absprache mit seinem Ex-Chef alle vor der Wahl vereinbarten

Interviewtermine abgesagt. Doch der Ministerpräsident a. D. gehört nicht zu den Menschen, die für eine längere Zeit an sich halten können. Er hat Redebedarf. Er benötigt ein Ventil. Er braucht Öffentlichkeit.

Es ist dunkel, als Winter vor Ramelows Haus vorfährt, er sieht nur den Skoda und keine Polizeiautos. Drinnen sitzt der Linke am Tisch, eine Flasche Rosé ist geöffnet, während Attila ständig durch die Hundeklappe rennt. Er hat wohl draußen, am Waldrand, einen Fuchs gewittert.

Ramelow wirkt verletzt, verwundet. Eine dreiviertel Stunde erzählt er dem Reporter, was ihm einfällt, es quillt aus ihm heraus. Da er später das Interview unverändert für die Veröffentlichung freigibt, wird es zu einem Zeitdokument, das den authentischen Blick in das Innere eines Mannes gestattet, der fest davon überzeugt ist, das Opfer einer Verschwörung, eines rechten Putsches zu sein.[129]

„Ich bin von Thomas Kemmerich, dem CDU-Landesvorsitzenden Mike Mohring und anderen menschlich zutiefst enttäuscht", sagt Ramelow. „Weil sie lieber mit Faschisten regieren wollten, als nicht zu regieren." Mohring habe „den Steigbügel von Höcke gehalten." Er, Ramelow, habe noch vor wenigen Tage mit seiner Linke-Landeschefin „heftig darüber gestritten", wie man mit Mohring umgehen sollte. „Ich fand, man sollte ihn nicht übermäßig angreifen. Ich habe mich schützend vor Mohring und Kemmerich gestellt. Aber Susanne Hennig-Wellsow hatte instinktiv recht. Ich habe mich inzwischen bei ihr entschuldigt."

Ramelow erinnert an den Auschwitz-Gedenktag, spricht von „verbrannter Erde". Er, der „beliebte Ministerpräsident", sei von Faschisten und ihren „Erfüllungsgehilfen" gestürzt worden. Wie Hoff erinnert er an die Weimarer Republik: „Es ist das Déjà-vu 90 Jahre danach. Genau vor 90 Jahren wurde den Nationalsozialisten in Thüringen der Aufstieg zur Macht ermöglicht. Hier gab es die erste Beteiligung der NSDAP an einer deutschen Regierung. Auch damals war das ein Tabubruch."

Er habe „im Moment der Entscheidung Tränen in den Augen" gehabt, sagt Bodo Ramelow. „Ich musste an die Überlebenden und die Kränze in Buchenwald denken, dem ehemaligen Konzentrationslager in Thüringen. Kemmerich hat die jubelnde Freude der AfD zur Kenntnis genommen, ohne den Charakter zu haben zu sagen: Nein, diese Linie überschreite ich nicht. Es war ein schwarzer Tag für die Demokratie in Deutschland."

Paralysiert in Erfurt

Während der abgewählte Ministerpräsident in Saalburg sein Schicksal in den Kontext des größten Verbrechens in der menschlichen Geschichte stellt, telefoniert sich das Präsidium der CDU Deutschlands zusammen. Annegret Kramp-Karrenbauer, die inzwischen auch mit FDP-Chef Lindner gesprochen hat, wiederholt aus Straßburg das, was sie zuvor in die Kameras gesagt hat, nach einer längeren, durchaus hitzigen Debatte gibt es allgemeine Zustimmung. Der einzige Weg aus der Situation seien Neuwahlen, sagten schließlich alle. Nur einer schweigt lange und äußert bis zum Schluss Bedenken: Es ist Mike Mohring.

Kramp-Karrenbauer ignoriert den Landeschef und twittert ein Dekret: „Das Präsidium der CDU ist einstimmig meiner Linie gefolgt: Keine CDU-Minister in einem ‚Kabinett Kemmerich', keine Zusammenarbeit mit der AfD. Am besten sollten die Wählerinnen und Wähler in Thüringen erneut die Wahl haben." Juso-Chef Kevin Kühnert zeigt sich nicht überzeugt. Er kommentiert den Tweet so: „An (guten) Beschlüssen hat es auch bislang nicht gemangelt. Leider wissen wir mit dem heutigen Tag, dass diese im Fall der Fälle keine Bedeutung haben und ignoriert werden. Warum sollte das jetzt anders sein? Was wollen Sie in die Waagschale werfen?"

Ähnlich lautet die Botschaft, die Kramp-Karrenbauer von den SPD-Vorsitzenden erhält. Saskia Esken und Norbert Walter-Borjans sind in Springe, um an der Jahresklausur der niedersächsischen Landespartei teilzunehmen. Es ist gegen 20 Uhr, als sie mit der CDU-Vorsitzenden per Telefon sprechen. Es wird kein freundliches Gespräch. Die beiden drohen ihr, die Koalition platzen zu lassen, falls es in Thüringen nicht schnell zu Neuwahlen komme.

Kramp-Karrenbauer muss die Ansage ernst nehmen. Esken und Walter-Borjans hatten sich im innerparteilichen Machtkampf vor allem dank des Versprechens durchgesetzt, die gemeinsame Regierung mit der Union zu beenden. Danach mussten sie auf Druck von Olaf Scholz und Ministerpräsidenten wie Malu Dreyer einlenken. Dies nun ist die ideale Gelegenheit, den Konflikt eskalieren zu lassen. Auch Juso-Chef Kevin Kühnert treibt sie an.

Wenig später in Erfurt. FDP-Generalsekretär Robert-Martin Montag und der Abgeordnete Dirk Bergner sind aus der Staatskanzlei in den Landtag zurückgekehrt. Jetzt, es ist gegen 20.45 Uhr, sitzen sie zusammen mit der FDP-Fraktionskollegin Franziska Baum in einem Tagungsraum auf der Etage der Unionsfraktion. Für die CDU sind Generalsekretär Raymond Walk und Fraktionsgeschäftsführer Frank Jacoby gekommen. Mohring ist vorsichtig, er schaut lieber nur für einige Minuten vorbei und geht schnell wieder.

Im Raum hängt Ratlosigkeit, die FDP-Abgeordneten bitten um Hilfe, doch Walk weiß nicht, was er sagen soll. Schließlich einigt man sich darauf, im Gespräch zu bleiben, irgendwie. Jacoby wird beauftragt, am nächsten Morgen mit den FDP-Abgeordneten in die Staatskanzlei zu fahren. Er soll dort als Verbindungsmann zwischen beiden Fraktionen dienen, für alle Fälle.

Während die kleine schwarz-gelbe Gruppe im Landtag zusammensitzt, hat sich um die Staatskanzlei eine Menschenkette gebildet. Es sind inzwischen nicht nur Linke, Bürgerbewegte oder Studenten da, sondern auch viele so genannte normale Bürger aus der Stadt. Über ihnen, im großen Barocksaal, in dem Kaiser, Herzöge und Bundespräsidenten Reden hielten, hat sich der neue Ministerpräsident zwischen rotem Marmor und weißem Stuck positioniert.

Er sieht erschöpft aus. Mehrere Fernsehsender nutzen den Raum als ihr provisorisches Studio, Kameras sind aufgebaut, Kabel ziehen sich über den Parkettboden.

Kemmerich hofft noch immer darauf, dass mit der CDU irgendetwas zu machen ist. Auch wenn Mohring den direkten Kontakt meidet: Der Ministerpräsident weiß von den Gesprächen mit der Unionsfraktion.

Die Berliner CDU-Zentrale bekräftigt hingegen ihre ultimative Ablehnung jeder Zusammenarbeit. Kemmerich, der schon für die „Brennpunkt"-Sendung der ARD mit einem Mikrofon und Ohrstöpsel verkabelt ist, sieht auf dem kleinen Bildschirm über der Kamera, wie Paul Ziemiak zugeschaltet wird. In Thüringen sei gerade ein Ministerpräsident „auch mit Stimmen von Nazis wie Herrn Höcke" gewählt worden, sagt der CDU-Generalsekretär. Dies könne „keine Grundlage sein für eine stabile Regierung und auch nicht für bürgerliche Politik." Und deshalb könne „sich die CDU auch an einer solchen Regierung nicht beteiligen".

Aber habe denn Kramp-Karrenbauer die Partei überhaupt noch im Griff, fragt der Moderator im Studio. „Definitiv", antwortet Ziemiak. Das Präsidium sei sich einig, „da gab es überhaupt keine Diskussionen."

Nun geht Kemmerich auf Sendung, das kleine rote Licht an der Kamera leuchtet. Er blickt angestrengt ins Objektiv und wiederholt die Sätze, die er nun schon den ganzen Tag aufsagt: „Ich habe in einem demokratischen Prozess meine Kandidatur erklärt, gegen einen Kandidaten der Rechten und gegen einen Kandidaten der Linken." Dass nun die AfD versuche, „die Wahl und damit das Amt des Ministerpräsidenten und die Demokratie in Thüringen und Deutschland zu beschädigen", sei „nicht hinnehmbar". Aber: Man werde sich „der Verantwortung stellen", trotz der Proteste, deren Heftigkeit ihn erschütterten. „Die Demokraten sollten wissen, dass Neuwahlen keine Option sind." Die Umfragen zeigten doch, dass es dann wieder ähnlich ausgehen werde.

Auch eineinhalb Stunden später, im „heute-journal" des ZDF, wiederholt er diese Sätze. Jetzt wirkt Kemmerich endgültig geschafft. Trotzdem hat er nicht aufgegeben. Für die wenigen Fotografen, die durch den Pulk der Demonstranten in die Staatskanzlei geleitet worden sind, stellt er sich vor die Fahnen der EU, der Bundesrepublik und des Freistaats Thüringen, die Beine leicht auseinander, die Hände, die immer mal wieder zittern, ineinander verschränkt.

Das ist jetzt sein Haus. Hier will er bleiben.

Es ist fast Mitternacht, als Kemmerich mit der regierungsamtlichen Limousine nach Weimar gefahren wird, gefolgt von einem Auto mit Beamten des Landeskriminalamtes. Der Platz vor seinem Wohnhaus ist von den Scheinwerfern der Polizei erleuchtet, mehrere Einsatzwagen sind zu sehen. Die Szene ist ein Sinnbild für den Ausnahmezustand, in dem sich seine Familie befindet.

Nicht nur Kemmerich, auch seine Frau und die Kinder werden persönlich verfolgt. Sein jüngster Sohn, er ist elf Jahre, wurde von den Lehrern nach Hause geschickt; am Portal der Schule, wird in der Familie erzählt, stand ein Schild mit der Aufschrift „Kemmerich – jämmerlich". Die Frau berichtet ihm davon, dass sie auf der Straße angespuckt wurde. Nun stehen alle unter Polizeischutz.

Die Maßstäbe sind verrutscht. Für viele wirkmächtige Linke, Grüne und Sozialdemokraten ist Kemmerich nicht bloß ein fahrlässiger Politiker, der sich von der AfD instrumentalisieren ließ. Für sie ist er ein Mann, der wissentlich mit Faschisten paktierte, was ihn, irgendwie, selbst ein bisschen zum Faschisten macht. In der Nacht twittert Ramelow die zwei Bilder von Höcke und Kemmerich sowie Hitler und Hindenburg, die schon Verhofstadt verwendet hatte. Dazu stellt der Linke ein Hitler-Zitat aus dem Februar 1930: „Den größten Erfolg erzielten wir in Thüringen."

Selbst internationale Medien ziehen diese Parallelen, wenn auch deutlich vorsichtiger. „Deutschlands politischer Nachkriegskonsens über die Ächtung rechtsextremer Parteien ist am Mittwoch zerrissen worden"[130], schreibt die Londoner „Financial Times". Und die spanische Zeitung „La Vanguardia" kommentiert: „Das Gesche-hene bedeutet einen Tabubruch in der deutschen Politik, in dem bis jetzt alle Parteien des Spektrums einen cordon sanitaire gegen die rechtsextreme Alternative für Deutschland (AfD) errichtet und jeglichen Pakt mit dieser Formation verweigert hatten."[131]

Dagegen kommentiert die „Neue Zürcher Zeitung": „Allen, die sich jetzt um die Demokratie sorgen, möchte man sagen: Das ist Demokratie! Was im Erfurter Landtag stattgefunden hat, ist eine freie Wahl, und darüber hinaus hat ein bürgerlicher Kandidat diese Wahl gewonnen."[132] Dass diese freie Wahl auf dem Betrug der AfD beruhte, soll nicht zählen.

Eine interessante Frage geht im Irrsinn des Tages beinahe un-ter: Wer waren die beiden Abgeordneten aus der Opposition, die im dritten Wahlgang Ramelow und seiner rot-rot-grünen Koalition zu 44 statt 42 Stimmen verhalfen? Die AfD scheidet aus. Dasselbe gilt wohl für die FDP, wobei die Enthaltung zur Abgeordneten Ute Bergner passen könnte, die von Kemmerich wenig hält. Bleibt für die beiden Ja-Stimmen nur die CDU.

Viel, sehr viel spricht für die zwei sehr unterschiedlichen Männer, die beide von sich meinen, politisches 3-D-Schach spielen zu kön-nen. Aber natürlich werden Mike Mohring und Mario Voigt nie zu-geben, den Linken gewählt zu haben. Wie Bergner verweisen sie bei späteren Nachfragen darauf, dass ja die Wahl geheim gewesen sei.

Am Ende ist dies auch nicht mehr wichtig. Kemmerich hatte eine Stimme mehr. Damit ist er Ministerpräsident. Dieter Althaus schreibt eine wütende E-Mail an einen befreundeten Landtagsab-geordneten: „Die Thüringer Unionsfraktion ist für mich bescheu-ert, naiv oder hat bewusst kalkuliert". Höcke habe „die Leimrute ausgelegt und die Unionsfraktion ist drauf gegangen". „Das ist ab-solut politischer Dilettantismus und brandgefährlich."

Bodo Ramelow erhält spät am Abend eine SMS von seiner CDU-Amtsvorgängerin Lieberknecht. Sie bleibe in Gedanken bei ihm, schreibt sie. Für so ein Ergebnis sei man nicht gemeinsam gegen Rechtsextreme auf der Straße gegangen. Vor allem das „völlig paralysierte Verhalten meiner eigenen Leute" halte sie für „unfassbar", sie habe Führung immer anders verstanden. „Mich macht das alles tieftraurig."

Out of Afrika

Die Nacht ist kurz für den neuen Ministerpräsidenten des Freistaats Thüringen. Schon am frühen Donnerstagmorgen lässt sich Kemmerich von Weimar zurück nach Erfurt in die Staatskanzlei fahren. Er wird ins Morgenmagazin von ARD und ZDF geschaltet und sagt ungefähr dasselbe wie am Abend zuvor: Dass er eine Regierung bilden wolle, dass es ums Land gehe, und so weiter. Und was sage die Bundes-FDP dazu? „Ich war mit Christian Lindner permanent im Kontakt", antwortet Kemmerich. „Wir haben auch besprochen, was wir hier in Thüringen beschlossen haben. Er hat gesagt, die Entscheidung trifft letztlich der Thüringer Verband."

Mittlerweile sind die FDP-Abgeordneten gemeinsam mit CDU-Fraktionsgeschäftsführer Jacoby in der Regierungszentrale eingetroffen, sie sitzen in dem Besprechungsraum neben dem Ministerpräsidentenbüro. Gemeinsam mit Kemmerich beraten sie alle denkbaren Optionen, von Regieren bis Rücktritt, und alle Möglichkeiten dazwischen. Noch geht die klare Tendenz zum Regieren.

Kurz nach 9 Uhr steht Kemmerich wieder im Barocksaal, das nächste Interview, er ist live auf Phoenix, dem öffentlich-rechtlichen Nachrichtenkanal. Der Moderator im Berliner Studio fragt direkt drauf zu: „Treten Sie heute zurück – oder erst in den nächsten Tagen?" Kemmerich versucht ein Lächeln, schüttelt den Kopf und sagt: „Nein. Ich habe einen Auftrag bekommen, gestern, vom Thüringer Landtag." Dann referiert er wieder über die „demokratische Mitte", die Arbeit, die „jetzt beginnt" und die „Spaltung dieses Landes", die es zu überwinden gelte.

Ob er nicht selbst zu der Spaltung beigetragen habe, lautet die Nachfrage. Aber nein, antwortet Kemmerich, das habe vielmehr Ramelow getan, der „ohne Not" und ohne Mehrheit in die Wahl ging und ihn nun persönlich attackiere.

Also könne er die ganze Aufregung gar nicht verstehen? Doch, natürlich, sagt Kemmerich. „Ich verstehe die Aufregung sehr gut, deshalb ist es umso wichtiger, klare Politik gegen die Höcke-AfD zu machen." Er und die CDU hätten schlicht nicht geglaubt, dass die AfD „dieses perfide Spiel" treibe.

Und was halte er von Neuwahlen? Die seien „keine Option", antwortet Kemmerich. Man könne ja schließlich das Volk nicht so lange wählen lassen, bis einem das Ergebnis passe. „Wir werden heute noch Gespräche mit der CDU führen, um die politische Zukunft des Landes zu gestalten. Wir werden ein Angebot an SPD und Grüne erneuern."

Was ist das? Standhaftigkeit? Oder Realitätsverweigerung? Der Ministerpräsident muss bloß aus den Fenstern des Barocksaals blicken, um die Demonstranten zu sehen. Auf der kleinen Wiese des Hirschgartens sind Zelte aufgebaut. „Campen gegen Kemmerich", steht auf einem Schild. „Wir wollen Neuwahlen", auf einem anderen. Im Netz hat eine Initiative bereits mehr als 100.000 Unterschriften gesammelt, die ihn zum Rücktritt auffordern.

Der Protest ließe sich womöglich aussitzen, aber die für Kemmerich wirklich gefährliche Entwicklung findet in seiner eigenen Partei statt. Zwar haben ihn einige Solidaritätsadressen aus Sachsen und Sachsen-Anhalt erreicht. In den deutlich größeren Westverbänden jedoch fordern einige seinen Rücktritt. Darüber hinaus wird die schleswig-holsteinische FDP seines Freundes Kubicki vom dortigen grünen Regierungspartner unter Druck gesetzt: Auch die Koalition in Kiel könnte nach dem „Dammbruch von Erfurt" wackeln.

Christian Lindner jedenfalls scheint in der Nacht seine Schlussfolgerungen gezogen zu haben. Der Parteivorsitzende befindet sich auf dem Weg von Berlin nach Erfurt, um seinen Ministerpräsidenten zum geordneten Rückzug zu bewegen. Falls sich Kemmerich weigert, will er ihm ein Ultimatum stellen: Entweder du gehst – oder ich trete als Parteivorsitzender zurück.

Medial gibt es in der Bundesrepublik auch an diesem Tag bloß ein zentrales Thema: Thüringen. Im Deutschlandfunk ist Bernhard Vogel zugeschaltet. Er verteidigt die Wahl Kemmerichs durch die CDU: „Bei der letzten Sitzung, an der ich teilgenommen habe, war sogar mehrfach die Äußerung zu hören, [Ramelow] werde wohl im ersten oder zweiten Wahlgang sogar unmittelbar gewählt. Es gab auch Stimmen, man solle mit der AfD in Kontakt treten. Das hat es beides gegeben."[133]

Vogel plädiert für Gelassenheit. Das Land Thüringen habe in den 100 Jahren seines Bestehens viele Krisen durchstanden. Kemmerich müsse jetzt zuschauen, wie er eine Regierung bilde. Neuwahlen seien „früher oder später" eine „ernsthafte Lösung", aber nicht sofort, es müsse ja dafür eine Mehrheit geben. Und seine Landespartei? Hier gibt er sich ambivalent: „Insofern ist auch die CDU in Thüringen natürlich vor einen Erneuerungsprozess gestellt. Das ist ja selbstverständlich." In jedem Fall sei die Entscheidung, Kemmerich zu wählen, „durchaus nicht so zu verdammen, wie jetzt alle Welt über die Thüringer CDU herfällt".

Doch an dieser Stelle ist die Bundeskanzlerin der Bundesrepublik Deutschland gänzlich anderer Meinung. Tags zuvor hatte Angela Merkel im Flugzeug gen Südafrika und selbst nach der Landung am Abend jeden öffentlichen Kommentar zu den Ereignissen in Erfurt vermieden. Sie wollte Kramp-Karrenbauer den Vortritt lassen. Doch nun, nachdem sie mit Präsident Cyril Ramaphosa in dessen riesigem Amtspalast in Pretoria die üblichen Gespräche erledigt hat, steht sie in einem strahlend roten Blazer vor den Fahnen Deutschlands und Südafrikas – und tut etwas, was sie nie zuvor tat.

Merkel sagt, nein, sie diktiert: „Die Wahl dieses Ministerpräsidenten war ein einzigartiger Vorgang, der mit einer Grundüberzeugung gebrochen hat, für die CDU, und auch für mich, nämlich, dass keine Mehrheiten mit Hilfe der AfD gewonnen werden sollen. Da dies absehbar war, in der Konstellation, wie im dritten Wahlgang gewählt wurde, muss man sagen, dass dieser Vorgang unverzeihlich ist, und deshalb auch das Ergebnis wieder rückgängig gemacht werden muss. Zumindest gilt für die CDU, dass sich die CDU nicht an einer Regierung unter dem gewählten Ministerpräsidenten beteiligen darf."

Dies sei, sagt Merkel, „ein schlechter Tag für die Demokratie" gewesen. „Es war ein Tag, der mit den Werten und Überzeugungen der CDU gebrochen hat. Es muss jetzt alles getan werden, damit jetzt deutlich gemacht wird, dass dies in keiner Weise mit dem, was die CDU denkt und tut, in Übereinstimmung gebracht werden kann. Daran wird in den nächsten Tagen zu arbeiten sein."

Es ist ein bemerkenswertes Statement. Angela Merkel bricht gleich mehrere ungeschriebene Gesetze. Sie äußert sich im Ausland zu einem innenpolitischen Konflikt, der ihre Regierung nicht direkt berührt. Sie spricht aus dem Regierungsamt heraus auf einer Regierungsreise für die CDU, deren Vorsitzende sie nicht mehr ist. Und sie fordert, dass eine Wahl, die formal den demokratischen Regeln genügte, „rückgängig gemacht" werden müsse. Die AfD wird sie später wegen ihres Statements vor dem Bundesverfassungsgericht in Karlsruhe verklagen.

Aber Merkel, die sonst zumeist vorsichtig und abwägend agiert, will jetzt keine Rücksichten auf die Gepflogenheiten nehmen. Für sie geht es darum, die instabile Koalition im Bund zu retten – und damit ihr eigenes politisches Vermächtnis, ihre Legacy. Nur das zählt. Sie weiß, dass der Fall Kemmerich für die neuen SPD-Vorsitzenden der casus belli ist, auf den sie gewartet haben. Über dem Eingang des Willy-Brandt-Hauses in Berlin hängt bereits ein großes rotes Transparent, auf dem über dem SPD-Logo steht: „Für uns gilt seit 156 Jahren: Kein Fußbreit dem Faschismus!"

Die Rede, die Merkel in Pretoria hält, ist also vor allem an die SPD gerichtet. Sie sagt: „Was die Koalition anbelangt in Berlin, so waren die Beiträge, die gestern geleistet wurden von den Parteivorsitzenden, von Annegret Kramp-Karrenbauer, der einstimmige Beschluss auch des CDU-Präsidiums plus die Äußerungen von Markus Söder als CSU-Vorsitzender natürlich sehr klar [...] Das ist, glaube ich, für die Koalition insgesamt sehr wichtig gewesen."

Besuch aus Berlin

Unterdessen ist in Erfurt ein ganzes Kontingent der Hauptstadtpresse angereist. Das hier ist, zumindest bislang, die heißeste Politstory des Jahres, ein großes Drama, eine „Staatskrise" gar. So etwas hat es, in dieser Form, noch nie in der Bundesrepublik gegeben.

Dass demnächst wieder etwas Sensationelles geschieht, ahnen alle. Bloß wo? Die Kamerateams und Journalisten streifen durch die Stadt, sie lauern im Landtag und vor der Staatskanzlei. Einige Reporter, die Gerüchte aus der FDP gehört haben, stehen am Hauptbahnhof am Gleis 1, wo gewöhnlich die ICE aus Berlin halten. Sie hoffen, dass Lindner drinsitzt. Doch stattdessen steigt Katrin Göring-Eckardt aus, die grüne Bundestagsfraktionschefin, die gerne noch einmal in die Mikrofone hinein versichert, dass die Grünen für keinerlei Zusammenarbeit mit Kemmerich zur Verfügung stünden.

Schließlich verbreitet sich per Zuruf die Nachricht, dass die FDP zu einer Pressekonferenz in der Innenstadt lade. Eine offizielle Einladung gibt es nicht. Die Presse hetzt durch die Fußgängerzone und enge Seitengassen zum genannten Hotel, drängelt sich dort in einen kleinen Raum – und hat doch nur ein leeres Pult vor sich, auf das präventiv die Mikrofone montiert werden. Dann wird gemeinsam gewartet. Irgendwo im Haus, raunt es, säßen Kemmerich und Lindner zusammen.

Doch so ist es nicht. Der FDP-Bundesvorsitzende, der mit dem Auto anreiste, sitzt seit etwa 11 Uhr einen halben Kilometer entfernt in der Staatskanzlei und redet auf den Ministerpräsidenten ein. Die anderen vier FDP-Abgeordneten warten im Nebenraum, der CDU-Verbindungsoffizier Jacoby geht lieber, als sich Lindner und Kemmerich zu ihnen gesellen. Dann sagt Lindner, dass er keinerlei Möglichkeit sehe, eine Regierung zu bilden. Es folgen die entscheidenden Sätze: „Heute wird es in jedem Fall einen Rücktritt geben", sagt er. „Entweder von Thomas Kemmerich oder von mir."

Damit ist die Entscheidung gefallen. Nur die FDP-Abgeordnete Ute Bergner hält noch ein letztes Mal dagegen und ruft schließlich mit hörbarem Frust in der Stimme in Richtung Lindner: „Jetzt haben die Wessis endgültig übernommen!" Es ist kurz nach 13 Uhr, als eine Mitarbeiterin aus der Pressestelle herbeibestellt wird, um die Medien einzuladen.

Derweil wird im nahen Hotel die Pressekonferenz, die für 13 Uhr angesetzt war, immer wieder verschoben. Schließlich ruft irgendjemand, dass Lindner allein auftreten werde. Gleichzeitig, es ist 13.36 Uhr, kommt die E-Mail aus der Regierungsstraße: Kemmerich werde nicht hier, sondern um 14 Uhr in der Staatskanzlei sprechen. Panik bricht aus, alle packen Kameras, Mikrofone, Gerätschaften zusammen und hasten hinüber zur Regierungsstraße. Dort, im Erdgeschoss der Staatskanzlei, wo sonst die Regierungspressekonferenzen stattfinden, steht Kemmerich hinter einem silberglänzenden Pult vor einer blauen Wand mit dem Schriftzug „Freistaat Thüringen".

Es ist 14.14 Uhr – und wieder einmal ein sehr spezieller Moment. Der Mann, der gut 24 Stunden zuvor als Ministerpräsident vereidigt wurde, muss offiziell verkünden, dass er keine Regierung bilden kann. Nur die AfD hält noch zu ihm. Der Thüringer Landtag sei souverän, sagt die Bundestagsfraktionschefin Alice Weidel. „Ich appelliere an die Abgeordneten in Erfurt, sich von derlei demokratiefeindlichen Zurufen nicht beeinflussen zu lassen." Und Höcke schreibt auf Twitter: „Die Bundeskanzlerin meldet sich aus Südafrika und redet wie zu Untertanen."

Auch Kemmerich sieht es insgeheim so. Ein Jahr später wird er öffentlich vom „Diktat der Kanzlerin aus Südafrika"[134] reden.

Aber am 6. Februar 2020, um 14.14 Uhr, wagt er sich derlei Spruch nicht. Stattdessen sagt er: „Demokraten brauchen demokratische Mehrheiten – die sich offensichtlich in diesem Parlament nicht herstellen lassen." Daraus folge: „Der Rücktritt ist unumgänglich. Die Auflösung des Parlaments ist unumgänglich." Seine FDP-Fraktion werde den entsprechenden Antrag im Landtag einbringen. Falls die nötige Zweidrittelmehrheit verfehlt werde, wolle er die Vertrauensfrage stellen.

Wenig später, die Medienkarawane ist den halben Kilometer zurück ins Hotel gehetzt, steht dort Lindner vor den Kameras. „Das war die einzig richtige, einzig mögliche Entscheidung", sagt er. Nur so sei ihm „möglich, mein Amt als Vorsitzender fortzusetzen". Auch er werde die Vertrauensfrage stellen, schon am nächsten Tag, im Bundesvorstand in Berlin.

Damit hat sich die FDP auf den Weg aus ihrer selbstorganisierten Krise begeben. Aber die CDU steckt noch mittendrin. Denn Kramp-Karrenbauer und Merkel können so viel fordern und anweisen wie sie wollen: Über die Neuwahl des Thüringer Landtags entscheidet allein der Thüringer Landtag – und hier wird es schwierig mit der erforderlichen Zweidrittelmehrheit. Kurz nach Kemmerichs Auftritt in der Staatskanzlei teilt die CDU-Fraktion offiziell mit, dass sie der Selbstauflösung des Parlaments nicht zustimmen werde. Was Berlin sagt, ist der Union in Erfurt egal.

KAPITEL 7
DER PAKT

Die Autorität von Annegret Kramp-Karrenbauer wirkt schon ohne das tückische Thüringen ausreichend lädiert. Als die Ministerpräsidentin des kleinen Saarlands im Februar 2018 als CDU-Generalsekretärin in die Hauptstadt wechselte, galt sie als mögliche Nachfolgerin Merkels – einen Anspruch, den sie im Dezember 2018 mit der gewonnenen Kampfabstimmung gegen Spahn und Merz um den Parteivorsitz bestätigte.

Doch neben der Kanzlerin erschien Kramp-Karrenbauer ohne Fraktionsvorsitz oder Regierungsamt weiter wie eine Generalsekretärin. In ihrer Not tat sie das, was sie ursprünglich dezidiert ausgeschlossen hatte: Sie nutzte den Wechsel von Ursula von der Leyen an die Spitze der EU-Kommission, um ihr als Verteidigungsministerin nachzufolgen. Doch damit stand Kramp-Karrenbauer nun in der Kabinettsdisziplin und bot noch mehr Angriffsfläche. Und die politischen Richtlinien bestimmt ohnehin die Kanzlerin, die eher wenig weibliche Solidarität übte.

Aber Kramp-Karrenbauer unterliefen ausreichend eigene Fehler: unausgegorene Bemerkungen über die Medien, unglückliche Witze auf Karnevalsveranstaltungen, unabgestimmte Vorstöße in der Verteidigungspolitik. Und als Vorsitzende musste sie, natürlich, die Wahlniederlagen verantworten.

Im November 2019, auf dem Leipziger Parteitag, war Kramp-Karrenbauer noch einmal erfolgreich in die Offensive gegangen. Sie rief: „Wenn ihr der Meinung seid, dass dieses Deutschland, so wie ich es möchte, nicht das Deutschland ist, das ihr Euch vorstellt, wenn ihr der Meinung seid, dass dieser Weg, den ich gemeinsam mit Euch gehen möchte, nicht der Weg ist, den ihr für den richtigen haltet – dann lasst es uns heute aussprechen. Und dann lasst es uns heute auch beenden. Hier und jetzt und heute." Niemand wagte sich vor, Kramp-Karrenbauer hatte noch einmal Zeit gewonnen.

Doch nun gefährdet die Wahl Kemmerichs nicht nur die große Koalition in Berlin: Die Thüringer Geschehnisse könnten auch ihr Ende als Parteivorsitzende bedeuten. Deshalb hat Kramp-Karrenbauer den Beschluss für Neuwahlen kompromisslos durchgesetzt. Deshalb hat sie Lindner und seine FDP unter Druck gesetzt. Und deshalb will sie persönlich dafür sorgen, dass die Landtagsabgeordneten spuren.

Sie hat tatsächlich vor, am Donnerstag nach Erfurt zu fahren, um am Abend an einer gemeinsamen Sondersitzung von Landesvorstand und Landtagsfraktion teilzunehmen. Doch das ist ein hochriskantes Manöver. Die Thüringer CDU-Abgeordneten haben schlicht keine Lust, ein halbes Jahr, nachdem sie mühsam ihre Mandate erkämpften, in die sichere Niederlage zu gehen. Sie wollen sich nicht wie japanische Samurai für ihren Kaiser ins Schwert stürzen. Hinzu kommen die formalen Hürden für Neuwahlen, die nach den Erfahrungen der Weimarer Republik besonders hoch gesetzt wurden.

In Artikel 50 der Landesverfassung heißt es: „Die Neuwahl wird vorzeitig durchgeführt 1. wenn der Landtag seine Auflösung mit der Mehrheit von zwei Dritteln seiner Mitglieder auf Antrag von einem Drittel seiner Mitglieder beschließt, 2. wenn nach einem erfolglosen Vertrauensantrag des Ministerpräsidenten der Landtag nicht innerhalb von drei Wochen nach der Beschlussfassung über den Vertrauensantrag einen neuen Ministerpräsidenten gewählt hat. [...] Die vorzeitige Neuwahl muss innerhalb 70 Tagen stattfinden."

Der einfache, sichere und schnellste Weg zu Neuwahlen ist somit die Vertrauensfrage. Kemmerich kann sie stellen, solange er sich im Amt befindet. Nach einem Rücktritt, also als nur noch geschäftsführender Ministerpräsident, wäre ihm diese Möglichkeit verstellt.

Doch auch dieser Weg, und das ist vor allem ein Problem für die CDU in Berlin, muss nicht zur Neuwahl des Landtags führen. Er könnte, nein: er dürfte sogar die Wiederwahl Ramelows einleiten.

Variante A: Nachdem Kemmerich die Vertrauensabstimmung verloren hat, beantragt die Linke fristgemäß allein oder gemeinsam mit SPD und Grünen die Ministerpräsidentenwahl und nominiert Ramelow. Ob die AfD ebenfalls einen Kandidaten aufstellt oder nicht, ist egal. Auf jeden Fall verbietet sich ein „bürgerlicher" Gegenkandidat, um eine erneute AfD-Finte unmöglich zu machen. Damit wäre am Ende Ramelow mit den meisten Stimmen im dritten Wahlgang wiedergewählt. Die Begründung gegen schnelle Neuwahlen ließe sich finden. So hat gerade ein neuartiges Corona-Virus namens Sars-CoV-2 aus dem chinesischen Wuhan Europa erreicht, in Deutschland gibt es erste Fälle. Die Frage, ob man ein Parlament auflösen sollte, während eine Pandemie dräut, beginnt sich vernehmbar zu stellen.

Variante B: Die alten Koalitionsparteien verzichten auf die Nominierung Ramelows, weil sie sich mit der CDU auf Neuwahlen geeinigt haben. Doch nun beantragt die AfD die Ministerpräsidentenwahl und stellt einen Kandidaten auf. Damit ist Rot-Rot-Grün gezwungen, Ramelow als Gegenkandidaten zu benennen, um die Wahl eines AfD-Regierungschefs mit den „meisten Stimmen" im dritten Wahlgang zu verhindern. CDU und FDP wären nach dem Desaster vom 5. Februar zur Enthaltung genötigt.

Die einzige sichere Möglichkeit, die Kemmerich-Wahl „rückgängig" zu machen, ohne dafür wieder fast automatisch Ramelow zu bekommen, ist also die Auflösung des Landtags mit Zweidrittel-Mehrheit. Das ist die Logik hinter dem Beschluss des CDU-Bundespräsidiums. Doch die Selbstauflösung eines Parlaments lässt sich nicht mal eben anweisen. Auch die 21 Abgeordneten der Thüringer CDU-Fraktion sind frei gewählt und damit souverän in ihren Entscheidungen.

Endkämpfe in Erfurt

Auch ihr Vorsitzender Mohring ist gegen Neuwahlen. Bei ihm geht es nicht bloß um das Mandat, sondern um seine gesamte politische Karriere. Obwohl er intern die Wahl Kemmerichs auf allen ihm möglichen Wegen zu verhindern suchte, hatte er sie schließlich als Vorsitzender öffentlich begründet und verteidigt – und wird nun automatisch dafür verantwortlich gemacht.

Mohring fühlt sich ungerecht beurteilt, zumal ihn jetzt ausgerechnet jene am härtesten angreifen, die Kemmerich ermuntert hatten. Seinen eigenen Anteil an der Misere will er nicht sehen. Erst das halbgare Gesprächsangebot an Ramelow, dann die Phantom-Idee von Simbabwe, dann das Laufenlassen der AfD-Debatte, die am Ende nicht ernsthaft verfolgte „Projektregierung", schließlich der akademische Verfassungsstreit: Das ist, unter anderem, sein Anteil an der Misere.

So wie für Kramp-Karrenbauer hat auch für Mohring eine Art Endkampf begonnen. Doch seine Perspektive unterschiedet sich diametral von der seiner Bundesvorsitzenden. Kramp-Karrenbauer will das unselige Kemmerich-Thema rasch per Neuwahl abräumen, um die Koalition in Berlin zu stabilisieren und ihre eigene Autorität zu wahren. Mohring hingegen muss genau das Gegenteil davon tun: Bei einer Neuwahl besäße er null Chancen, wieder Spitzenkandidat zu werden, womit er seine Ämter verlöre. Er blendet dabei die Tatsache aus, dass er schon verloren hat. Ein gutes Dutzend Abgeordnete hat sich um seinen Erbfeind Voigt formiert, in der Fraktion steht die Mehrheit gegen ihn. Hinzu kommen erste öffentliche Rücktrittsforderungen, von mehreren Landräten, aber auch von einflussreichen Bundestagsabgeordneten aus Berlin.

Bevor Annegret Kramp-Karrenbauer am 6. Februar aus Berlin nach Thüringen aufbricht, bekräftigt Paul Ziemiak das Ziel der Mission. „Thüringen braucht jetzt einen Neustart", sagt der Generalsekretär. „Neuwahlen sind dafür der beste Weg."[135] Aus Bayern ergänzt Markus Söder, dass jetzt „nur mit Neuwahlen" ein „glaubwürdiges Signal" gesetzt werde. Es dürfe „kein Ziehen und langes Taktieren geben".[136]

Doch mehrere Berater im Adenauer-Haus raten Kramp-Karrenbauer von der Fahrt nach Thüringen ab. Zu ihnen gehört auch der frühere JU-Landeschef Stefan Gruhner, der im September sein Landtagsmandat verlor und nun für Generalsekretär Ziemiak arbeitet. Die Situation, sagen sie, sei völlig unberechenbar. Mario Voigt, der einst die Vorsitzende in saarländischen Wahlkämpfen beriet, warnt Kramp-Karrenbauer ebenfalls am Telefon: Sie könne in Erfurt nur verlieren.

In Berlin werden bereits die Waffen geschärft. Tilman Kuban, der Bundeschef der JU, stellt sich offen gegen die offizielle Linie. „Aus meiner Sicht würden Neuwahlen vor allem den rechten und den linken Rand stärken und nicht die politische Mitte", sagt er. „Es wäre Zeit, dass wir eine Expertenregierung einsetzen."

Aber warum fährt Kramp-Karrenbauer trotzdem? Die Antworten auf diese Frage widersprechen sich bis heute. Die in Berlin verbreitete Version geht so: Die Landtagsfraktion, also Mohring, habe die Bundeschefin eingeladen, um sie als Schutzschild gegen Angriffe und Abwahlanträge zu benutzen. Weil Kramp-Karrenbauer das ahnt, will sie ihn vorher treffen. Die Erfurter Gegenversion lautet: Mohring weiß, dass Kramp-Karrenbauer auflaufen wird, und will die Vorsitzende vor diesem Fehler bewahren. Er schlägt ihr vor, zu ihr nach Berlin zu kommen, um alles zu besprechen.

Gewiss ist nur: Mohring fährt Kramp-Karrenbauer entgegen, die beiden treffen sich auf halbem Weg an der Autobahn 9, in einem Hotel im sächsischen Schkeuditz. Was sie dort bereden, wissen nur sie selbst, auch hier gehen die nachträglichen Darstellungen auseinander. Kramp-Karrenbauers Getreue werden verbreiten, dass ihr Mohring versprochen habe, dass die Fraktion Neuwahlen zustimmen werde. Sie komme nur, falls sie da sicher sein könne, sagt Kramp-Karrenbauer. Wir kriegen das hin, versichert angeblich

Mohring[137]. Er hingegen wird später in Erfurt Getreuen sagen, dass er die Vorsitzende nochmals eindringlich vor der Teilnahme an der Sitzung gewarnt habe.

Und gewiss ist wieder nur: Nach dem Treffen im Hotel fahren die beiden separat in ihren Autos nach Erfurt. Und Mohring twittert: Partei und Fraktion der CDU in Thüringen seien gemeinsam verantwortlich, im Landtag „Verhältnisse zu ermöglichen, die dem Land Thüringen Stabilität geben". Kemmerich könne die Vertrauensfrage im Landtag stellen und so die Wahl eines Nachfolgers ermöglichen. „Es liegt in der Verantwortung aller gewählten Abgeordneten, diesen Weg zu gehen, um Neuwahlen zu vermeiden. Dazu muss das Parlament fähig sein, um unserer demokratischen Kultur willen."

Der sorgfältig ausformulierte Tweet spricht gegen Kramp-Karrenbauers Version der Ereignisse. Oder spielt Mohring ein doppeltes Spiel auf Kosten der Bundeschefin? So oder so: Sie fährt direkt in ihr Verderben. Als sie im Landtag ankommt, wird sie erst einmal von Beamten des Landeskriminalamts aus der Tiefgarage per Fahrstuhl ins Fraktionsgebäude geleitet und in Mohrings Büro gleichsam abgestellt. Sie soll warten.

Der Grund ist einfach: Der CDU-Abgeordnete Andreas Bühl hatte Mohring kurz zuvor die Mitteilung überbracht, dass noch an diesem Abend der Abwahlantrag gestellt werde. Er könne seinen Rücktritt freiwillig erklären. Oder er werde dazu gezwungen.

Also hat der Fraktionschef improvisiert. Um 19 Uhr, als die gemeinsame Sondersitzung der Abgeordneten mit der CDU-Landesspitze beginnen soll, separiert er den Parteivorstand im Raum neben dem Bernhard-Vogel-Saal. Die Abgeordneten, die nicht zur Parteispitze gehören, müssen ebenso ausharren wie Kramp-Karrenbauer. Mohring weiß, dass er im Landesvorstand noch auf eine deutliche Mehrheit zählen kann. Und diese Mehrheit will er jetzt nutzen.

Der Ablauf lässt sich später im internen Protokoll nachlesen. Mohring sagt, dass er gegen Neuwahlen sei und dass er dies auch so Kramp-Karrenbauer sowie Ziemiak mitgeteilt habe. Jetzt, da wichtige Gespräche mit den anderen Parteien und Fraktionen anstünden, benötige er die Unterstützung seiner Führungsleute.

Die Debatte beginnt. Vorstandsmitglied Heiko Steinecke sagt, dass Mohring zurücktreten müsse. Auch Stellvertreter Mario Voigt verlässt endgültig die Deckung und erklärt, dass es egal sei, was der Vorstand erkläre. Entscheidend sei das Votum der Fraktion. Doch die Mehrheit derer, die sich äußern, sprechen pro Mohring. Schließlich stellt der Vorsitzende die Vertrauensfrage. Das Resultat: zwölfmal Ja, zweimal Nein, zwei Enthaltungen. Generalsekretär Walk verkündet das Ergebnis rasch der Presse, die eine Art Feldlager im Landtag aufgeschlagen hat. In den Eilmeldungen, die wenige Minuten später von den Agenturen verbreitet werden, scheint Mohring gerettet.

Doch in Wahrheit steht der Landes- und Fraktionschef im Niemandsland, zwischen zwei Fronten, die sich auf ihn zubewegen – und dies sogar körperlich. Die eine Front besteht aus Annegret Kramp-Karrenbauer, die zunehmend unruhig geworden ist. Sie hat im Fraktionsflur die Mike-Mohring-Fotoausstellung (der Vorsitzende mit Kanzlerin Merkel, der Vorsitzende mit Kanzler Kurz, der Vorsitzende mit Bernhard Vogel) zu Ende betrachtet. Nun will sie nicht länger warten und befindet sich auf dem Weg in den Plenarbau, zu den Abgeordneten.

Auf der anderen Seite sind gerade einige Abgeordnete aus dem Voigt-Lager in den Nebensaal gekommen, in dem der Vorstand tagt, und haben sich demonstrativ mit an den Tisch gesetzt. Die Botschaft der Okkupation ist ebenso klar wie das Anrücken der Bundesvorsitzenden: Wir sind zum Kampf bereit.

Es ist 20.04 Uhr, als die gemeinsame Sitzung von Landesvorstand und Landtagsfraktion beginnt – mit Kramp-Karrenbauer. Erst spricht Mohring, verweist auf die „Geschlossenheit" vor der Wahl Kemmerichs und davon, dass auch die Basis dies so gewollt habe. Dann ist Kramp-Karrenbauer an der Reihe. Sie äußert Verständnis für die Situation, übt dann aber Kritik: Es wäre besser gewesen, sich im dritten Wahlgang zu enthalten.

Denn jetzt, sagt sie, drohe der gesamten CDU eine Krise. Die Neuwahl des Landtags sei deshalb der beste Weg. Dann stellt sie die entscheidende Frage: Sei die Thüringer Fraktion grundsätzlich bereit, diesen Weg zu gehen? Oder werde sie die Lösung gemeinsam mit der AfD blockieren? In diesem Fall, droht sie, werde sie als Bundesvorsitzende „Maßnahmen ergreifen".

Jetzt meldet sich Mohrings Ex-Sprecher Karl-Eckhard Hahn. Die CDU, sagt er, sollte jetzt das tun, was sie immer gesagt habe, nämlich im Parlament nach Mehrheiten zu suchen. Da Kemmerich nicht mit der AfD regieren wolle, habe dessen Wahl auch nicht gegen die Beschlusslage der Partei verstoßen. Im Übrigen gebe es in der AfD keine Nazis, dieser Begriff sei ahistorisch, doziert der promovierte Historiker.

Plötzlich stellt der Abgeordnete Christoph Zippel einen Antrag zur Geschäftsordnung. Es müsse sofort eine vertrauliche Fraktionssitzung einberufen werden, sagt er. Das Ziel ist allen im Raum klar: Es geht um die Abwahl des Vorsitzenden. Mohring redet dagegen, verspricht aber, dass die Abgeordneten am Ende der gemeinsamen Sitzung allein weitertagen würden. Damit steht fest, dass noch in dieser Nacht die Entscheidung über ihn fallen wird.

Jetzt beginnt die Gegenoffensive. Mehrere Abgeordnete warnen vor Neuwahlen, verteidigen die Wahl Kemmerichs, sagen, dass es auch viel Zuspruch dafür gebe – und greifen Kramp-Karrenbauer frontal an. Die Reaktion aus Berlin, beklagen sie, sei falsch, unverhältnismäßig und arrogant. Man verbitte sich diese Art Einmischung aus Berlin, gerade in Ostdeutschland sei man da sehr sensibel. Jörg Kellner fragt die Bundesvorsitzende, was sie denn bitte schön für Maßnahmen ergreifen werde, falls man ihren Anweisungen nicht folge. Kramp-Karrenbauer geht nicht darauf ein.

Nun schlägt wieder das Voigt-Lager zurück. Christian Herrgott fordert eine Personaldebatte über Mohring, mehrere Abgeordnete schließen sich an, darunter Beate Meißner, Marcus Malsch, Volker Emde und Voigt selbst. Mohring beginnt inständig zu bitten: Die

Personalfrage sollte in den nächsten Wochen, Monaten geklärt werden, in einem „geordneten Verfahren". Kramp-Karrenbauer fühlt sich offensichtlich unwohl im dem Schlachtgetümmel und appelliert an alle, die Frage in den „geeigneten Gremien" zu diskutieren.

Die CDU-Vorsitzende befindet sich nun in exakt der Lage, vor der sie gewarnt worden war. In ihrer Not sagt sie, dass sie vor der Ministerpräsidentenwahl extra eine SMS an Mohring geschickt habe, mit der Empfehlung, sich zu enthalten, und zwar in allen drei möglichen Wahlgängen. Das ist, in dieser Klarheit, tatsächlich für die meisten im Raum neu. Zwar hatte Mohring offensiv für eine Enthaltung geworben. Aber er hatte dabei nie explizit die angebliche Vorgabe aus Berlin erwähnt.

Später wird Mohring sein Schweigen damit begründen, dass er damit nur eine Jetzt-erst-Recht-Stimmung erzeugt hätte. Und er wird bestreiten, eine SMS mit einer derart konkreten Botschaft von der Vorsitzenden erhalten zu haben. Selbst wenn dies stimmt: Er kann es in diesem Moment nicht laut sagen, zumal ihm ein Dementi nichts nützte. Sein Wort stünde gegen das der Bundesvorsitzenden. Und wer würde ihm glauben, hier im Saal, aber vor allem davor, wo die Journalisten warten?

Die Gegner Mohrings benutzen fortan die Geschichte von der vorenthaltenen SMS als ultimativen Beleg für die vorgebliche Heimtücke des Landesvorsitzenden. Dass sie es selbst waren, die Kemmerich ermutigten und mehrheitlich auch wählten, soll nicht mehr von Belang sein. Mohring soll die Schuld tragen, er ganz allein. Er soll, mit sämtlichen Sünden der CDU beladen, in die politische Wüste geschickt werden.

Während die CDU im Bernhard-Vogel-Saal mit sich selbst kämpft, lädt nur wenige Meter entfernt die abgewählte Koalition die Medien zur Pressekonferenz. Linke-Vize Dittes, SPD-Landeschef Tiefensee und der grüne Fraktionschef Adams geben eine Spontanpressekonferenz. Auch sie haben verstanden, dass es mit der

Union kaum schnelle Neuwahlen geben dürfte. Aber sie wollen, dass Kemmerich sein Amt so schnell wie möglich abgibt.

Der Beschluss, den parallel dazu der Linke-Landesvorstand verbreitet, ist ein Ultimatum an FDP und CDU: „Herr Kemmerich muss sofort Verantwortung übernehmen und unverzüglich zurücktreten oder die Vertrauensfrage stellen. Fragen einer Auflösung des Thüringer Landtags und anschließender Neuwahlen stellen sich erst danach. Wir erwarten, dass Herr Kemmerich sich bis zum Sonntag abschließend erklärt." Und: „Wir erwarten die Aussage beider Parteien oder Fraktionen, bei einer weiteren MP-Wahl im Landtag die Wahl von Bodo Ramelow aktiv zu ermöglichen."

Kapitulationen

Nach fünf Stunden, es ist eine Stunde nach Mitternacht, steht Annegret Kramp-Karrenbauer vor einem Wald von Kameras und Mikrofonen, allein, ohne Mohring. Ihr Gesicht ist blass, als sie ihre Kapitulation verkündet: „Es gibt jetzt Initiativen, die auch darauf abzielen, dass innerhalb des jetzt bestehenden Parlamentes klare Verhältnisse geschaffen werden können." Falls diese Initiativen scheiterten, müssten „unausweichlich Neuwahlen in Thüringen folgen".

Doch die CDU tagt weiter. Der Fraktionsvorsitzende ist nur noch mit seinen Abgeordneten im Saal, Vorständler, Mitarbeiter und Referenten wurden nach draußen geschickt. Das Lager um Mario Voigt verlangt eine Entscheidung: Mohring soll seinen Rücktritt erklären. Sonst werde die Abwahl beantragt.

Während die Debatte wogt, verschickt der Fraktionsvorsitzende SMS an einzelne Abgeordnete, fleht sie um Unterstützung an. Doch vergeblich, er hat keine Mehrheit mehr. Schließlich bittet er unter Tränen um eine Gnadenfrist. Er werde den Fraktionsvorsitz in drei Monaten zur Verfügung stellen. Es gebe Ende Mai noch eine Tagung der von ihm geführten Konferenz der Unionsfraktionschefs, auf ihr wolle er sich formal von den Kollegen verabschieden. Dann werde er gehen.

Es ist ein letzter, emotionaler Appell. Die Abgeordnete Christina Tasch ruft, dass man den Vorsitzenden, der fast zwölf Jahre die Fraktion führte, nicht einfach „vom Hof jagen" könne. Ähnlich äußert sich Raymond Walk. Mario Voigt lenkt ein. Er traut Mohring nicht, aber sieht auch, dass viele dem Fraktionschef nach der schweren Krankheit zumindest einen gesichtswahrenden Abgang gewähren wollen.

Gleichzeitig setzt Voigt aber die faktische Entmachtung seines alten Gegners durch. Es wird eine Arbeitsgruppe gebildet, der neben ihm, Andreas Bühl und Volker Emde als einziger Mohring-Vertrauter Generalsekretär Walk angehört. Die vier Abgeordneten sollen mit Rot-Rot-Grün darüber verhandeln, wie nach der Rücktrittsankündigung von Kemmerich ein Neuanfang ohne eine sofortige Neuwahl des Landtags gelingen kann.

Dann, es ist der 7. Februar, um 2.30 Uhr, ist es vorbei. Der Noch-Fraktionsvorsitzende nimmt einen Hinterausgang, um den Kameras zu entgehen. Was selbst seine Anhänger nicht ahnen: Er denkt immer noch nicht an Rücktritt. Vielmehr will er seine Äußerungen in der Sitzung als interpretationsfähig betrachten. Nach einer sehr kurzen Nacht lässt er sich nach Berlin fahren, am Freitagmorgen steht die nächste Sondersitzung des Bundespräsidiums an.

Es ist kurz vor 10 Uhr, als Mohring auf den Eingang des Konrad-Adenauer-Hauses zugeht. Sofort wird er von Kameras umschwärmt. Der Sender Phoenix überträgt live, auf dem Bildschirm laufen per Schriftband die neuesten Meldungen aus China ein: „636 Tote durch das Coronavirus", „Zahl der Infektionen steigt auf über 31.000", „seit gestern knapp 3.000 weitere Infektionen".

Warum, will der Reporter wissen, habe ihm die Fraktion in Thüringen das Vertrauen entzogen? Mohring vergräbt die Hände in den Hosentaschen seines blauen Anzugs und sagt: „Diese Schlussfolgerung ist nicht richtig. Erstens hat der Landesvorstand mit sehr großer Mehrheit mir das Vertrauen ausgesprochen. Und wir haben in der Fraktion vereinbart, dass wir den Fraktionsvorstand Ende Mai neu wählen, weil mehrere Positionen neu zu besetzen sind, und dann machen wir das dann im Mai. Neuwahlen lösen die schwierige Situation in Thüringen nicht auf." Diese Forderung und die „angedrohten Zwangsmaßnahmen" hätten „viele irritiert".

Finde er es richtig, dass darüber gesprochen wurde, dass es den Abgeordneten freistehe, Ramelow zu wählen? Mohring gestattet sich ein kleines Lächeln. „Wenn viele in den letzten Monaten unaufgeregter gewesen wären, dann wäre die politische Situation in Thüringen vielleicht nicht so kompliziert, wie sie jetzt ist." Er habe eindringlich vor der Wahl Kemmerichs gewarnt, „aber im Bewusstsein dessen, dass es diese Warnung von mir gegeben" habe, hätten sich alle anderen anders entschieden. „Am Ende haben wir Monate ins Land gehen lassen und sind wieder am Ausgangspunkt angekommen. Und ich glaube, das hätte man sich sparen können, wenn man viele Dinge unaufgeregter, besonnener und ruhiger so behandelt hätte, wie ich es schon am Wahlabend gesagt habe."

Aber die Wahl Kemmerichs? Kramp-Karrenbauer habe ihn doch ausdrücklich vor der Situation gewarnt? Das Lächeln Mohrings verstärkt sich: „Ich war ja Teilnehmer der Gespräche. Und glauben Sie mir, die Gespräche sind von mir ausgegangen, am Wochenende vor der Wahl." Er sei es doch gewesen, der auf die Kandidatur verzichtet habe, um nicht von der AfD gewählt zu werden – und der versucht habe, Kemmerich von der Kandidatur abzuhalten, und er habe andere Kandidaturen aus seiner Fraktion verhindert. „Aber jeder, der in den dritten Wahlgang gegangen ist, musste damit rechnen, dass so eine Situation danach entstehen könnte." Ja, er habe die Entscheidung, Kemmerich zu wählen, am Ende unterstützt, aber nur, weil er sich „vor meine Fraktion stellen" wollte, „das ist die Verantwortung von Chefs in so einer Runde."

Und der Rücktritt? Auch auf mehrfaches Nachfragen lässt Mohring offen, ob er im Mai noch einmal als Fraktionschef kandidiert. Zusammenfassung des Auftritts: Alle anderen tragen Schuld, seine Gegner in der Fraktion natürlich vorneweg, aber auch Kemmerich, Kramp-Karrenbauer und Ramelow. Es ist eine in sich geschlossene Erzählung, mit einem einzigen, von Menschen und Medien unverstandenen Helden: Mike Mohring. Wer ihn kennt, muss ahnen, dass er selbst daran glaubt.

Daheim in Erfurt, im Landtag, toben seine Gegner. Der langjährige CDU-Abgeordnete Volker Emde, der einst zu Mohrings treuesten Gefährten gehörte, aber nun die Seiten gewechselt hat, verschickt eine sprachlich arg stolpernde Pressemitteilung. Nachdem Mohring „wiederholt in eklatanter Weise Absprachen der CDU-Landtagsfraktion" gebrochen habe, müsse es nun „unausweichlich zu einer formalen Vertrauensfrage in der Fraktion" kommen. „Das wollten wir ihm gestern ersparen." Dass die Mitteilung abgestimmt ist, zeigt sich allein schon daran, dass der Abgeordnete Herrgott der Deutschen Presseagentur exakt dieselben Sätze schickt.[138]

Sogar Walk ist verwirrt. Er ruft Mohring auf dem Handy an, die beiden diskutieren, schließlich schreibt der Generalsekretär auf Twitter: „Die CDU-Fraktion hat sich auf Neuwahlen zum Fraktionsvorstand mit neuen Personen Ende Mai verständigt. Mike Mohring wird nicht wieder antreten." Kurz darauf bestätigt die Pressestelle der Fraktion die Kapitulation des Vorsitzenden.

Inzwischen gibt es die ersten repräsentativen Umfragen. Beim Erfurter Meinungsforschungsinstitut Insa liegt die Linke jetzt bei 34 Prozent, derweil die CDU auf 19 Prozent abgefallen ist. Das Institut Forsa sieht die Linke sogar bei 37 Prozent – und die Union bei 12 Prozent. Da SPD und Grüne ungefähr auf ihrem alten Niveau verharren, reichte es für eine rot-rot-grüne Mehrheit. Bemerkenswert erscheint, dass die AfD-Wähler offenkundig keinerlei Problem mit Höckes Strohmann-Operation haben: Die Landespartei steht stabil bei 23 bis 24 Prozent. Nur die FDP, sie wäre nicht mehr im Landtag.

In der Linken lassen die Zahlen die Lust auf schnelle Neuwahlen beträchtlich steigen. Doch noch gibt es einen Ministerpräsidenten von der FDP, der, wenn er es sich noch einmal anders überlegte, in der Lage wäre, eine Regierung zu bilden. Denn bei der Ernennung von Ministern räumt die Landesverfassung dem Parlament kein Mitspracherecht ein.

Es ist Freitagnachmittag, gegen 14 Uhr, als die Limousine Kemmerichs vor dem Landtag in Erfurt vorfährt, er will der linken Landtagspräsidentin Keller einen Besuch abstatten. Auch einige Juristen der Parlamentsverwaltung und aus der Staatskanzlei sitzen bei dem einstündigen Gespräch dabei. Danach tritt Kemmerich vor die Kameras, er liest einen langen Satz von einem Zettel ab. „Wir haben uns darauf geeinigt, dass ein Rücktritt zum Beispiel, sofort nicht geboten ist, da es wichtige Entscheidungen der Landesregierung gibt, für die es zumindest ein amtierendes Regierungsmitglied braucht".

Aber er bleibe doch nach einem Rücktritt geschäftsführend im Amt? Könne er da nicht gefahrlos zurücktreten? „Dadurch, dass es keine amtierenden Regierungsmitglieder gibt, ist auch im Falle der Fälle keine Handlungsunfähigkeit gegeben. Das müssen wir vermeiden." Was meint er damit? Krankheit? Oder Schlimmeres? Es gibt keine Möglichkeit zum Nachfragen, Kemmerich eilt aus dem Landtag. Er wird für zehn Tage nicht mehr öffentlich gesehen werden.

Koalitionsausschuss

In Berlin wird gerätselt: Warum empfiehlt ausgerechnet eine linke Landtagspräsidentin dem ungewollten FDP-Ministerpräsidenten, vorerst im Amt zu bleiben? Die einfache Antwort lautet: Nur so kann er die Vertrauensfrage stellen, um ohne Zweidrittelmehrheit Neuwahlen zu ermöglichen – oder die Wiederwahl Ramelows. Aber diese Details der thüringischen Landesverfassung werden, wenn überhaupt, nur sehr eingeschränkt in der Hauptstadt verstanden.

Die SPD-Bundesspitze hat es jedenfalls offensichtlich nicht begriffen. Sie will, dass Kemmerich sofort zurücktritt und hat deshalb für den nächsten Tag eine Sitzung des Koalitionsausschusses durchgesetzt. „Es gibt eine Menge Fragen, die beantwortet werden müssen, um das Vertrauensverhältnis zu klären"[139], sagt die Vorsitzende Saskia Esken.

Währenddessen versucht die Bundes-CDU, so etwas wie eine Strategie zu bestimmen. Im einstimmigen Beschluss des Präsidiums heißt es als Präambel: „Es gibt keine Zusammenarbeit mit der AfD – weder in direkter noch in indirekter Form."[140]

Dann werden die Bedingungen für eine Ministerpräsidentenwahl durchdekliniert. „1. Von der CDU gibt es keine Stimmen für einen Kandidaten der AfD oder der Linkspartei. 2. Von der CDU gibt es keine Stimmen für einen Kandidaten, der auf Stimmen der AfD angewiesen ist. 3. Bodo Ramelow hat offensichtlich keine Mehrheit im Thüringer Landtag. 4. Wir erwarten, dass es eine Bereitschaft von SPD und Grünen gibt, einen Kandidaten oder eine Kandidatin zu präsentieren, der oder die als Ministerpräsident oder Ministerpräsidentin nicht das Land spaltet, sondern das Land eint. 5. Die CDU ist zur konstruktiven Mitarbeit bereit. Sie hat bereits Projekte definiert, auf deren Grundlage eine konstruktive parlamentarische Sacharbeit im Interesse des Landes möglich ist. 6. Wenn der Versuch scheitert, innerhalb des Parlamentes und unter Wahrung der hier genannten Grundsätze der CDU stabile Verhältnisse zu erreichen, sind Neuwahlen unausweichlich."

Das heißt also: Die CDU wird eine Regierung mit Linke-Beteiligung ins Amt lassen, falls sie von einem Sozialdemokraten oder Grünen geführt wird. Die Idee stammt nicht von Kramp-Karrenbauer, sie hält sie sogar für falsch. Doch Spahn und der nordrhein-westfälische Ministerpräsident Armin Laschet haben sie dazu gedrängt. Auf diese Weise, hatten sie im Präsidium gesagt, könne die CDU wieder in die Offensive kommen[141].

Doch auch in Thüringen weisen Sozialdemokraten und Grüne die Forderung prompt zurück. Man lasse sich von Berlin nichts vorschreiben, sagen SPD-Landeschef Tiefensee und Grünen-Fraktionschef

Adams sinngemäß – und schon gar nichts von der CDU. Auf jene, die Ramelow kennen, wirkt der Vorschlag allerdings nicht vollständig absurd. Hatte er nicht schon einmal, im Jahr 2009, während der rot-rot-grünen Sondierungen, auf das Zugriffsrecht der Linken auf das Ministerpräsidentenamt verzichtet?

Aber noch ist die Debatte müßig. Noch weiß keiner, wann Kemmerich zurücktritt oder die Vertrauensfrage stellt. Und noch ist kein Antrag seiner Fraktion für Neuwahlen eingegangen. Susanne Hennig-Wellsow gibt sich überzeugt, dass dahinter ein finsterer Plan stecken muss. „Er versucht, Zeit zu schinden und das auszusitzen, um länger im Amt bleiben zu können"[142], sagt sie.

Ramelow gibt sich mittlerweile konzilianter. Er redet nicht mehr vom Ausbruch des Faschismus, sondern davon, dass er mit Kemmerich und Mohring über eine Zusammenarbeit sprechen wolle. Er sei auch gegen schnelle Neuwahlen[143], sagt er. Die Auflösung des Landtags bedeute, dass es mindestens für 70 Tage eine „regierungslose Zeit" gebe. Besser sei daher diese Reihenfolge: Vertrauensfrage Kemmerich, seine Wiederwahl zum Ministerpräsidenten, Beschluss eines Haushalts für 2021. „Und wenn dann gewünscht wird, eine Neuwahl abzuhalten, dann bin ich gerne bereit, die Vertrauensfrage zu stellen."

Aber in Berlin nimmt anscheinend diese Aussagen niemand wirklich wahr. Merkel ist auf dem Rückflug aus Südafrika. Die Spitzen von Union und SPD sind damit beschäftigt, den Koalitionsausschuss vorzubereiten, der am Samstagmittag im Kanzleramt beginnen soll. Einziges Thema: Thüringen. Die SPD setzt ihre taktische Eskalation fort. So greift Carsten Schneider, der Erste Parlamentarische Geschäftsführer der Bundestagsfraktion, Kramp-Karrenbauer frontal an. „Erst hat sie in der CDU Thüringen alles laufen lassen, dann hat sie sich nicht durchsetzen können mit ihrer Forderung nach Neuwahlen"[144], sagt der Abgeordnete, der aus Erfurt stammt. Parteichef Walter-Borjans fordert, dass die CDU-Vorsitzende ihre Rolle „bei den Vorgängen in Thüringen" erklären müsse.

Samstag, der 8. Februar 2020. Am Morgen bringt die CDU den Sozialdemokraten ein erstes personelles Opfer dar. Die Kanzlerin, die im Flugzeug mit der SPD-Spitze telefoniert hat, ist in Berlin gelandet und ruft Christian Hirte an. Sie erreicht ihn in Tokio im Hotel und sagt ihrem Ost-Beauftragten, dass seine Gratulation an Kemmerich den Koalitionsfrieden gefährde. Sie müsse ihn, leider, sofort entlassen, man werde noch einmal ausführlicher darüber reden, wenn er zurück in Deutschland sei.

Immerhin, Hirte darf seine Demission selbst verkünden. Es ist 10.37 Uhr mitteleuropäischer Zeit, als er twittert: „Frau Bundeskanzlerin Merkel hat mir in einem Gespräch mitgeteilt, dass ich nicht mehr Beauftragter der Bundesregierung für die Neuen Länder sein kann. Ihrer Anregung folgend, habe ich daher um meine Entlassung gebeten."

SPD, Linke und Grüne jubeln, AfD und „Werteunion" wüten. In der Hauptstadt wird sofort erzählt, dass Mohring hinter der Demission stecke, was dieser bestreitet. Tatsächlich besitzt der Landesvorsitzende neben den Mitteln und der Gelegenheit auch ein starkes Motiv: Nachdem Hirte gegen ihn arbeitete, wird er nun als Mohrings Nachfolger an der Spitze der Thüringer CDU gehandelt.

Mario Voigt jedenfalls gibt sich solidarisch mit dem Abgeordneten. „Christian macht Politik aus Überzeugung", schreibt er auf Twitter. Er kenne ihn seit dem Studium „als vermittelnden und freidenkenden Menschen mit klaren Positionen". Dann zitiert er Mark Twain: „Wir schätzen Menschen, die frisch und offen ihre Meinung sagen – vorausgesetzt, sie meinen dasselbe wie wir."

Doch für die SPD ist Hirtes erzwungener Rücktritt nur der Anfang. Im Kanzleramt drängen Walter-Borjans und Esken auf den Rücktritt Kemmerichs – der Vollzug müsse bis zum Ende der Sitzung des Koalitionsausschusses erfolgen. Damit, sagen sie, solle der Weg zur Wiederwahl Ramelows frei gemacht werden. Ansonsten könnten sie nicht für den Bestand der Koalition garantieren.

Annegret Kramp-Karrenbauer und andere protestieren. Dies sei, sagen sie, die Entscheidung der FDP.

Was jetzt geschieht, wird von Teilnehmern so berichtet: Angela Merkel nimmt ihr Handy, steht auf und geht in eine Ecke des Raums. Sie war schon am Vormittag, nach ihrer Landung aus Südafrika, von Christian Lindner angerufen worden. In dem Telefonat hatte ihr der FDP-Chef versichert, dass Kemmerichs Rücktrittsankündigung stehe und daher der Druck der SPD ins Leere laufe.

Nun ruft Merkel Lindner doch noch einmal an und bittet ihn, Kemmerich zum sofortigen Rücktritt zu bewegen. Es gehe, sagt sie ihm, um den symbolischen Schritt. Aber was, fragt Lindner zurück, sage sie zu den Bedenken, dass dann in Thüringen die Regierungslosigkeit drohe? Das sei jetzt nicht entscheidend, lautet die Antwort, Kemmerich müsse zurücktreten, die SPD verlange dies so. Okay, antwortet der FDP-Chef, er werde Kemmerich die Botschaft überbringen, aber dann müsse die CDU auch die Mitverantwortung übernehmen, falls es zu einer exekutiven Notlage in Erfurt komme.

Ob Merkel ihre Bitte mit dem Hinweis verbindet, dass die FDP aus den schwarz-gelben Regierungen in Düsseldorf und Kiel fliegen könnte: Darüber existieren widersprüchliche Aussagen. Später wird der FDP-Vorsitzende öffentlich mitteilen, dass Merkel auf ihn in der Personalie Kemmerich „keinerlei Druck ausgeübt"[145] habe. Das Kanzleramt wiederum wird auf Nachfrage erklären, dass man sich „grundsätzlich nicht zu möglichen vertraulichen Gesprächen der Bundeskanzlerin"[146] äußere.

So oder so: Lindner ist sehr wohl bewusst, dass die FDP im heimischen Nordrhein-Westfalen und in Schleswig-Holstein auf die CDU angewiesen ist. Und ihm ist klar, dass die Union in beiden Ländern mit der SPD eine Alternative besäße. Darüber hinaus hat der FDP-Vorsitzende ein hohes Eigeninteresse daran, die leidige Geschichte in Erfurt möglichst rasch abzuräumen. Er hat zwar die Vertrauensabstimmung im Bundesvorstand überstanden. Aber er ist angezählt.

Rücktritt

Wenige Minuten später wird der Ministerpräsident des Freistaats Thüringen von Lindner angerufen. CDU und SPD drängten darauf, dass er sofort zurücktrete, sagt der FDP-Vorsitzende zu Kemmerich – man gebe ihm dafür bis 15 Uhr Zeit. Bis dahin tage der Koalitionsausschuss in Berlin. Er sei aber, fügt Lindner an, nur der Übermittler der dringenden Bitte, nicht mehr.

Kemmerich sitzt im Auto. Er ist mit der Familie auf dem Weg nach Österreich, in den seit Langem gebuchten Skiurlaub. Seine Leibwächter fahren in einem zweiten Wagen hinterher. Für den Ministerpräsidenten fühlt sich die Situation nach wie vor irreal an. Drei Tage zuvor war er noch ein bestenfalls regional bekannter Fraktionschef einer kleinen Partei in einem kleinen Land. Nun ist er einer der bekanntesten Politiker Deutschlands, der wahlweise als antikommunistische Ikone, Reinkarnation des Faschismus oder Volldepp der Nation gilt. Für ihn persönlich ist es egal, wann er offiziell zurücktritt.

Und so telefoniert Kemmerich, dessen letzte Stunde als Ministerpräsident begonnen hat, noch kurz mit einigen Freunden und Getreuen, klärt die Details. Es ist kurz vor 15 Uhr, als nicht die Staatskanzlei, sondern die Pressestelle der FDP-Landtagsfraktion eine Mitteilung mit der Überschrift „Thomas L. Kemmerich tritt als Ministerpräsident zurück" verschickt. Sie besteht nur aus zwei Sätzen: „Hiermit erkläre ich meinen Rücktritt als Ministerpräsident des Freistaates Thüringen mit sofortiger Wirkung. Sämtliche aus dem Amt des Ministerpräsidenten und des geschäftsführenden Ministerpräsidenten entstehenden Bezüge werde ich an die Staatskasse zurückgeben."

Fast gleichzeitig, an den Saale-Talsperren in Ostthüringen. Bodo Ramelow hat seine beiden Söhne Philip und Victor zu Besuch, er ist mit ihnen und Terrier Attila wandern gegangen. Es ist ein strahlend sonniger Wintertag. Die drei befinden sich auf dem „Jägerstieg" in der Nähe des Schlosses Burgk, als Ramelows Frau auf seinem Handy anruft. Das Lagezentrum der Polizei habe es schon mehrfach vergeblich bei ihm versucht, sagt sie zum ihm, wahrscheinlich war er im Funkloch, es gebe irgendetwas Dringendes. Ramelow steigt eilig den Berg zum Schloss hinauf, dort hat er endlich stabiles Netz – und das Handy beginnt zu brummen. Mehrere SMS und Anrufmitteilungen erscheinen auf dem Display.

Ramelow sieht den Namen von Alexander Dobrindt, mit ihm hatte er einst die – in seiner Bundespartei äußerst umstrittene – Zustimmung seiner Landesregierung zur Pkw-Maut verhandelt. Als Gegengeschäft gab es Geld für die Elektrifizierung einer Bahnstrecke durch Ostthüringen. Damals amtierte Dobrindt als Bundesverkehrsminister, nun ist er Chef der CSU-Fraktion im Bundestag und sitzt daher im Berliner Koalitionsausschuss dabei.

Doch zunächst meldet sich Ramelow im Thüringer Lagezentrum. Dort sagt ihm ein Beamter, was er bereits ahnt: „Das Kanzleramt sucht Sie." Nun ruft er Dobrindt zurück, der Fraktionschef nimmt sofort ab, sagt, dass er gerade im Koalitionsausschuss sei und dass er jetzt das Gespräch auf Laut stelle. Dann legt er sein Handy auf den Konferenztisch. Man rede gerade darüber, wie es in Thüringen weitergehe, sagte Angela Merkel zu Ramelow. Wie er die Lage einschätze? Und: Warum habe die linke Landtagspräsidentin Kemmerich geraten, mit dem Rücktritt zu warten?

Bodo Ramelow wiederholt daraufhin das, was er schon dem MDR sagte: Dass der Ministerpräsident nicht zurücktreten dürfe, weil er nur aus dem Amt heraus die Vertrauensfrage im Landtag stellen könne. Danach habe dann das Parlament die Möglichkeit, einen Nachfolger zu wählen, was er bevorzuge – oder sofort Neuwahlen einzuleiten. Dies alles ergebe sich ja denklogisch aus der Landesverfassung. Nun herrscht auf der anderen Seite Stille. Dann sagt Merkel: „Herr Kemmerich hat gerade seinen Rücktritt erklärt."

Die Abfolge der Ereignisse ist bemerkenswert. Eine CDU-Kanzlerin hat auf Druck der SPD den Rücktritt eines FDP-Ministerpräsidenten durchgesetzt, was dessen potenzieller Nachfolger von der Linken schade findet. Aber es ist, wie es ist. Ramelow wird gefragt, was jetzt passieren müsse. Er antwortet, dass er für eine Wiederwahl die direkte Unterstützung aus der CDU benötige, sonst drohe die nächste Finte der AfD.

Ramelow denkt sich das nicht aus. Bundestagsfraktionschef Gauland hat inzwischen öffentlich seinen „thüringischen Freunden" empfohlen, „das nächste Mal Herrn Ramelow zu wählen, um ihn sicher zu verhindern" und gleichsam politisch zu kontaminieren. „Denn er dürfte das Amt dann auch nicht annehmen."

Schließlich endet die Telefonschalte Kanzleramt-Jägersteig. Kramp-Karrenbauer hält noch fürs Protokoll fest, dass die Forderung des Linken den Beschlüssen ihrer Partei zuwiderlaufe. Doch Merkel wirkt in dieser Frage deutliche flexibler als die Parteivorsitzende. Der Satz, den Beteiligten aus der Sitzung kolportieren, geht sinngemäß so: Es müssten sich doch in Erfurt vier CDU-Abgeordnete finden lassen, die kein Mandat mehr anstrebten…

Diese Aussage widerspricht allem, was Kramp-Karrenbauer seit der Thüringer Landtagswahl, aber auch nach der Wahl Kemmerichs gesagt hat. Gut möglich, dass sich in diesem Moment in ihr eine Entscheidung formt oder festigt, die ihre Partei nochmals erschüttern wird.

Die SPD ist es vorerst zufrieden. Um 15.04 Uhr twittert Saskia Esken: „Die Koalition im Bund ist sich einig: Thüringen muss geheilt werden." Den Beschluss hängt sie als Screenshot dazu, der Text ein Mix aus der Rhetorik von Merkel, Kramp-Karrenbauer und der SPD: „Die Wahl des Ministerpräsidenten mit einer Mehrheit, die nur durch Stimmen der AfD zustande kam, ist ein unverzeihlicher Vorgang." Jetzt gehe es darum, „schnell für stabile und klare Verhältnisse in Thüringen" zu sorgen. „Deshalb erwarten die Koalitionspartner, dass umgehend ein neuer Ministerpräsident im Landtag gewählt wird. Aus Gründen der Legitimation der Politik sind die Koalitionspartner davon überzeugt, dass unabhängig von der Wahl eines neuen Ministerpräsidenten baldige Neuwahlen erforderlich sind."

„Baldige Neuwahlen"? Die Thüringer Grünen bremsen. Ex-Ministerin Anja Siegesmund twittert: „Perspektivisch" führe an Neuwahlen kein Weg vorbei. Aber erst einmal müsse Ramelow zum Ministerpräsidenten gewählt werden. Und danach sollte der Landtag „in ruhiges Fahrwasser kommen" und den „Haushalt anschieben".

Für die Linke fordert Susanne Hennig-Wellsow ultimativ von der CDU die vier Stimmen, die Rot-Rot-Grün zur Mehrheit fehlen. „Wir müssen dokumentieren, dass er von Demokraten gewählt wurde", sagt sie.[147] „Wir werden Ramelow nur in die Wahl schicken, wenn wir eine demokratische Mehrheit für ihn haben." Die CDU könne ja zum Beispiel öffentlich versprechen, dass mindestens vier namenlose Fraktionsmitglieder Ramelow mitwählten. „46 Stimmen müssen drin sein", sagt sie.

Die Thüringer Union reagiert prompt – und ablehnend. „Wir haben unsere Grundsätze und klare Beschlusslagen und bitten, diese zu respektieren", erklärt Raymond Walk in einer Mitteilung der Fraktion. „Die schwierigen Mehrheitsverhältnisse sind Auftrag an uns alle, besonnen mit dieser komplizierten Situation umzugehen. Daher ist es nicht hilfreich, wenn jetzt – von welcher Seite auch immer – ständig neue Forderungen erhoben werden, noch bevor wir miteinander gesprochen haben. So lässt sich das Land nicht zusammenführen. Wir sind offen für Gespräche, die für stabile Verhältnisse im Thüringer Landtag sorgen."

Die „Werteunion" übt sich in präventiver Empörung. Hans-Georg Maaßen, der noch drei Tage zuvor die Wahl Kemmerichs mit Hilfe der AfD als „Riesenerfolg" feierte, sieht auch in der möglichen Enthaltung bei der Wahl eines Linken den ultimativen Sündenfall. „Eine Mitwirkung an einer Wahl von Ramelow, und sei es auch nur durch Stimmenthaltung, wäre ein Verrat an den Werten der CDU Konrad Adenauers und Helmut Kohls und an den Opfern des SED-Regimes"[148], sagt er der „Bild am Sonntag". In dem Artikel unter der Überschrift „CDU-Aufstand gegen Merkels Thüringen-Strategie" verlautbart auch der Suhler Bundestagsabgeordnete Mark Hauptmann sein Entsetzen. „Das Wahlziel der CDU Thüringen war die Abwahl von Rot-Rot-Grün und Bodo Ramelow", sagt er. „Wer jetzt in Berlin verlangt, Ramelow aktiv oder passiv ins Amt zu verhelfen, der schadet der CDU langfristig – auch außerhalb Thüringens."

Wie die Politik in Thüringen so spielt: Ein gutes Jahr später wird Hauptmann sein Mandat niederlegen und aus der Partei austreten, weil er seine Wahlkreiszeitung mit Anzeigen aus Aserbaidschan finanziert und durch die Vermittlung von Atemschutzmasken in der Pandemie eine knappe Million Euro verdient haben soll. In der Folge nominiert die Südthüringer CDU Maaßen als Direktkandidaten, übrigens zum Verdruss von Hirte und Voigt.

Noch mehr Rücktritte

Doch Mitte Februar 2020 ist das große, globale Maskengeschäft erst am Anlaufen. Das neuartige Corona-Virus wirkt für die meisten noch wie eine ferne, eher abstrakte Gefahr. Auch wenn die Epidemie in China immer mehr Tote fordert und inzwischen auch die ersten, wenigen Infektionen in Deutschland festgestellt wurden, wirken Politik und Gesellschaft kaum alarmiert.

In Thüringen haben die Winterferien begonnen. Nicht nur Kemmerich ist verreist, auch viele Landtagsabgeordnete machen Urlaub, darunter der CDU-Landtagsabgeordnete Emde, der eben erst in die Arbeitsgruppe seiner Fraktion delegiert worden war. Bevor die Verhandlungen mit Rot-Rot-Grün beginnen, fährt er mit Freunden und Bekannten zum Skifahren in die Dolomiten. Dass dort das Virus bereits grassiert, ahnt er nicht.

Während also in Thüringen fast so etwas wie Ruhe einkehrt, beginnt in Berlin die nächste politische Erregungswelle. Am Montag, Punkt 9 Uhr, informiert Annegret Kramp-Karrenbauer ihr Präsidium, dass sie auf die Kanzlerkandidatur für die Bundestagswahl 2021 verzichte. Und weil Kanzlerkandidatur und Parteivorsitz in der CDU zusammengehörten, werde sie auch als Parteivorsitzende zurücktreten. Die Nacht von Erfurt, aber wohl auch die Erfahrungen im Koalitionsausschuss haben sie zerrüttet. Es gebe, sagt sie, ein „ungeklärtes Verhältnis von Teilen der CDU mit AfD und Linken". Damit meint sie die Thüringer Parteifreunde. Und sie meint die Kanzlerin.

Jetzt ist es also amtlich: Die verunglückte Wahl eines Ministerpräsidenten eines kleinen Landes hat die größte Partei der Republik in ihre nächste Führungskrise gestürzt. Der Machtkampf, der im Dezember 2018 mit der Wahl Kramp-Karrenbauers beendet schien, beginnt nun aufs Neue. Merz, Spahn und Laschet scheinen für das Amt bereit. Niemand weiß zu diesem Zeitpunkt, dass die Pandemie den Streit bis in den Januar 2021 hinein verlängern wird – und dass erst danach der Konflikt um die Kanzlerkandidatur eskaliert.

Aber erst einmal muss die CDU durch diese Krise kommen, genauso wie Bodo Ramelow. Eine Woche nach seiner Abwahl sitzt er in der ZDF-Talkshow von Sandra Maischberger und zeigt eindrücklich, wie sehr ihn das alles mitgenommen hat. Als ihn die Moderatorin auf jenen – mittlerweile von ihm gelöschten – Tweet anspricht, im dem er die Bilder von Hindenburg und Hitler sowie Kemmerich und Höcke nebeneinanderstellte, lässt er sie ihre Frage gar nicht zu Ende stellen. Nein, sagt er, Höcke sei kein Wiedergänger Hitlers, doch auch der Thüringer AfD-Landeschef wolle die Demokratie und den Rechtsstaat „von innen aushöhlen".

Aber ein Hitler-Vergleich sei doch ein Totschlagargument, sagt die Moderatorin. „Ist das die Latte, die sie da hinlegen wollen?" Ramelow: „Frau Maischberger, vor 90 Jahren ist der Tabubruch in Deutschland geschehen!"

„Also für Sie ist das ein legitimer Vergleich?", fragt die Moderatorin. Warum habe er dann den Tweet gelöscht? Ramelow: „Weil die identitäre Bewegung sich aufgemacht hat, mich zum Feind Nummer 1 in Deutschland zu machen. Meine Familie steht unter Polizeischutz, ich stehe unter Polizeischutz." Er befinde sich seit Mittwoch in einer Situation, wie er sie noch nie erlebt habe.

Jetzt eskaliert das Gespräch endgültig. Maischberger fragt den Linken, warum er sich ohne Mehrheit zur Wahl stellte. Ramelow: „Darf ich Sie darauf hinweisen, dass der Wahlsieger vor Ihnen sitzt!" Es sei doch alles ganz anders: „Herr Mohring und die bürgerliche Mitte haben gar nichts hingekriegt."

Und Ihre Verantwortung, die müssen Sie doch auch erklären? „Das, was am Mittwoch passiert ist, müssen andere erklären!"

Aber auch Sie! „Nicht ich!"

Doch! „Nein!"

Schließlich beruhigt Ramelow sich wieder, er redet jetzt lieber über die CDU. Der Zustand der Partei gräme ihn, sagt er sorgenvoll, auch dies sei eine Folge der Zerstörungsarbeit der AfD. Er wolle nun schnell mit der CDU ins Geschäft kommen: „Entweder wir haben nur drei tolle Tage, dann müssen wir das schnell beenden", sagt er. „Oder wir machen Thüringen zum Tollhaus."

Doch die Union sortiert sich noch. Am Freitag der Februarwoche, die mit der Rücktrittsankündigung der Bundesvorsitzenden begann, teilt Mohring mit, dass er als Landesparteichef abtreten werde. „Ich glaube, wir tun gut daran, dass wir unsere Partei befrieden, dass die persönlichen Interessen zurückgestellt werden und dass wir einen gemeinsamen Weg für die Zukunft finden", sagte er in einem Video, das er ins Netz stellt. „Ich möchte diesem Weg nicht im Wege stehen und deswegen auch nicht erneut für den Landesvorstand kandidieren."

Parallel zu dem Video erscheint ein Interview im „Spiegel" mit seiner Sicht auf den 5. Februar 2020. Er habe geahnt, sagt er, dass Kemmerich gewählt würde und dass er sich nicht im Amt halten könne. „Ich habe in dem Moment gefühlt, dass das nicht gut ausgehen kann. Ich habe meine Pressestelle gebeten, keine Glückwünsche zu senden. Weder von der Partei noch von der Fraktion. Ich hatte vor genau dieser Situation gewarnt."

Frage: Habe später Kemmerich versucht, mit der CDU eine Regierung zu bilden? Antwort: „Nach seiner Wahl hat er CDU, SPD und

Grünen Gespräche angeboten. Annegret Kramp-Karrenbauer hatte uns auch sofort angeschrieben, dass wir als CDU auf keinen Fall in diese Regierung eintreten dürfen. Das habe ich auch so gesehen."

Mit dem, was Mohring unmittelbar nach der Wahl Kemmerichs sagte, deckt sich diese Darstellung kaum. Aber auch der Kampf um die Deutungshoheit wird längst geführt – parallel zum immer noch andauernden Kampf um die Macht in der Partei. In Absprache mit Voigt setzt der Abgeordnete Herrgott noch einmal hart nach. Die Ankündigung Mohrings, nicht wieder für den Landesvorsitz anzutreten, sei doch bloß wieder ein „halber Rückzug". Die Vergangenheit habe leider gelehrt, „wie wenig man Ankündigungen und Vereinbarungen von Mike Mohring"[149] vertrauen könne, sagt Herrgott. „Fraktion und Partei brauchen jetzt Klarheit für die anstehenden Entscheidungen und nicht erst in zwei bis drei Monaten."

Kramp-Karrenbauer hingegen gibt sich angesichts der Ankündigung Mohrings erleichtert. „Zunächst einmal ist das für Thüringen eine Veränderung, die auch eine Chance für einen Neuanfang gibt"[150], sagt sie.

Behelfskabinett

Während sich die CDU neu sortiert, versuchen Linke, SPD und Grüne gemeinsam mit Gewerkschaften, Verbänden und Kirchen, den Druck von der Straße aufrecht zu erhalten. Ja, Kemmerich ist nun zurückgetreten. Aber noch befindet er sich geschäftsführend im Amt. Rein theoretisch könnte er für Jahre in der Staatskanzlei ausharren.

Am Samstag, dem 15. Februar, riecht es auf dem Erfurter Domplatz nach Vorfrühling, Bratwurst und Revolution. Da sind die Einheimischen, die auf dem Markt Eier und Käse vom Bauern einkaufen, und die Touristen, die in der Sonne vor den Restaurants ihren Cappuccino trinken. Aber da sind auch Tausende Demonstranten, die gegen die AfD im Allgemeinen und gegen den Noch-Ministerpräsidenten im Besonderen protestieren.[151]

Am Rande des bunten Menschenauflaufs steht Georg Maier. In seiner Jeans und der blauen Kutte darüber würde er nicht weiter auffallen, wenn neben ihm nicht ein Mann stünde, aus dessen Ohr sich weißer Draht kringelt. Es handelt sich um einen Personenschützer des Landeskriminalamtes, der hier gewissermaßen eine Art Sicherheitsnachsorge betreibt. Bis zum 5. Februar war Maier Thüringens Innenminister und Vorsitzender der Innenministerkonferenz. Nun demonstriert er als einfacher SPD-Landtagsabgeordneter gegen Kemmerich.

Spricht man Maier darauf an, was gerade mit Thüringen geschieht, versteinert sich seine Miene zu staatstragender Ernsthaftigkeit. Das sei ja hier kein Spiel, sagt er. „Was, bitte schön, passiert denn im Fall einer echten Krise?" Die Bedrohungen verschwänden nicht mal eben, bloß weil es keine funktionierende Regierung gebe. Und die Staatssekretäre? „Verwaltung ist nicht alles", sagt Maier. „Am Ende, wenn es drauf ankommt, muss auch jemand die politische Verantwortung übernehmen."

Tatsächlich ist die Lage absurd. Dass Kemmerich in den Alpen Ski fährt, will niemand bestätigen. FDP-Sprecher Reiter spricht kryptisch davon, dass sich sein Chef „selbstverständlich im Dienst" befinde und auch an den „täglichen Morgenlagen" teilnehme. Was stimmt: Der Ministerpräsident wählt sich aus Österreich telefonisch ein, wobei er eigentlich nur zuhört. In der Realität wird Thüringen mit seinen 2,1 Millionen Einwohnern und einem Elf-Milliarden-Euro-Jahresetat exklusiv von vier Staatssekretärinnen und acht Staatssekretären regiert.

Das Umweltministerium leitet zum Beispiel der Bündnisgrüne Olaf Möller. Er bemüht sich, gelassen zu klingen. „Die Verwaltung läuft ganz normal", sagt er. „Wir Staatssekretäre versuchen, uns miteinander zu koordinieren und die Dinge, die zu erledigen sind, möglichst unaufgeregt zu erledigen." Natürlich würden auch künftig Lehrer und Lehrerinnen oder Polizisten und Polizistinnen eingestellt, es gebe ja einen verabschiedeten Haushalt für das laufende Jahr. Und der nächste Etat ist schon in Vorbereitung: Die Staatssekretäre haben entschieden, dass der Finanzkollege Hartmut Schubert (SPD) schon mal den Beschluss zur Aufstellung eines Landeshaushaltes für 2021 vorbereiten soll.

Das unfreiwillige Behelfskabinett ist eine Mischung aus Parteifunktionären, Verwaltungsleuten und vormaligen Mandatsträgern. Schubert war einst Vizelandrat in Ostthüringen und Landtagsabgeordneter. Möller hat 1989 die Grünen in der DDR mitgegründet und saß im ersten Landesparlament. Wirtschaftsstaatssekretär Markus Hoppe (SPD) amtierte lange als Vizepräsident der Göttinger Universität.

Das Sozialministerium leitet Ines Feierabend, die vor ihrem Thüringer Job als linke Vizebürgermeisterin von Treptow-Köpenick amtierte. In der Staatskanzlei sitzt Malte Krückels, der 2014 vom einfachen Referenten im Berliner Abgeordnetenhaus zum Staatssekretär sprungbefördert wurde. Der Linke teilt sich die Arbeit in der Regierungszentrale mit der sozialdemokratischen Karrierebeamtin Babette Winter – die in der Ferienwoche an der Sitzung des Bundesrats teilnimmt, anstelle des unsichtbaren Thomas Kemmerich.

Spätestens hier aber zeigt sich die Grenze jener politischen Verantwortung, von der Georg Maier spricht. Da die Staatssekretärin in der Länderkammer nicht stimmberechtigt ist, muss Thüringen sich durchgängig enthalten. „Bundesratsbank von Thüringen heute Morgen ohne jedes Votum!", twittert Ramelow, der seit seiner Abwahl in unregelmäßigen Abständen eine beginnende „Staatskrise" heraufbeschwört und von „Chaos" spricht.

Während also der Mittelbau Dienst nach Vorschrift verrichtet und Kaffee trinkt, machen sich die höheren Bediensteten Sorgen über ihr Fortkommen. Gemeinsam ist allen, dass sie sich, wie es eine Angestellte formuliert, „in kollektiver Wartestellung" befinden. Alle schauen auf den Montag nach den Ferien. Dann will sich erstmals die Vierer-Arbeitsgruppe der CDU mit den vormaligen Koalitionären treffen, um darüber zu reden, wie es weitergehen soll.

Mario Voigt und Benjamin Hoff haben sich bereits getroffen, in einem Café in Berlin, nahe der kleinen Quadriga-Hochschule, an welcher der CDU-Mann gelegentlich lehrt. Die beiden Professoren sind sich in manchem ähnlich, sie denken strategisch und handeln pragmatisch. Und sie sind dazu bereit, die Perspektive des jeweils anderen zu respektieren. Genauso, wie Voigt versteht, dass die Linke Ramelow wieder rasch im Amt sehen will, versteht Hoff, warum die CDU rasche Neuwahlen vermeiden will und sich schwer damit tut, aktiv für Ramelows Wiederwahl zu stimmen.

„Wir haben inhaltlich antagonistische Widersprüche", wird Voigt später sagen. „Gleichzeitig argumentieren wir aber auf derselben Wissens- und Erkenntnisbasis, wir kennen die Umstände, in denen sich der jeweils andere bewegt, und müssen uns deshalb nicht gegenseitig ständig alles neu erklären."[152]

„Martin, hol' mir ein Glas Wein"

Was Hoff aber Voigt nicht sagt: Er und Ramelow planen einen Coup. Am Sonntag vor dem ersten Verhandlungstermin von Rot-Rot-Grün und CDU – der 16. Februar 2020 ist der 64. Geburtstag des Ex-Ministerpräsidenten – beratschlagt ein sehr kleiner linker Kreis darüber, wie man die CDU doch zu einer raschen Neuwahl des Landtags überreden könne, und wie sich gleichzeitig vermeiden ließe, dass in der Übergangszeit von 70 Tagen Kemmerich geschäftsführend im Amt bliebe. Die Idee, die im Gespräch entsteht: Ramelow soll seine alte Freundin Christine Lieberknecht in christlicher Verbundenheit bitten, als CDU-Übergangsministerpräsidentin einer rot-rot-grünen Rumpfregierung zu amtieren. Hoff würde als Staatskanzleichef und Aufpasser fungieren.

Der Plan ist wahnsinnig und genial zugleich. Für die CDU wäre Lieberknecht ein Angebot, das sie nicht ablehnen dürfte. Aber sie könnte es auch nicht einfach so annehmen. Sagte sie zu, ginge sie de facto eine Übergangskoalition mit der Linken ein, an deren Ende mit großer Wahrscheinlichkeit ein fulminanter Sieg Ramelows stünde. Seine Linkspartei steht mittlerweile in den Umfragen bei unfassbaren 40 Prozent, derweil die CDU bei 12 bis 14 Prozent verharrt.

Das Risiko wäre ganz bei der CDU. Die öffentliche und veröffentlichte Meinung würde in jedem Fall gegen sie stehen, derweil der linke Ex-Ministerpräsident wie der großzügige, weise Staatsmann wirkte, der sich für das Land opferte. Es ist ein typisches Ramelow-Manöver, unkonventionell, unerwartet, ja geradezu unerhört. Aber es ist auch eine Wiederholung. So wie er im Jahr Herbst 2009 mit seinem Verzicht auf das Ministerpräsidentenamt die SPD in Schwierigkeiten brachte, so will er nun die CDU in die Ecke manövrieren. Der entscheidende Unterschied zu damals: Die Union scheint keinen Fluchtweg zu haben.

Doch da ist noch eine zentrale Frage: Wird Lieberknecht mitmachen? Ramelow kennt die vormalige Pastorin gut genug, um zu wissen, dass sie nicht nach den üblichen Parteischemata funktioniert und schon immer für unorthodoxe, spontane Vorhaben zu haben war. Die Frau denkt in historischen Linien – auch in der langen Linie, die sie selbst zog.

Lieberknecht ist bewusst, dass sie Geschichte in Thüringen schrieb: Sie machte und stürzte Regierungschefs, bevor sie selbst die erste Frau an der Spitze der Landesregierung wurde. Trotzdem wurde sie immer von den regierenden Männern sowie deren Adlaten unterschätzt. Ramelow hingegen begegnete Lieberknecht stets mit Respekt – und bekam ihn auch deshalb stets von ihr zurück. Sie, die christlich-liberale Frau in der strukturkonservativen Männerpartei CDU, und er, der kantige, quereingestiegene Westdeutsche in der DDR-miefigen Ostpartei PDS: Sie hatten sich frühzeitig in ihren jeweiligen Außenseiterrollen wiedererkannt. Das schuf Vertrauen.

Auch zum Geburtstag am Sonntag hat Lieberknecht ihm per SMS gratuliert und neben dem obligatorischen Segen Gottes viel Kraft gewünscht. Doch wird sie Ja zum Coup sagen? Ramelow weiß es nicht.

Aber erst einmal muss er die eigene Fraktion überzeugen. Es ist Montag, der 17. Februar, gegen 15.30 Uhr, als er ins Foyer des Landtags spaziert. Er wirkt betont entspannt, statt dem üblichen Hemd trägt er einen schwarzen Rollkragenpullover, Terrier Attila tippelt neben ihm an der Leine.[153]

Nachdem die Sondersitzung der Linke-Fraktion begonnen hat, trägt Ramelow seinen Plan vor. Die Abgeordneten sind perplex. Doch sie verstehen rasch, dass der Plan der CDU keine Lücke lässt. Bevor Lieberknecht gewählt wird, soll der Landtag mit Zweidrittelmehrheit die Selbstauflösung beschließen. Danach laufen automatisch die 70 Tage bis zur Neuwahl des Landtags. Das Kabinett, sagt Ramelow, bestünde aus drei vormaligen Ministern: Hoff würde die Staatskanzlei managen, Heike Taubert als sozialdemokratische Finanzministerin den Haushaltsplan für 2021 vorbereiten, derweil der grüne Justizminister Dieter Lauinger über die Verfassung wachte.

Die Fraktion ist einverstanden, nun muss Ramelow bei Lieberknecht anrufen. Die vormalige Ministerpräsidentin ist bei sich daheim in Ramsla bei Weimar, im Keller ihres Reihenhauses, und sichtet Akten. Am nächsten Tag hat sie einen Termin in ihren bisherigen Wahlkreisbüro in Apolda, Historiker der Konrad-Adenauer-Stiftung wollen Einblick in die Unterlagen. Lieberknecht hört daher nicht, dass ihr Handy klingelt.

Plötzlich ruft ihr Mann Martin nach unten, „der Bodo" habe ihn angerufen, er wolle sie dringend sprechen. Lieberknecht geht nach oben und lässt sich am Telefon von Ramelow erläutern, wie sie noch einmal Landesgeschichte schreiben soll. Ob sie dafür bereit sei? „Ich kann dazu nichts sagen", antwortet Lieberknecht. Sie brauche Zeit, sie müsse erst einmal ihre Gedanken ordnen. Ramelow sagt, das verstehe er natürlich. Doch es dränge, er rufe in einer Viertelstunde noch einmal an.

Die Frau, die fast 30 Jahre Thüringer Landespolitik so ziemlich alles durchlebt hat, kann es nicht glauben. Sie, wieder Ministerpräsidentin? Was für eine groteske Idee! Andererseits: Mohrings Fraktionsspitze hat sie in den letzten Jahren, in denen sie einfache Abgeordnete war, nicht sehr gut behandelt. Und es ist lange her, dass sie im Zentrum des Geschehens stand. Nur als Politrentnerin, die sich um ihre Enkel kümmert, fühlt sich Lieberknecht mit ihren 61 Jahren nun auch wieder nicht.

„Martin, hol' mir ein Glas Wein", sagt sie. Dann beratschlagt sie mit ihrem Mann. Wenn es wirklich nur um die 70 Tage bis zu Neuwahlen gehe, als reine Formalie, damit das Land eine Regierung habe, dann könne sie das vielleicht doch machen? Als Ramelow wieder anruft, sagt sie zu. Für Thüringen natürlich, was sonst.

Nun müssen in Erfurt noch die Partner informiert werden. Ramelow sitzt in einem kleinen Tagungsraum der Linken mit Hennig-Wellsow, Dittes, Tiefensee, Hey, Adams und Siegesmund zusammen und sagt, was er vorhat. Die Sozialdemokraten sind sofort einverstanden. Sie haben mit Lieberknecht fünf Jahre regiert, außerdem ist dies der schnellste Weg zu Neuwahlen. Die Grünen wirken skeptisch, sie wissen, dass dieser Alleingang Ramelows ihre parlamentarische Existenz gefährden könnte. Aber auch sie sitzen in der Falle: So wie die SPD werden sie rechnerisch nur gebraucht, um den Landtag aufzulösen – und dagegen können sie kaum öffentlich argumentieren. Danach hätten Linke und CDU auch ohne sie ausreichend Stimmen, um Lieberknecht zu wählen.

Aber immerhin, Fragen kann man ja Ramelow stellen. Habe er mit Lieberknecht gesprochen? Ja, lautet die Antwort, und zwar mehrfach. Und ja, sie sei bereit. Und habe Lieberknecht die CDU eingebunden? Das, sagt Ramelow, wisse er nicht, „das alles ist bisher eine Sache zwischen ihr und mir".

Tatsächlich hat niemand in der Thüringer Union irgendeine Ahnung. Christine Lieberknecht meldet sich nicht einmal bei Mario Voigt, ihrem früheren Generalsekretär, der ihr einst dabei half,

Ministerpräsidentin und Landesparteivorsitzende zu werden. Dafür setzt Ramelow die Bundeskanzlerin in Kenntnis, sie hat ihm nach seiner telefonischen Zuschaltung zum Koalitionsausschuss ihre Handynummer gegeben. Merkel sagt ihm zu, mit Kramp-Karrenbauer darüber zu sprechen. Und: Sie billige das Manöver.

Dann, es ist gegen 19 Uhr, beginnt das Treffen von CDU und Rot-Rot-Grün. Ramelow hält eine lange Rede über die schwierige Lage, er wirkt nun gar nicht mehr entspannt. Er weiß, dass er nun seinen gesamten Einsatz wettet. Dann erklärt er den Lieberknecht-Plan, gleichsam als Gesamtkunstwerk. Die Union könne jetzt darauf eingehen – oder es bleiben lassen.

Mario Voigt ist genauso überrumpelt wie die anderen CDU-Abgeordneten in der Verhandlungsrunde. Das hat er, der Großstratege, nicht kommen sehen. Es ist 19.39 Uhr, als er seiner früheren Chefin eine SMS schreibt: Ramelow wolle sie zur Übergangsministerpräsidentin machen. „Stehst du für sowas zur Verfügung?" Kurz darauf erhält er Lieberknechts Bestätigung. „Ich habe keine eigenen Ambitionen", schreibt sie. Aber wenn der Vorschlag helfe, den „gordischen Knoten zu durchschlagen", dann stehe sie „schweren Herzens" zur Verfügung.

Voigt ist stinksauer. Er weiß sofort, dass er wenige Optionen hat. Weder kann er seine frühere Ministerpräsidentin düpieren, noch kann er auf den Vorschlag eingehen. Zwei Stunden wird ziellos hin und her gestritten, dann vertagt sich die Runde auf den nächsten Tag.

Ramelow beeilt sich, vor die wartenden Kameras zu treten, neben ihn hat sich, wie eine Adjutantin, Hennig-Wellsow postiert. Der Linke redet laut, seine Stimme klingt gepresst: „Ich habe mich davon leiten lassen, einen Vorschlag zu unterbreiten, wie man sehr schnell, sehr zügig in Thüringen zu Neuwahlen kommt." Deshalb wolle er Christine Lieberknecht bitten, sich „für diese Phase von 70 Tagen" zur Verfügung zu stellen. Und was sei mit ihm? „Ich denke, mit der Arbeit, die Rot-Rot-Grün in den letzten fünf Jahren hier geleistet hat und mit meiner Arbeit als Ministerpräsident, bin ich gut beraten, als Spitzenkandidat meiner Partei auch zu den Neuwahlen anzutreten."

Damit ist die nächste Sensation aus Thüringen zu berichten. Eilmeldungen laufen über die Agenturen, im Fernsehen sagt ein Reporter: „Bodo Ramelow hat wieder zugeschlagen". Die Tendenz der medialen Kommentierung ist die erwartete: Nachdem der Linke verzichtet hat, könnte die CDU gar nicht anders, als ihre eigene Ex-Ministerpräsidentin zu wählen.

Bratwurst mit Kartoffelsalat

Es ist Dienstag, der 18. Februar, kurz vor 9 Uhr. Mike Mohring, dunkelgrauer Anzug, weinroter Schlips, kommt in den Landtag, er ist auf dem Weg in die Sondersitzung seiner Fraktion. Er sieht müde aus, aber das Lächeln, das er im Gesicht trägt, wirkt echt. Ausgerechnet Bodo Ramelow hat ihm, vielleicht, eine neue Chance eröffnet. Käme es tatsächlich zu einer CDU-geführten Regierung unter Lieberknecht, könnte er sich selbst womöglich doch noch über die Zeit retten. Er muss nur vermeiden, dass der Landtag schnell neu gewählt wird. Dann hat er auch die Fraktion auf seiner Seite.

Schon am Abend zuvor hatte er seiner früheren Vorsitzenden eine SMS geschickt; er sehe, schrieb er, in ihrer Kandidatur einen „Lösungsweg". Über Nacht hat er einen Gegenplan entwickelt, den er nun im Foyer des Landtags seinem Generalsekretär Walk mitteilt: Die Union werde sich sehr gerne auf Lieberknecht und ein „technisches Kabinett" von Experten einlassen, die Grüne, Sozialdemokraten, aber auch Linke benennen könnten.

An dieser Stelle würde der Abgrenzungsbeschluss also aufgeweicht. Es entstünde ein Linke-CDU-SPD-Grünen-Bündnis, aber unter Führung der Union. Die entscheidende Veränderung: Das Parlament löste sich erst auf, wenn es den Landeshaushalt für 2021 verabschiedet hätte.

Damit hat Mohring den Ramelow-Plan von innen nach außen gewendet. Käme er damit durch, befände sich die CDU wieder in der Offensive und ihr Noch-Vorsitzender gleich mit. „Wir wissen alle um unsere Verantwortung", sagt Mohring vor der Sitzung in die Kameras. „Und wir finden es auch sehr richtig, dass Bodo Ramelow für sich gesehen hat, dass es derzeit im Thüringer Landtag keine Mehrheit für ihn gibt. Und deswegen ist sein Schritt begrüßenswert, den wir auch genau teilen."

Viele Abgeordneten sind da komplett anderer Meinung: Der Vorschlag sei eine Frechheit, sagen sie, Lieberknecht habe die Partei hintergangen. Mohring benötigt eine gute Stunde, um die Fraktion von seiner Idee zu überzeugen, wobei ihm ausnahmsweise Voigt zustimmt. Seine Argumentation lautet: Da die CDU den Vorschlag Ramelows nicht rundheraus ablehnen kann, muss sie die Bedingungen ändern. Wenn dann Rot-Rot-Grün ablehnt, ist der Deal wenigstens nicht allein an der CDU gescheitert.

Doch bevor mit Rot-Rot-Grün verhandelt werden kann, muss die eigene Ex-Ministerpräsidentin mitziehen. Mohring ruft Christine Lieberknecht an. Sie sagt, dass sie auf dem Weg in die Apoldaer CDU-Geschäftsstelle sei, dort könne er sie treffen. Er fahre jetzt los, sagt Mohring, die Fraktionssitzung werde dann nach seiner Rückkehr fortgesetzt. Voigt müsse aber mitkommen, heißt es sofort, immerhin führe er das Verhandlungsteam.

Mohring lässt den Dienstwagen vorfahren, er setzt sich neben den Chauffeur, derweil Voigt im Fond Platz nimmt. 40 Minuten sitzen die beiden Männer, die sich seit Jahrzehnten bekämpfen, in einem Auto und sinnieren darüber, wie sie gemeinsam mit ihrer Ex-Chefin die Landespartei aus der schwierigsten Lage ihrer 30-jährigen Geschichte befreien sollen.

Christine Lieberknecht wartet schon im CDU-Büro am Apoldaer Marktplatz, der Kreisgeschäftsführer hat Bratwürste und Kartoffelsalat besorgt. Der Noch-Fraktionsvorsitzende und die Ex-Ministerpräsidentin führen kurz ihr übliches Freundschaftsschauspiel vom

„lieben Mike" und der „lieben Christine" auf, dann redet man über das, was sich am Abend zuvor ereignete. Lieberknecht sagt noch einmal, dass sie nur für den Übergang bereitstehe. Aber könnte, fragen Mohring und Voigt, der Übergang nicht etwas länger dauern, zum Beispiel bis zur Verabschiedung eines Haushalts? Lieberknecht antwortet nicht mit Nein. Aber sie sagt auch nicht wirklich Ja. Sie wirkt, wie so oft in komplizierten Situationen, sibyllinisch, ihre Gegenüber können sich heraussuchen, was sie meint.

Christine Lieberknecht durchschaut die Motivlage Mohrings. Ja, sie versteht den Fraktionschef sogar. Zumindest will sie es sich mit ihrer Landespartei, die sie einst führte, nicht komplett verderben. „Wenn es euch hilft", sei sie mit der Strategie einverstanden, sagt sie also. Es sei schließlich das Wesen jeder Verhandlung, dass man eigene Bedingungen stelle. Aber man sollte, bitte, die Sache nicht überdehnen.

Mohring und Voigt sind erleichtert. Sie fahren eilig nach Erfurt zurück und informieren die Fraktion. Dieselben Abgeordneten, die am Morgen Lieberknecht noch am liebsten aus der Partei ausschließen wollten, wirken nun euphorisch.

Seit der Bekanntgabe der Personalie Lieberknecht herrscht wieder Ausnahmezustand im politischen Thüringen. Fast alle Fraktionen und Parteigremien befinden sich im Zustand der Dauertagung. Der Landtag mutet wie ein einziges, großes Pressezentrum an. Überall warten Reporter und Kcamerateams auf das nächste Spektakel, dazwischen wuseln Abgeordnete, Ex-Minister, Fraktions- und Parteimitarbeiter, Beamte und Neugierige.

Mike Mohring ist vorerst wieder da, wo er sein will. Er steht im Dickicht der Journalisten und sagt in die Mikrofone, dass Lieberknecht nicht nur für 70 Tage im Amt sein könne. Es gehe um Stabilität im Land. „Und wir finden, um diese Stabilität zu erreichen, braucht es eine Regierung, die vollständig besetzt und parteiübergreifend von berufenen Experten bestellt wird." Die neue Landesregierung müsse einen Haushalt beschließen, der dann vom Parlament verabschiedet werde. Erst danach könne es Neuwahlen geben. Neben Mohring steht Voigt, fast wirkt es so, als seien die beiden plötzlich ein Team.

Doch auch Susanne Hennig-Wellsow tritt vor die Kameras und sagt, dass sie kaum Verhandlungsspielraum sehe. „Unser Vorschlag liegt auf dem Tisch: Beschluss Neuwahl, Einsetzung technische Regierung, Neuwahl", sagt die linke Landesvorsitzende. „Sollte es keine Einigung auf diese Schritte geben, dann wird unser Vorschlag zurückgezogen."

Alles auf Anfang

Ab 20 Uhr sitzen die vier Parteien wieder zusammen. Linke und SPD beharren darauf, dass der Landtag seine Auflösung beschließt, bevor Lieberknecht zur Ministerpräsidentin gewählt wird, um die Neuwahl des Parlaments binnen 70 Tagen zu garantieren. Die CDU besteht auf der umgekehrten Reihenfolge, um dann die Neuwahl möglichst weit nach hinten zu schieben. Die Grünen präsentieren sich unentschlossen. Es wird laut, Ramelow schreibt an Lieberknecht, er sei „pappensatt": „Das ist das Gegenteil von dem, was ich vorgeschlagen habe!"

Parallel zu der Lieberknecht-Idee wird nun wieder ausführlicher über den alten Plan geredet: Eine Wiederwahl Ramelows, mit einer rot-rot-grünen Minderheitsregierung bis zur Verabschiedung des Haushalts. Es ist fast Mitternacht, als sich die vier Parteien vertagen. Beide Seiten versuchen, vor den Kameras das Gesicht des anderen zu wahren. „Wir haben gespürt, dass sich Rot-Rot-Grün bewegt", sagt CDU-Landesvize Mario Voigt und dankt Lieberknecht für ihre Bereitschaft. Hennig-Wellsow sagt, dass die 70-Tage-Frist kein Dogma sei, falls es zur Wiederwahl Ramelows komme. „Nicht denkbar sind für uns aber Neuwahlen erst 2021." Man wolle bis Ende der Woche zu einem Ergebnis kommen.

Doch der Plan des Linke-Ministerpräsidenten a.D., eine CDU-Ministerpräsidentin a.D. ins Amt zu wählen, damit er ihr nachfolgen kann: Er ist Makulatur. Christine Lieberknecht sieht, dass sie zu zerrieben werden droht. Am nächsten Morgen, es ist Mittwoch, der 19. Februar, verschickt sie Punkt 8 Uhr jeweils eine SMS an Ramelow und Voigt. Sie stehe nicht mehr zur Verfügung, schreibt sie ihnen. Er herrsche jetzt wieder der „Status quo ante".

Wenig später ruft Lieberknecht den Autor dieses Buchs an. „Ich bin aus der Debatte raus", sagt sie. Sie habe nur für die Lösung von Ramelow zur Verfügung gestanden. Der Widerspruch mit der CDU, die keine schnellen Neuwahlen will, lasse sich nicht auflösen. Dann spricht sie sich dafür aus, dass ihre Partei den Linken zurück ins Amt wählt. „Wer jetzt keine Neuwahlen will, muss Bodo Ramelow mit verlässlicher Mehrheit zurück ins Ministerpräsidentenamt verhelfen und dann am besten mit ihm in eine Regierung gehen, ob das nun Projektregierung oder anders heißt."

Und so beginnt alles wieder von vorn. Die Reporterin Ulrike Nimz schreibt in der Süddeutschen Zeitung: „Die politischen Ereignisse im Freistaat, sie wirken mitunter wie eine öffentlich-rechtliche Krankenhaus-Serie, nennen wir sie: ‚In aller Feindschaft.' Die ganze Zeit passiert krasses Zeug, eine überraschende Wendung folgt auf die nächste, aber am Ende ist alles wieder so wie es am Anfang war."[154]

So empfinden es auch die Protagonisten dieser Serie. „Guten Morgen in Thüringen, wieder ein neuer Tag in Absurdistan", sagt Hennig-Wellsow, als sie vor die Journalisten tritt. Dann gibt sie die bewährte Kampflinie vor. „Entweder die CDU macht den Weg frei für unverzügliche Neuwahlen oder sie unterstützt Bodo Ramelow aktiv bei der MP-Wahl mit einer anschließenden Tolerierung von Rot-Rot-Grün", sagt sie[155]. Einen anderen Weg gebe es nicht mehr.

In der CDU-Fraktion, die im Bernhard-Vogel-Saal zusammensitzt, ist sich eine Mehrheit wieder einig, dass Lieberknecht hinterlistig sei. Derweil ist der Welt-Reporter Claus Christian Malzahn, der Thüringen und Lieberknecht seit Langem kennt, nach Ramsla gefahren und sitzt nun mit ihr beim Kaffee zusammen. Sie bekräftigt ihre Aussagen vom Morgen: CDU und Linke hätten eine stabile Mehrheit. „Das bedeutet: Wir bekommen diese Stabilität nur, wenn CDU und Linke eine verlässliche parlamentarische Zusammenarbeit vereinbaren. Einen anderen Ausweg kann ich nicht erkennen, wenn man Neuwahlen ablehnt." Und die CDU in Berlin?, fragt Malzahn. „Nach allem, was passiert ist, habe ich nicht den Eindruck, dass das Konrad-Adenauer-Haus wirksam in die Thüringer Verhältnisse eingreifen kann."

Mit Lieberknechts Absage ist übrigens auch die letzte Frist für Mohring abgelaufen. Die Vertrauensfrage, die das Voigt-Lager seit fast zwei Wochen androht, soll nun endgültig in der Fraktionssitzung gestellt werden. Es sei denn, der Vorsitzende geht rasch freiwillig. Mohring absolviert noch einen letzten großen Auftritt vor den Kameras im Landtag und kündigt an, dass der Fraktionsvorstand am 2. März neu gewählt werde.

Und: Er trete nicht wieder für den Vorsitz an.

Aber Mohring ist noch nicht mit seinem Statement fertig. Er will noch einmal ausdrücklich Lieberknechts Aussagen über das Verhältnis zur Linken zustimmen. Sie habe das „klug und richtig zusammengefasst", sagt er. Die CDU habe sich in Beschlüsse „eingemauert", dies verhindere intelligente Lösungen. „Hier in Thüringen stoßen Prinzipien aufeinander, mit denen man nicht arbeiten kann." Die Bundespartei müsse zulassen, dass die Beschlüsse regional interpretiert würden – allerdings ausdrücklich nicht in Richtung AfD.

Der scheidende Fraktionsvorsitzende zeigt noch einmal vor den Kameras, warum er lange als das größte Talent der Landespartei galt. Er redet frei und eloquent, er wirkt präsent und souverän. Das kann so keiner in der Thüringer CDU. Doch jetzt muss er ersetzt werden. Einen offiziellen Bewerber gibt es nicht, aber jeder weiß, dass alles auf einen Mann hinausläuft. Auch Ramelow.

Es ist Nachmittag, als er im Fraktionsgebäude in die Etage der CDU geht, in das kleine Büro von Mario Voigt. Viel Platz ist darin nicht, zumal auch noch Attila durch den Raum schnüffelt. Voigt sitzt auf seinem Bürostuhl, Ramelow auf einer kleinen Couch. Nun wird erstmals besprochen, was später verschiedene Namen bekommen wird: „Stabilitätsmechanismus", „Stabilitätsvereinbarung" oder „Stabilitätspakt".

Das Konstrukt ist der kleinste gemeinsame Nenner dessen, was bisher diskutiert wurde. Die CDU ließe eine Wiederwahl Ramelows zu, durch Enthaltung oder anonyme Ja-Stimmen. Danach bildete der Linke eine rot-rot-grüne Minderheitsregierung, die für etwa ein Jahr im Amt bliebe. Die CDU trüge als „konstruktive Opposition" bestimmte Projekte mit, den Haushalt, ein Kommunalpaket, eine Verfassungsreform. Danach könnte sich der Landtag mit den Stimmen der vier Fraktionen auflösen, um Neuwahlen einzuleiten.

Das „Erfurter Modell" wäre eine ungewöhnliche, wahrscheinlich instabile Regierung. Aber es ist die einzige Option, die nach all den Parteitagsbeschlüssen, Rücktritten, Taktikspielen, Berliner Interventionen und Terminzwängen noch machbar erscheint. Benjamin Hoff, Joachim Gauck und andere hatten sie längst in den Monaten zuvor erdacht.

Bodo Ramelow und Mario Voigt wissen jetzt, was sie gemeinsam wollen. Doch am Mittwochabend, als sich die vier Parteien wieder zur großen Runde treffen, bleiben beide vorerst allgemein, man vertagt sich nach einigen Stunden Verhandlungen bis Freitagabend. Alle Beteiligten wollen jetzt keinen Fehler mehr machen. Voigt hat in seiner Fraktion viel zu erklären, vor allem jenen Abgeordneten, die gar keine Neuwahlen wollen, gleichzeitig aber jede Zusammenarbeit mit der Linken ablehnen. Ansonsten bleibt die Lage sehr eng: Rot-Rot-Grün und CDU verfügen zusammen nur über 63 der 90 Stimmen. Bei der Auflösung des Landtags können sie sich mehr als drei Abweichler nicht leisten. Ansonsten ist die Zweidrittel-Mehrheit futsch.

Im Auge des Hurrikans

Am 20. Februar 2020 – dem Tag, an dem CDU und Rot-Rot-Grün eine kurze Pause im Verhandlungsdauerlauf einlegen – wird der geschäftsführende Ministerpräsident des Freistaats Thüringen 55 Jahre alt. „Ich fühle mich auch mindestens ein Jahr älter!", teilt Thomas Kemmerich per Twitter mit. Und er schreibt eine E-Mail an die „lieben Mitarbeiterinnen und Mitarbeiter" der Staatskanzlei: „Mir bleibt nicht verborgen, dass im Hause eine gewisse Unruhe herrscht." Es folgen Allgemeinplätze wie „In dieser für unser Land nicht einfachen Situation sind wir alle gefordert" und die Selbstversicherung, dass alle Aufgaben „in bewährter Weise" erledigt würden.[156]

Es wirkt so, als befinde sich Kemmerich inzwischen im Auge des politischen Hurrikans, den er auslöste. Während draußen die Winde toben, ist es in der Regierungsstraße 73 in Erfurt, im wuchtigen Barockbau der Staatskanzlei, sehr still und ja, auch sehr leer. Der Weg zum geschäftsführenden Ministerpräsidenten führt zwei Treppen hoch und einen langen Gang entlang, vorbei an den Vitrinen mit den Gastgeschenken diverser Staatsoberhäupter: Schon steht man vor dem Raum 113. „Der Thüringer Ministerpräsident Thomas L. Kemmerich", steht auf dem Türschild.

Hier also sitzt er, der Mann, der sich zwei Wochen zuvor mit den Stimmen der AfD zum Ministerpräsidenten wählen ließ, der die Implosion der Thüringer CDU bewirkte, der die Führungskrise in der Bundes-CDU auslöste und der seinem Bundesparteichef fast das Amt kostete.

Er selbst musste nach drei Tagen zurücktreten. Doch Artikel 75, Absatz 3, der Landesverfassung verlangt von ihm, dass er die Geschäfte bis zum Amtsantritt eines Nachfolgers fortführt – der, wie es aussieht, sein Vorgänger werden dürfte. Doch falls sich Rot-Rot-Grün und CDU nicht einigen, könnte die Ein-Mann-Regierung Kemmerich eine sehr, sehr lange Veranstaltung werden. Der Weg eines Hurrikans ist unvorhersehbar.

Die Tür zum Zimmer 113 bleibt zu, stattdessen öffnet eine freundliche, etwas traurig dreinblickende Mitarbeiterin die Tür daneben. Sie führt in den Verbindungsraum zwischen dem Ministerpräsidentenbüro und dem Kabinettsaal, in dem gut drei Wochen zuvor Christian Lindner saß und Kemmerich sowie den FDP-Abgeordneten erklärte, dass es doch keine gute Idee sei, Thüringen dank der AfD zu regieren. An der Stirnseite eines langen Tischs, auf dem vier schwarze Laptops aneinandergereiht stehen, sitzt ein Mann, der ein hellbraunes Sakko mit Einstecktuch zu Glatze und modischer Brille trägt. Nicht nur wegen der roten Strümpfe, die unter seiner blauen Jeans hervorlugen, vermittelt er einen aufgeräumten, ja fröhlichen Eindruck.

Es ist Thomas Philipp Reiter, der, wie er es selbst formuliert, Kemmerichs „Multifunktionssprecher" ist, also Partei-, Fraktions- und Regierungssprecher in einem. Er lässt niemanden mehr an Kemmerich heran, vor allem keinen dieser Journalisten, die immer so komische Fragen zur AfD stellen. Solange der Ministerpräsident nicht zu viel sagt, kann er auch nicht zu viel Falsches sagen, das ist die neue und wirksame Unfallvermeidungstaktik.

Hinter dem Sprecher befindet sich die Tür, die zum Büro des Ministerpräsidenten führt. Hier rauchte Bernhard Vogel seine Zigarillos, tagte Dieter Althaus mit seinen Politikbuddys, hier hängte Christine Lieberknecht die Bilder ihres Bauhaus-Großvaters auf und hier arbeitete bis vor zwei Wochen Bodo Ramelow. Jetzt sitzt dort Thomas Kemmerich, vielleicht sogar physisch, auch wenn bislang kaum jemand seiner in der Staatskanzlei ansichtig wurde.

Oder, Herr Reiter? „Natürlich ist er da", lautet die Antwort. „Es muss ja regiert werden." Der Ministerpräsident und sein Sprecher kennen sich nicht nur über die FDP. Vor eineinhalb Jahren gründeten sie gemeinsam ein Unternehmen, das in Antwerpen und im thüringischen Ruhla gefertigte Uhren unter der Traditionsmarke „Uhrenwerk Weimar" verkauft. Die nicht ganz preiswerten Modelle heißen „Henry van de Velde", „Luftbrücke Berlin" oder „Royal Union".

Das mit der Firma ist jetzt, nun ja, ein mittleres Problem, weil ein Ministerpräsident nicht gleichzeitig Unternehmer sein darf. Aber das hat Reiter, wie er sagt, schon so gut wie gelöst. Genauso wie die Sache mit der Friseurkette, die Kemmerich ja auch noch besitzt. Die Trennung vom Geschäft, sagt Reiter, laufe über den Notar, alles andere sei nur eine Kampagne dieses linken Ex-Staatskanzleiministers von der Antifa, der bei Twitter ständig gegen Kemmerich hetze.

Und dass er selbst vieles, was sonst sorgfältig getrennt ist, in einer Person vereint, Partei, Regierung, Landtag, ist das in Ordnung? Klar, sagt Reiter. Er besitze ja nur einen Beratervertrag mit dem Freistaat Thüringen, ohne jedwede Entlohnung. So wie der Büroleiter und der persönliche Referent des Ministerpräsidenten arbeite er „komplett pro bono". Während er das sagt, sitzen der Büroleiter und der Referent immer mal wieder an den schwarzen Laptops und schauen konzentriert auf die Displays, so als seien sie Meteorologen, die den Hurrikan beobachteten.

„Wenn man es richtig betrachtet, sparen wir dem Land einen Haufen Geld!", ruft Reiter und lacht laut, als habe er einen richtig guten Witz gerissen. Kein Minister müsse bezahlt werden, und der Ministerpräsident habe ja versprochen, seinen Sold und alle Übergangsgelder in die Staatskasse zurückzuzahlen oder zu spenden, das werde dann besprochen, wenn es so weit sei.

Aber schadet die Situation nicht dem Land, und zwar massiv, wenn es ohne Kabinett und ohne irgendeine sichtbare Mehrheit im Landtag geschäftsführend regiert werde? „Ach was", sagt Reiter, es gebe doch zwölf Staatssekretäre, die führten, „seien wir mal ehrlich", die Ministerien kaum schlechter als die Minister – wobei es, auf lange Sicht, vielleicht nicht glücklich sei, dass sie den früheren Koalitionsparteien Linke, SPD und Grüne angehörten. „Wenn wir hier länger bleiben, werden wir ein paar neue Staatssekretäre ernennen", sagt Reiter in einem Ton, als meine er das ernst.

Und der Ministerpräsident? Was regiert er eigentlich genau? „Auch Selbstverständlichkeiten brauchen Entscheidungen", antwortet sein

Regierungsparteifraktionssprecher und dreht sich zur Verbindungstür hinter ihm um. Kemmerich lasse sich über alles informieren, zum Beispiel über das Abschussverbot der Wölfin bei Gotha oder die drohende Schließung des Krankenhauses in Ostthüringen. Und den Erlass für die Trauerbeflaggung nach der rechtsextremistischen Terrortat von Hanau habe er natürlich auch unterschrieben.

Und trotzdem, der Ministerpräsident wirkt wie ein Phantom. Dass er in der Winterferienwoche in Österreich war, will Reiter weiterhin weder bestätigen noch dementieren. Auch jenseits der Staatskanzlei bleibt der Mann unsichtbar. Sein Amt als Präsident aller Erfurter Karnevalsvereine ruht; am Faschingssonntag, beim Zug durch die Erfurter Innenstadt, wird er nicht wie in all den Jahren zuvor auf dem Ehrenwagen der Senatoren stehen.

Bloß im Landtag hatte er kurz einen Auftritt, um mit dem Ältestenrat über die Neuwahl des Ministerpräsidenten zu reden, allerdings nur um dort festzustellen, dass die Abgeordneten nicht mit ihm darüber reden wollten. Es war der Dienstag, an dem jeder nur darüber sprach, dass Ramelow Christine Lieberknecht als Regierungschefin vorgeschlagen hatte. Also sagte der geschäftsführende Ministerpräsident einige wenige Sätze in die Kameras, die staatstragend klingen sollten, aber eher hilflos wirkten. Nebenbei verkündete er die nächste Kehrtwende. Er, der noch zwei Wochen zuvor als Erster die Neuwahl des Landtags gefordert hatte, lehnte diese nun strikt ab. In der jetzigen, „aufgepeitschten Stimmung" dürfe kein Wahlkampf stattfinden.

Was meint er damit? Meint er sich selbst? Seine Familie? Man kann Kemmerich nicht fragen, er gewährt keine Interviews, da ist Reiter vor. „Es gibt eine Regierung, die arbeitet", sagt er und schenkt Kaffee im Beratungsraum nach, derweil neben ihm die Hilfsmeteorologen auf ihre Laptops starren. Wenn die Linke etwas anderes behaupte, dann sei dies pure Propaganda. Der Ministerpräsident bekomme auch viel Post aus der Bürgerschaft, Glückwünsche und Beschimpfungen hielten sich die Waage.

Während Reiter das alles sagt, öffnet sich plötzlich die Tür hinter ihm und heraus tritt der geschäftsführende Ministerpräsident. Kemmerich wirkt sanft irritiert über den Besucher, er lächelt, gibt verbindlich die Hand, plaudert mit sonorer Stimme und hält sich ansonsten an die Nichtsprachregelung: nichts Zitierfähiges, bitte!

Aber immerhin, der Beweis ist erbracht, das Phantom der Staatskanzlei existiert, es lächelt auch zum Abschied sehr freundlich. Die Visite ist beendet, es geht wieder zurück, vorbei an den Vitrinen mit den Gastgeschenken und am Büro des Büroleiters, in dem tatsächlich noch der frühere Büroleiter von Bodo Ramelow sitzt und darauf wartet, dass er wieder der aktuelle wird. Der Mann, es ist natürlich ein Linker, grüßt freundlich, schaut dann aber schnell auf seinen Computerbildschirm, den Zerstörungsweg des Hurrikans beobachten.

Unten, im Kies des Innenhofs, stehen die schwarzen Limousinen, mit denen Thomas Kemmerich und seine Leibwächter herumgefahren werden. Sie sind blankgeputzt und wahrscheinlich vollgetankt, der zurückgetretene Ministerpräsident könnte mit ihnen irgendwohin fahren, egal wohin, nur weg von hier, aus diesem fast leeren, öden, stillen Haus in der Erfurter Regierungsstraße, in der die wenigen Bediensteten, wenn man sie überhaupt sieht, schnell hinter den Türen verschwinden.

Türsteher Ramelow

Dann ist Freitag, der 21. Februar 2020. An diesem Tag soll endlich die Entscheidung über die nähere Zukunft Thüringens fallen. Der CDU-Abgeordnete Volker Emde hat sich ein Pausenbrot in den Landtag mitgebracht. Er schiebt es schnell in seinen Mund, bevor er sich um kurz nach 12 Uhr in Raum F 125 begibt.[157]

Im Saal sitzen all jene zusammen, die schon seit Tagen zusammensitzen. Verhandelt wird jetzt noch darüber, wie lang der

Zeitraum und wie eng die Kooperation sein soll. Die Forderung von Rot-Rot-Grün hatte Linke-Landeschefin Susanne Hennig-Wellsow so formuliert: „Schnellstmögliche Neuwahlen" und eine „Garantie" der fehlenden vier Stimmen für die Wahl Ramelows. Nötig sei zudem ein „AfD-Moratorium". Es müsse klar sein, „dass die CDU nicht mit der AfD gegen Rot-Rot-Grün" stimme, sagt sie.

Tatsächlich wirkt die CDU-Fraktion, zumindest in ihrer Mehrheit, zur Zusammenarbeit mit Rot-Rot-Grün und zu einer klaren Abgrenzung gegenüber der AfD bereit. Aber sie will, dass die Neuwahlen möglichst spät stattfinden, 2022 vielleicht, oder am besten gar nicht. Dafür ist sie bereit, eine Tolerierung zuzulassen, die nur nicht so heißen soll, sondern „Stabilitätsmechanismus". Mit ihr könnten dann die schon oft genannten Projekte beschlossen werden: höhere Zuschüsse für die Kommunen, mehr Lehrer, schnelleres Internet…

Aber offiziell ist davon am Mittag noch nichts. Man sei, sagt Emde, nicht in so einer schwachen Verhandlungsposition, wie es in der Öffentlichkeit vermittelt werde. „Sie werden schon sehen!" Kurz nach 15 Uhr verlassen Linke, SPD und Grünen für eine knappe Stunde die CDU-Verhandler, um eine gemeinsame Linie zu finden. Die SPD will am liebsten noch im Juni 2020 wählen, die Grünen sind eher bei der CDU, die inzwischen den Bundestagswahltermin im September 2021 favorisiert. Die Linke moderiert.

Um 17.20 Uhr dann die nächste Auszeit. Diesmal hat die CDU internen Besprechungsbedarf. Rot-Rot-Grün hat angeboten, im März 2021 neu zu wählen. Doch das reicht der Union nicht, Voigt droht mit dem Abbruch der Verhandlungen. „Das war's", sagt er. Ramelow trifft sich mit ihm separat, um ihn zu beruhigen.

Am späten Abend werden die Verhandlungen völlig unübersichtlich. Unterschiedlich gemischte Grüppchen treffen sich abwechselnd im Saal, derweil die anderen Vertreter der Parteien gruppenweise im Landtagsgebäude zusammenstehen und miteinander reden. Mittendrin stehen Journalisten und versuchen, irgendetwas aufzuschnappen. Die Absurdität steigert sich, als sich ein sichtlich aufgekratzter

Bodo Ramelow wie ein Türsteher vor den Eingang des Saals stellt, damit die Kameraleute und Fotografen nicht hineinlugen können. Er scherzt mit den Journalisten, flachst, nimmt sogar ein Mikrofon in die Hand und tut so, als sei er der Kommentator der Ereignisse.

Dann verschwinden alle noch einmal im Saal – um, es ist gegen 21.30 Uhr, gewichtigen Blickes wieder herauszutreten. Ramelow stellt sich vor die Mikrofone und hört gar nicht mehr auf zu reden. Die gesamte Spannung muss jetzt aus ihm raus. „Am 5. Februar", sagt er, „ist eine Situation eingetreten, die, wie der Vertreter der AfD-Fraktion später gegenüber der Presse erklärt hat, eine Falle gewesen sei, die man der FDP gebaut hat." Damit habe sich die AfD als so gezeigt, was sie sei, nämlich „demokratieverachtend". Nach dem Rücktritt Kemmerichs habe Thüringen keine Regierung mehr. „Dieser Zustand ist für unser Bundesland unerträglich", sagt er.

Umso dankbarer sei er, dass „Herr Professor Voigt" und drei andere Vertreter der Unionsfraktion Gespräche angeboten hätten. Auch sie hätten ja unter diesem Bundesbeschluss der CDU zu leiden, der „immer wieder zu der unsäglichen Situation führt, dass Herr Höcke und Herr Ramelow gleichgestellt werden", was ihn auch persönlich sehr verletze. Aber nun werde endlich alles gut: „Die CDU-Vertreter hier im Hohen Haus waren der festen Überzeugung, dass wir, die rot-rot-grüne bisherige Landesregierung und die CDU-Fraktion gemeinsam, Verantwortung übernehmen wollen. Wir wissen, dass die CDU mit Rot-Rot-Grün – oder mit der Linken – keine Vereinbarung treffen darf und dass das immer wieder zu politischen Debatten führt. Wir wissen aber auch, dass wir so nicht aus der Situation rauskommen."

Dann erläutert Ramelow den „Stabilitätsmechanismus". Nach der Ministerpräsidentenwahl, die am 4. März stattfinden solle, werde eine rot-rot-grüne Minderheitsregierung gemeinsam mit der CDU ein kommunales Investitionspaket von 568 Millionen Euro auflegen, mehr Lehrer einstellen und einen Haushalt für 2021 verabschieden – und auch sonst im Landtag nie gegeneinander abstimmen. Damit sei die AfD raus aus dem Spiel. Am 25. April 2021, so laute der Kompromiss, werde der Landtag neu gewählt.

Dann redet Mario Voigt. Man sehe sich künftig als „konstruktive Opposition einer rot-rot-grünen Minderheitsregierung", sagt er. Und der Abgrenzungsbeschluss, der ja auch gegenüber der Linken gelte? Voigt weicht aus: „Die Beschlusslage unserer Partei ist uns bewusst, aber wir als Demokraten sind aufgerufen, für stabile Verhältnisse zu sorgen."

Und was ist mit den vier Stimmen der CDU für Ramelow? Der Ex-Ministerpräsident hat sie nicht erwähnt, Voigt umkurvt alle Nachfragen. Nur der Abgeordnete Emde kann nicht an sich halten. Er sagt am Rande des Auflaufs mehreren Journalisten, dass „verschiedene Möglichkeiten" für die CDU existierten. Schon am 5. Februar habe Ramelow zwei zusätzliche Ja-Stimmen bekommen. Vielleicht, sagt Emde, gebe es ein Losverfahren in seiner Fraktion, das könnte den Leuten das die Zustimmung erleichtern. Was Berlin dazu sage, sei egal: „Ich finde nicht, dass wir dafür eine Genehmigung der Bundes-CDU brauchen. Wir gehen unseren eigenen Weg."

Ob Emde vorgeschickt wurde, ob er sich verplapperte, oder ob er nur seine Privatmeinung verkündet: Bis heute stehen diese Interpretationen nebeneinander. Mario Voigt besteht darauf, dass es nie einen Plan gegeben habe, Ramelow vier Stimmen zu geben. Andere, die Kenntnis von den Verhandlungen haben, auch aus seiner Partei, erzählen es anders.

Die presseöffentliche Deutung der Aussagen ist jedenfalls eindeutig: Die CDU wird Ramelow mitwählen, um in der Folge eine Linke-geführte Minderheitsregierung zu dulden. Daran ändert auch die eilig hinterher geschickte Mitteilung der CDU wenig, in der es heißt: „Die Stabilitätsvereinbarung bedeutet keine Koalition, keine Tolerierung und keine Duldung von Rot-Rot-Grün, sondern eine zeitlich eng begrenzte, projektorientierte Zusammenarbeit zum Wohle Thüringens."

Alles spricht also dafür, dass der Tabubruch vom 5. Februar nur vier Wochen später mit einem anderen Tabubruch korrigiert werden soll. Damit verstieße die CDU nicht nur gegen den Abgrenzungsbeschluss eines Bundesparteitages und sämtliche Voten ihrer Gremien, sondern gegen die antikommunistische Tradition der Union und das Dogma, dass die Partei des Einheitskanzlers Helmut Kohl mit der Nachfolgeorganisation der „Mauermörder-Partei" SED nie kooperieren dürfe.

Verdrängte Vergangenheit

Das Problem an dieser antikommunistischen Argumentation: Sie ist bigott. Die CDU und auch die FDP in Ostdeutschland sind die Nachfolgerinnen jener Blockparteien, die in der DDR mit der Staatssicherheit kooperierten und den SED-Staat stabilisierten.[158] In einer Studie, die unmittelbar nach der Wiedervereinigung von der CDU-nahen Konrad-Adenauer-Stiftung herausgegeben wurde, hieß es über die Ost-Vergangenheit der Union: „Seit der erzwungenen Umformung zu einer stalinistischen Kaderpartei im Verlauf des Jahres 1950 galt die CDU in organisatorischer und programmatischer Sicht als eine Kopie der SED." Sie habe sich dabei durch „bedingungslose Gefolgschaft" ausgezeichnet und SED sowie Staatssicherheit als „Informationsbeschaffungs- und Beeinflussungsinstrument" gedient.

Der Landesverband der FDP entstammt den beiden DDR-Parteien LDPD und NDPD, die, so wie die CDU, in der sogenannten Nationalen Front mit der SED zusammengeschlossen waren. In diesem Block standen nicht nur die Parteien unter der absoluten Kontrolle der Staatspartei, sondern auch alle Massenorganisationen, der Gewerkschaftsbund und die Kulturverbände. Ihre gemeinsame Existenzbegründung lautete: dafür zu sorgen, dass sich möglichst viele Menschen in das System einpassten. Während die CDU vor allem Christen integrieren sollte, hatte sich die NDPD um die Einbindung früherer NSDAP-Mitglieder, Vertriebener und Wehrmachtsangehöriger zu kümmern.

Nachdem die Mitgliedsorganisationen der Nationalen Front noch bei den gefälschten Kommunalwahlen im Mai 1989 mit einer Einheitsliste antraten, endete das Zwangsbündnis ein halbes Jahr später mit der friedlichen Revolution. Wie bei der SED gab es auch in CDU und FDP keinen klaren organisatorischen und personellen Bruch. Die beiden Landesparteien gründeten sich zwar neu, aber sie übernahmen fast die kompletten Strukturen der alten Blockparteien in den DDR-Bezirken Erfurt, Gera und Suhl, samt Vermögen, Funktionären und Mitgliedern.

Trotz zahlreicher Austritte waren damit CDU und FDP neben der PDS die mit Abstand mitgliederstärksten und finanzkräftigsten Parteien im Land – im Gegensatz zu SPD und DDR-Bürgerrechtsparteien, die teilweise später mit dem Grünen fusionierten. Auch deshalb gewannen sie 1990 die erste Landtagswahl und regierten gemeinsam, während sie zugleich die PDS ausgrenzten. Zu diesem Zeitpunkt war der Landesvorsitzende Uwe Ehrich, Mitglied der DDR-CDU seit 1973, wegen seiner inoffiziellen Mitarbeit bei der Stasi bereits zurückgetreten, wobei die Partei diesen Grund zu vertuschen suchte.

Auch die CDU-Ministerpräsidenten – mit Ausnahme des Westimports Bernhard Vogel – kamen aus der alten Blockpartei. Josef Duchač, seit 1957 in der Union, war in den Achtzigerjahren Mitglied des Rates des Kreises in Gotha. Dieter Althaus zeichnete als CDU-Mitglied und stellvertretender Schuldirektor für die sozialistische Jugendweihe und den Wehrunterricht verantwortlich, wofür er einen Orden erhielt. Christine Lieberknecht hatte während ihres Theologiestudiums in Jena als FDJ-Sekretärin amtiert; 1981, als in Polen der Solidarność-Aufstand niedergeschlagen wurde, trat sie als frisch geweihte Pfarrerin der Blockpartei bei.

Drei Jahrzehnte nach dem Ende der DDR hat zumindest in der Ost-CDU ein Reflexionsprozess begonnen, für den nicht zufällig die alten Blockparteimitglieder Althaus und Lieberknecht sowie die frühere FDJ-Sekretärin Merkel stehen. Sie begrüßen die Stabilitätsvereinbarung mit Rot-Rot-Grün. „Das ist eine realpolitische Lösung", sagt Lieberknecht. „Es gibt gute Gründe dafür."

Hingegen beharrt die West-CDU auf ihren tradierten Feindbildern. „Die Entscheidung der CDU in Thüringen, Herrn Ramelow zum Ministerpräsidenten auf Zeit mitzuwählen, beschädigt die Glaubwürdigkeit der CDU in ganz Deutschland"[159], erklärt Friedrich Merz. Jens Spahn twittert: „Wir sind als Union in einer Vertrauenskrise. Die letzten Wendungen aus Thüringen kosten weiteres Vertrauen. Es geht jetzt um die Substanz unserer Partei – nicht nur in Thüringen."

Wie sie die Krise in Thüringen gelöst hätten, sagen sie nicht.

Aschermittwoch

Das Wochenende nach der Verkündung der Tolerierung, die aus CDU-Sicht offiziell keine sein soll, verbringt Mario Voigt am Telefon. Er muss vielen viel erklären, vor allem die Äußerungen von Volker Emde. Die offenkundige Taktik, öffentlich möglichst nichts zum Stimmverhalten zu sagen und insgeheim Ramelow zu wählen, lässt sich nicht mehr durchhalten.

Am Sonntag gönnt sich Mike Mohring eine persönliche Revanche. „Ich bin mit dem klaren Versprechen angetreten, Rot-Rot-Grün in Thüringen zu beenden und nicht zu verlängern", sagt er in der „Bild am Sonntag". „Jetzt steht eine wie auch immer geartete vertragliche Vereinbarung für eine Tolerierung einer rot-rot-grünen Regierung durch die CDU im Raum. Das ist das Gegenteil unseres zentralen Wahlversprechens. Deswegen gebe ich parallel zur Wahl des neuen Fraktionsvorstands auch mein Amt als Parteivorsitzender der CDU Thüringen zurück."[160]

Das Pontius-Pilatus-Manöver erfüllt zwei Ziele. Zum einen beschädigt Mohring damit seine Gegner. Zum anderen steht er, der mehrfach mit Ramelow redete, der eine Projektregierung mit der

Linken plante und der den Abgrenzungsbeschluss seiner Bundespartei infrage stellte, wieder fest im konservativen Lager. Das soll die Basis für sein Comeback sein. Da Friedrich Merz schon wenige Tage später mit ihm in der Apoldaer Brauereihalle auftreten will, müssen die Botschaften synchronisiert sein.

Aber viele nehmen ihm die Distanzierung nicht ab. Sie wissen nur zu gut, was er in den vergangenen Monaten tat und sagte. Als am Montag das Bundespräsidium der CDU in Berlin tagt, kann Mohring erst recht nicht so tun, als habe er nichts mit den Erfurter Geschehnissen zu schaffen. Zumal: Annegret Kramp-Karrenbauer hat Mario Voigt und Raymond Walk ins Konrad-Adenauer-Haus einbestellt, damit sie der Parteispitze erklären, wie sich der Deal mit den Beschlüssen der CDU vereinbaren lassen soll.

Die beiden haben im Frühzug von Erfurt in die Hauptstadt versucht, eine Präsentation zu entwerfen. Nun warten sie vor der Tür des Beratungsraums auf ihren Aufruf, der sich verzögert. Das Präsidium muss nach Kramp-Karrenbauers Rücktrittsankündigung erst einmal über das weitere Verfahren reden. Die Vorsitzende ist mit ihrem Plan gescheitert, eine einvernehmliche Nachfolgeregelung zu erzielen. Nachdem der frühere Umweltminister Norbert Röttgen seine Kandidatur angekündigt hat, gehen jetzt alle davon aus, dass auch Merz, Spahn und Armin Laschet nachziehen.

Aber da ist ja noch dieses lästige Thüringen. Also werden Voigt und Walk in den Saal gerufen, in dem Mohring bereits als gewähltes Mitglied sitzt. Die Stimmung ist ungemütlich, und sie bleibt es auch, nachdem Voigt seinen Vortrag beendet hat. Agrarministerin Julia Klöckner übt Kritik, auch Spahn meldet sich mit Bedenken. Doch eine andere Lösung hat niemand. Zudem versichert Voigt immer wieder, was er noch am Freitagabend im Landtag offenließ: Es werde keine einzige CDU-Stimme für Ramelow geben. Am Ende ist es Angela Merkel, die sich um Befriedung kümmert. Die Situation sei extrem schwierig, sagt sie, man müsse den Thüringer Freunden etwas Spielraum gönnen.

Nachdem das Präsidium absolviert ist, müssen die Emissäre ihren Auftritt im Bundesvorstand wiederholen. Voigt stellt die Vereinbarung vor, wieder gibt es Kritik, wieder stiftet die Bundeskanzlerin Milde. Auf der Rückfahrt nach Erfurt basteln die beiden Berlin-Reisenden im Zug an einer Erklärung, die kurz nach 16 Uhr als Stellungnahme Walks verschickt wird. Sie lautet: „Die Verhandlungsergebnisse wurden, auch aus zahlreichen Landesverbänden heraus, sehr kritisch diskutiert. Es gab jedoch auch das generelle Verständnis für den Willen der CDU-Fraktion, über parlamentarische Verfahren zu einer Lösung beizutragen, um stabile Verhältnisse für Thüringen zu erreichen. Das Präsidium und der Bundesvorstand haben deutlich gemacht, dass die aktuellen Beschlusslagen gelten. Für uns ist klar: Die CDU-Fraktion im Thüringer Landtag wählt Bodo Ramelow nicht zum Thüringer Ministerpräsidenten und es gibt keine Zusammenarbeit mit der AfD."

Zwei Tage später, der Politische Aschermittwoch in Apolda. Um die 1500 Menschen quetschen sich in die Brauereihalle, es gibt Hering zu Kartoffeln und Bier, eine Kapelle spielt auf. Punkt 20 Uhr tritt Friedrich Merz auf die Bühne, am Tag zuvor hat er offiziell seine neuerliche Kandidatur für den Parteivorsitz erklärt. Er ruft: „Apolda, das ist Deutschland, meine Damen und Herren! Das ist hier nicht Berlin-Kreuzberg, das ist mitten in Deutschland!" Der Saal eruptiert.[161]

Es folgt der Angriff auf die Linke. Es wollten ja nur wenige hören, ruft Merz, auch „die Medien" nicht, aber: „Bodo Ramelow hat diese Landtagswahl am 27. Oktober 2019 verloren." Und er habe noch nie erlebt, dass jemand, der eine Wahl verloren habe, mit einem solchen Anspruch antrete, wieder Ministerpräsident zu werden. Seine Partei dürfe dem Linken jedenfalls nicht dabei helfen: „Wenn die CDU vor der Wahl gesagt hat, dass sie für die Wahl eines linken Ministerpräsidenten nicht zur Verfügung steht, dann muss das Wort auch nach der Wahl gelten."

Dieser Ramelow, sagt Merz, sei ja durchaus beliebt, auch in bürgerlichen Kreisen. Aber die Linke sei nun mal „eine Partei, die mit großen Teilen der offenen Gesellschaft, mit diesem Land nichts am Hut" habe. „Die wollen eine andere Republik!" Dennoch will Merz im Land, in dessen Parlament Björn Höcke sitzt, die Realität anerkennen. Neben den Ähnlichkeiten zwischen Linke und AfD, sagt er, existierten auch „erhebliche Unterschiede". Denn es gebe vor allem ein Thema: „Das ist der ausufernde und immer gefährlicher werdende Rechtsextremismus in diesem Land."

Der Kandidat ist nach Thüringen gereist, obwohl der Auftritt riskant für ihn ist. Schließlich wird Mohring in der Öffentlichkeit und von großen Teilen seiner Partei für das Erfurter Desaster verantwortlich gemacht. Aber in Apolda hat Merz nichts zu befürchten, hier wird er genauso wie der scheidende Landes- und Fraktionsvorsitzende gefeiert.

„Ich bin froh, wieder zu Hause zu sein!", ruft Mohring in den Applaus hinein – gerade jetzt, nach all dem, was er zuletzt in Erfurt und Berlin habe erfahren müssen. Ja, seiner „stolzen Partei" gehe es gerade nicht gut. Und ja, „ich ganz persönlich habe sicher nicht alles richtig gemacht". Aber das sei eben nur das eine. Das andere: „Manches wäre leichter gewesen, wenn wir aus Berlin mehr Vertrauen und Zutrauen bekommen hätten." Er habe sich von der CDU-Führung mehr inhaltliche Unterstützung gewünscht, zum Beispiel bei der Grundrente. Und er habe nach der Landtagswahl vergeblich gehofft, dass sie ihm mehr Verhandlungsspielraum gebe.

Er halte, sagt Mohring, den Abgrenzungsbeschluss der Bundespartei zwar für richtig. Aber: „Wir müssen als Volkspartei schauen, wenn der Beschluss auf Realität trifft, wenn er schlicht nicht zur Anwendung kommen kann." So habe er vergeblich dafür geworben, „für Stabilität zu sorgen".

Gleichzeitig vermeidet Mohring das Wort „Linke", so gut es irgend geht. Er redet auch nicht über den De-Facto-Tolerierungsbeschluss, den inzwischen Landesvorstand und die Fraktion mit großen Mehrheiten gebilligt haben. Stattdessen schimpft er lieber auf die Berliner Politik, die sich nur mit sich selbst beschäftige und

Posten verteile, statt zu Lösungen zu kommen. „Das widert die Leute an! Das muss sich ändern!"

Dann folgt der Abschied. Er wünsche seinen Nachfolgern, sagt er, „dass sie nie das erleben" müssten, was er in den vergangenen Monaten durchgemacht habe. Das Zusammenleben ende dann, „wenn wir den Menschen hinter dem Politiker nicht mehr Mensch sein lassen, wenn wir ihn niedertrampeln". Und er habe im Gegensatz zu dem, was böswillig kolportiert worden sei, nichts, aber auch gar nichts damit zu tun, dass Christian Hirte als Ostbeauftragter abberufen wurde – eine Aussage, die der Bundestagsabgeordnete, der als stellvertretender Landesvorsitzender brav neben Friedrich Merz auf der Bierbank sitzt, mit stoischer Miene erträgt.

Schließlich ruft Mohring: „Danke, dass ich Dienst für euch tun durfte." Stehende Ovationen. Mit diesem Aschermittwoch ist – vorerst – alles vorbei.

Corona

Der erste Märztag, die Sonne scheint. Eine erste schwarze Limousine parkt schon vor der Erfurter Thomaskirche in der Sonne, die zweite kommt gerade angerollt. Ein Personenschützer öffnet die Tür zum Fond, heraus steigt Bodo Ramelow und er zieht sich sein Jackett über Hemd und Weste. Die Krawatte sitzt, das Thüringen-Abzeichen blinkt am Revers: Nichts weist darauf hin, dass dieser Mann seit einem Monat nicht mehr der einzige linke Ministerpräsident der Republik ist, sondern nur noch ein einfacher Abgeordneter im Thüringer Landtag.[162]

Die regierungsamtliche Anmutung korrespondiert mit der Absurdität der Situation. In Thüringen steht mal wieder die nächste politische Premiere an: Ein abgewählter Ministerpräsident will es zurück ins alte Amt schaffen. Aber noch ist es nicht so weit, noch steht alles im Konjunktiv, noch ist es Sonntagnachmittag vor der

Kirche in Erfurt. Das Polizeimusikkorps und das Jugendblasorchester geben ein Benefizkonzert. Ramelow ist extra vorzeitig von einer Strategietagung seiner Linken in Kassel aufgebrochen, um hier zu sein. Erst das Land, dann die Partei.

Der Ministerpräsident a. D. gibt sich staatstragend. „Ich gehe davon aus, dass alle um ihre Verantwortung wissen", sagt er. „Keiner kann so tun, als ob nichts gewesen wäre." Der 5. Februar habe die Situation verändert.

Und dennoch: Wenn sich am Mittwoch um 14 Uhr die Landtagsabgeordneten versammeln, wird vieles so sein wie genau vier Wochen zuvor. Wieder steht die geheime Wahl des Ministerpräsidenten auf der Tagesordnung. Wieder wird der Abgeordnete Ramelow antreten. Wieder wird er nur auf die 42 Stimmen seines rot-rot-grünen Minderheitenbündnisses setzen können.

Wieder ist alles möglich.

Trotzdem hat Ramelow Recht. Die Wahl Kemmerichs hat die Republik kräftig durchgeschüttelt und die Ausgangsbedingungen verändert. Alle sind nun vor der AfD gewarnt, zudem gibt es ja die Vereinbarung mit der CDU. Und so sagt der Ex-Ministerpräsident vor der Kirche, dass er fest von seiner Wahl im ersten Wahlgang ausgehe, und dass die nötigen Stimmen nicht von der AfD kommen würden. „Ich bin davon überzeugt, dass ich mit ausreichend Stimmen der demokratischen Vertreter gewählt werde." Über etwas anderes wolle er gar nicht reden.

Tags darauf, am Montag, schafft die AfD tatsächlich Klarheit – sofern das bei dieser Partei überhaupt möglich ist. Björn Höcke kündigt an, zur Wahl gegen Ramelow anzutreten. Mit etwas Optimismus scheinen zwei Dinge gewiss. Erstens: Der Fraktionsvorsitzende wird kein Strohmann sein wollen. Höcke muss mindestens die 22 Stimmen seiner Fraktion bekommen, alles andere wäre für ihn eine Blamage. Daraus folgt zweitens: Da die FDP angekündigt hat, lieber gar nicht erst an der Wahl teilzunehmen, um nicht in den Geruch der Linke-Unterstützung zu kommen, dürften mögliche überzählige Ja-Stimmen für Ramelow von der CDU stammen.

Das ist auch ein Grund für Höckes Kandidatur: Er will die Union unter Druck setzen. Nebenbei behält er den Wahlvorgang von Anfang an mit unter Kontrolle. So könnte er, falls Ramelow im ersten Versuch scheitert, durch das schlichte Aufrechterhalten seiner Kandidatur den Abbruch der Wahl verhindern.

Die Entscheidung hängt, mal wieder, allein an der CDU-Fraktion – die aber erst einmal ihre Führungsfrage klärt. Wie erwartet stellt sich Voigt als Vorsitzender zur Wahl und bekommt 15 von 21 Stimmen. Jeweils drei Abgeordnete stimmen mit Nein oder enthalten sich. Am selben Tag endet, theoretisch, auch die Amtszeit Mohrings als Landesparteichef, so jedenfalls hatte er es ja angekündigt.

Was niemand ahnt: Die Corona-Pandemie wird den für April geplanten Parteitag bis in den Herbst verzögern, was Mohring nutzen wird, sich weiterhin als Vorsitzender zu bezeichnen und seine Kandidatur für den Bundestag vorzubereiten. Längst hat das Virus Sars-CoV-2, das in Italien bereits 34 Todesopfer forderte, auch Deutschland erreicht. 130 Infizierte sind registriert, die Reisemesse in Berlin ist genauso abgesagt wie die meisten anderen Großveranstaltungen.

Auch Thüringen hat an dem Montag, an dem Voigt gewählt wird, seinen Patienten Zero. Der 57-jährige Mann, der im Krankenhaus von Saalfeld liegt, war in der Winterferienwoche in den Dolomiten Ski gefahren, zusammen mit einer großen Gruppe von Bekannten und Freunden aus Ostthüringen. Einer der Mitreisenden war Volker Emde, der CDU-Landtagsabgeordnete, der nach dem Urlaub Marathonsitzungen mit seiner Fraktion absolviert und als Mitglied der CDU-Arbeitsgruppe mit Rot-Rot-Grün verhandelt hat. So wie Dutzende andere Mitreisende und deren Angehörige wird er auf das Virus getestet und in die häusliche Quarantäne geschickt.

Das Ergebnis des Tests wird erst für Dienstag oder gar Mittwoch erwartet, das Verfahren ist noch völlig neu, die Labore benötigen Zeit. Wäre das Resultat positiv, gälten automatisch alle CDU-Abgeordneten

sowie alle Linken, Sozialdemokraten und Grünen, die mit Emde ver-
handelten, als potenziell infiziert. Sie müssten in Quarantäne, die
Wahl wäre in die beginnende Pandemie verschoben.

Damit bliebe Thomas Kemmerich als geschäftsführender Ministerpräsident unbefristet im Amt, ohne die Möglichkeit, Minister
zu berufen. Er stünde allein gegen Corona. Die schlechte Serie aus
Absurdistan könnte in die nächste, noch schlechtere Staffel gehen.

Entsprechend gespannt ist die Stimmung am Dienstagabend
vor dem Wahltag in der Erfurter Wohnung von Ex-Staatskanzlei-
chef Hoff. Er hat konspirativ zwei Gäste empfangen: Seinen alten
Ministerpräsidenten und Voigt, den neuen CDU-Fraktionschef. Sie
wollen darüber reden, woher die nötigen vier Stimmen für Ramelow kommen sollen. Falls denn überhaupt gewählt wird.

Die Unsicherheit ist förmlich zu greifen. Schließlich bekommen
Voigt und Ramelow fast zeitgleich eine Nachricht. Der Fraktionschef erfährt von Emde, dass das Testresultat negativ sei. Der Linke
wird von Gesundheitsstaatssekretärin Ines Feierabend angerufen.

Die Erleichterung ist groß. Das, was nun noch zu besprechen ist,
wirkt fast banal im Vergleich zu dem Szenario, was eben noch drohte. Voigt sagt zu Ramelow und Hoff, was sie sowieso längst ahnen:
Dass er die vier Stimmen nicht liefern könne. Dass es hunderte Aus-
trittsankündigungen in der Partei gebe. Dass er nur eine kollektive
Enthaltung versprechen könne. Dass der Linke wieder in den dritten
Wahlgang müsse. Dass er ihm vertrauen solle. Eine Weile geht es
noch hin und her. Aber Ramelow und Hoff sehen die Not der CDU.
Sie wissen, dass kein Druck hülfe. Sie müssen es neuerlich wagen.

Drei Wahlgänge

Der nächste Morgen, der 4. März 2020. Um 7.50 Uhr verschickt
Ramelow eine SMS an Journalisten: „Ich habe mich gestern mit
dem CDU-Fraktionsvorsitzenden Mario Voigt ausgetauscht und

ihm mitgeteilt, dass ich erforderlichenfalls in allen drei Wahlgängen antreten werde." Er bitte deshalb die Abgeordneten der CDU um „konsequente Stimmenthaltung". „Heute ist kein Tag der Prinzipienreiterei." Das Chaos sei schon groß genug. Ramelows Kalkül hinter der frühen, nicht abgesprochenen Verkündung ist offensichtlich: Wenn er schon in den dritten Wahlgang muss, dann soll es wenigstens so aussehen, als sei es sein Wille.

Um 9 Uhr löst die CDU den ersten Teil ihres Versprechens ein. Die vier Abgeordneten um Voigt sowie die Vertreter von Linke, SPD und Grünen unterzeichnen das Protokoll ihrer Verhandlungen, das sie „Stabilitätsvereinbarung" nennen. Bis zum Beschluss des Haushaltes für das nächste Jahr wollen sie nicht gegeneinander abstimmen. Dann soll sich das Parlament auflösen, damit die Neuwahl am 25. April 2021 stattfinden kann.

Inzwischen, es ist gegen 10 Uhr, füllt sich das Landtagsgebäude, um die 200 Journalisten haben sich akkreditiert. Von der Pressetribüne lässt sich gut beobachten, wie sich Thomas Kemmerich mit seinen vier Fraktionskollegen zum Erinnerungsfoto im noch fast leeren Plenarsaal aufstellt. Alle lächeln sehr freundlich, Sprecher Reiter fotografiert mit dem Handy.

Ramelow versucht, in der Kantine etwas zu Mittag zu essen. Er gehe, sagt er, davon aus, dass es im dritten Wahlgang für ihn reichen werde. Falls es anders käme und nach dem ersten Wahlgang erkennbar sei, dass er auch von der AfD gewählt worden sei, werde er die Wahl nicht annehmen und im zweiten Wahlgang erneut antreten. Diese Möglichkeit habe er prüfen lassen, sagt er. Sie sei rechtlich möglich.

Um 13.50 Uhr betritt Ramelow den Plenarsaal und verschwindet fast in einem Pulk von Kameraleuten, der erst teilweise weiterzieht, als Björn Höcke erscheint.

14.02 Uhr: Die Sitzung wird eröffnet. Landtagspräsidentin Keller erinnert an den Anschlag von Hanau, bei dem am 19. Februar ein Rechtsextremist neun Menschen aus Migrantenfamilien getötet hatte. „Die Mordserie des NSU, der Mordfall Lübcke, der Anschlag von Halle und nun Hanau – diese Blutspur des Hasses, die der Rechtsextremismus durch unser Land zieht, ist nicht weniger als eine Schande für unsere Gesellschaft", sagt sie. Die Mehrheit der Abgeordneten klopft auf die Tische, nur bei in den Reihen der AfD bleibt es eher still. Zur Schweigeminute an die Opfer erheben sich aber dann doch alle Abgeordneten zum Gedenken.

Kurz darauf ruft Keller Tagesordnungspunkt 1 auf: „Wahl des Ministerpräsidenten des Freistaats Thüringen." Sie referiert den zugehörigen Artikel 70 der Verfassung: In den ersten zwei Wahlgängen sei die absolute Mehrheit von 46 Abgeordneten nötig. Im dritten reiche dann die einfache Mehrheit: Der Kandidat mit „den meisten Stimmen" gewinne. „Für die heutige Wahl des Ministerpräsidenten des Freistaats Thüringen haben die Fraktionen Die Linke, der SPD und Bündnis 90/Die Grünen Herrn Abgeordneten Bodo Ramelow vorgeschlagen." Die Fraktion der AfD habe „Herrn Abgeordneten Björn Höcke" aufgestellt.

Dann beginnt der bekannte Reigen. Die Abgeordneten werden einzeln in der alphabetischen Reihenfolge ihrer Nachnamen zur Wahlurne gerufen. Die FDP-Abgeordneten bleiben sitzen und nehmen wie angekündigt nicht an der Abstimmung teil.

Um 14.34 Uhr ist ausgezählt. Ramelow hat 42 Stimmen, Höcke 22 Stimmen, es gibt 21 Enthaltungen. Offenkundig haben die Abgeordneten exakt gemäß den Parteilinien abgestimmt. Alle 42 Stimmen der Koalition gingen an Ramelow. Voigt wiederum hat es geschafft, dass sich sämtliche 21 CDU-Abgeordnete enthielten. Die 22 Stimmen für Höcke entsprechen der Größe der AfD-Fraktion. Die fünf fehlenden Stimmen sind der FDP zuzurechnen.

Nach einer Pause beginnt kurz nach 15 Uhr der zweite Wahlgang. Wieder treten Ramelow und Höcke an, wieder ist eine absolute Mehrheit von 46 Stimmen nötig. Das Ergebnis gut 20 Minuten später ist die Kopie des ersten Wahlgangs. Ramelow: 42 Stimmen. Höcke: 22 Stimmen. Enthaltungen: 21. Die FDP-Fraktion ist wieder sitzen geblieben.

Nach einer kurzen Pause beginnt der dritte Wahlgang. Die AfD erklärt, dass Höcke auf eine erneute Kandidatur verzichte. Damit steht Ramelow als Einzelkandidat in der Gefahr, mehr Nein- als Ja-Stimmen zu erhalten. Jetzt kommt es auf die CDU an. Wird sie sich auch im dritten Wahlgang enthalten?

Um 16.15 Uhr ist das Ergebnis da. 42 Ja-Stimmen, 23 Nein-Stimmen, 20 Enthaltungen. Da die FDP-Abgeordneten wieder sitzen geblieben sind, muss ein CDU-Abgeordneter ins AfD-Lager gewechselt sein. Aber das ist jetzt völlig egal: Ramelow ist gewählt.

Wie am 5. Februar geht nun alles sehr fix. Der alte neue Ministerpräsident nimmt die Wahl an, er wird vereidigt, die Gratulanten stehen in der Reihe – und müssen plötzlich warten. Ramelow will Höcke nicht die Hand geben, aus Prinzip, aber wohl auch, um mögliche Bilder zu vermeiden. Der AfD-Chef will das nicht akzeptieren, er diskutiert stehend mit dem Linken, aber vergebens. Schließlich tritt er ab.

Wenig später steht Ramelow am Rednerpult und sagt: „Wir haben vor vier Wochen hier im Plenarsaal den Beginn einer Krise erlebt, die zu einer Situation geführt hat, dass der Freistaat Thüringen in ganz Deutschland, ja, in der ganzen Welt bekannt geworden ist. Ich glaube, im Sinne aller zu sprechen, dass wir auf diese Form der Bekanntheit gern verzichtet hätten."

Der Ministerpräsident redet frei, er mäandert, spricht über Demokratie, DDR, Freiheit und sagt dann: „Und ja, meine Damen und Herren, ich habe Herrn Höcke eben nicht die Hand gegeben. Das kann man als ungehobelte Manieren betrachten." Aber: „Erst wenn ich deutlich vernehmen kann, dass die Demokratie im Vordergrund steht, dann bin ich bereit, auch Ihnen, Herr Höcke, die Hand zu geben; aber erst dann, wenn Sie die Demokratie verteidigen und nicht die Demokratie mit Füßen treten und niemand mehr hier im Hohen Haus weiß, wie Sie eigentlich abstimmen, warum Sie überhaupt abstimmen oder ob Sie Demokraten anderer Fraktionen wieder Fallen bauen."

Jetzt hat Ramelow Betriebstemperatur erreicht. Er finde es „beklemmend", ruft er, was der Familie von Thomas Kemmerich passiert sei. Als der AfD-Abgeordnete Möller laut „Heuchelei!" ruft, wendet er sich empört an die Fraktion zu seiner Rechten. „Diese Herrschaften hier drüben möchten gar nicht wissen, wie es meiner Frau gegangen ist! Deswegen danke ich meiner Frau, dass sie das in den letzten vier Wochen ausgehalten hat, was wir aushalten mussten und was Familie Kemmerich ausgehalten hat. Wir haben genauso unter Polizeischutz gestanden, wie die Familie Kemmerich unter Polizeischutz gestanden hat, und bei meinen Söhnen steht auf der Facebook-Seite: Wir wissen, wo ihr wohnt, wir wissen, wie ihr heißt! Und Sie wollen nichts damit zu tun haben? Sie sind die Brandstifter in diesem Saal!"

Von links prasselt Beifall.

Es folgt der Dank an die CDU-Fraktion. Sie habe „in einer schwierigen Situation über alle eigenen Auseinandersetzungen in der Bundespartei" gesagt, „wir müssen gemeinsam für die Stabilität dieses Landes sorgen". Sein letzter Satz lautet: „Ich baue auf die Unterstützung der demokratischen Fraktionen in diesem Hohen Haus." Es ist um 16.28 Uhr, als die Landtagssitzung unterbrochen wird, damit Ramelow seine Ministerinnen und Minister ernennen kann. Thüringen bekommt wieder eine Regierung.

Keine zwei Wochen später beginnt der erste Corona-Lockdown.

EPILOG

Michael Heym organisiert im April 2021 die Nominierung von Hans-Georg Maaßen zum Südthüringer Direktkandidaten der CDU für die Bundestagswahl. Kurz darauf verkündet er gemeinsam mit seinen Fraktionskollegen Jörg Kellner, Maik Kowalleck und Christina Tasch seine Entscheidung, gegen die Auflösung des Landtags zu stimmen. Die vier Abgeordneten gehören zum Kreis um Mike Mohring, der sich selbst bedeckt hielt. Damit ist die Zweidrittel-Mehrheit für die Neuwahl, die auf den 26. September 2021 verschoben worden ist, akut gefährdet. Es fehlt mindestens eine Stimme. In der Folge zerstreiten sich CDU und Rot-Rot-Grün, zumal zwei Linke-Abgeordnete mitteilen, nur mit Ja zu stimmen, falls die Union alle nötigen Stimmen liefere. Als auch Kemmerich erklärt, dass sich die FDP-Fraktion – außer Ute Bergner – enthalten werde, wird der von den vier Fraktionen eingereichte Antrag zur Auflösung des Landtags von Linke und Grünen zurückgezogen.

Christian Hirte wird am 19. September zum Landesvorsitzenden der Thüringer CDU gewählt und im Juni 2021 zum Thüringer Spitzenkandidaten für die Bundestagswahl nominiert.

Björn Höckes Landespartei wird am 12. März 2020 vom Landesamt für Verfassungsschutz zum „Verdachtsfall" erklärt. Parallel dazu stuft das Bundesamt für Verfassungsschutz den „Flügel" als rechtsextremistisch ein, das Netzwerk löst sich angeblich selbst auf. Im März 2021 erklärt das Landesamt die Thüringer AfD für „erwiesen rechtsextremistisch" und zum „Beobachtungsfall".

Thomas Kemmerich bleibt Landes- und Fraktionsvorsitzender der Thüringer FDP. Er kandidiert im Mai 2021 nicht erneut für den Bundesvorstand. Im Juni 2021 wird er als Landesparteichef im Amt bestätigt.

Ende Juli 2021 kündigt die Abgeordnete Ute Bergner an, die FDP-Fraktion mit dem Ende der Sommerpause verlassen zu wollen. Damit verlören die Liberalen ihren Fraktionsstatus.

Christoph Kindervater legt am Tag nach Kemmerichs Wahl sein Amt als Bürgermeister von Sundhausen nieder.

Annegret Kramp-Karrenbauer amtiert, da wegen der Corona-Pandemie kein Parteitag stattfinden kann, noch bis Januar 2021 als CDU-Vorsitzende. Armin Laschet wird in einer Kampfabstimmung gegen Friedrich Merz und Norbert Röttgen zu ihrem Nachfolger gewählt. Er entscheidet auch im April 2021 den Machtkampf um die Kanzlerkandidatur für sich.

Christian Lindner kann sich während der Pandemie neu profilieren und wird im Mai 2021 mit 93 Prozent als Vorsitzender der FDP bestätigt.

Mike Mohring lässt sich im November 2020 im Wahlkreis, der neben Jena und dem Landkreis Sömmerda große Teile seines Heimatkreises Weimarer Land umfasst, zum CDU-Direktkandidaten für den Bundestag nominieren – wobei er in einer Kampfabstimmung den bisherigen Abgeordneten besiegt.

Bodo Ramelow wählt kurz nach seiner Rückkehr ins Amt als Abgeordneter den AfD-Mann Michael Kaufmann zum Vize-Präsidenten des Landtags. Er macht sein geheimes Abstimmungsverhalten selbst öffentlich und begründet es damit, dass er die Höcke-Fraktion dazu bringen wollte, die Blockade des Richterwahlausschusses aufzugeben. In der Corona-Pandemie fährt Ramelow zeitweise einen erratischen Kurs und verliert in Umfragen an Zustimmung.

Mario Voigt wird im November 2020 als CDU-Spitzenkandidat für die Landtagswahl nominiert – kann aber später nicht die notwendigen Stimmen für die Parlamentsauflösung liefern.

ZU DIESEM BUCH

Dieses Buch basiert auf eigenen Erlebnissen, Gesprächen mit Beteiligten und Zeitzeugen, öffentlich zugänglichen Quellen, internen Protokollen und E-Mails sowie privaten Mitteilungen, die mir zur Verfügung gestellt wurden.

An einigen Stellen habe ich in Auszügen Beiträge und Reportagen verwendet, die ich für die Zeitungen der Funke Medien, für Die Zeit, für Zeit Online, für den Spiegel oder Cicero schrieb. Ich danke den beteiligten Verlagen für die freundliche Genehmigung. Darüber hinaus danke ich allen, die mit mir sprachen und bei der Recherche halfen. Und ich danke Carmen Fiedler, Eberhardt Pfeiffer und Falk Heunemann, die diesen Text besser gemacht haben.

ANMERKUNGEN

1   Königsmacher in Thüringen: Das sind die radikalen Zitate von AfD-Rechts-außen Björn Höcke. Business-Insider, 5.2.2020.

2   Lukas Hermsmeier: Germany's Post-Nazi Taboo Against the Far Right has Been Shattered. New York Times, 7.2.2020.

3   James Angelos: There are worrying echoes of Weimar coming from eastern Germany. The Guardian, 10.2.2020.

4   Jürgen Habermas: 30 Jahre danach: Die zweite Chance: Merkels europapo-litische Kehrtwende und der innerdeutsche Vereinigungsprozess. Blätter für deutsche und internationale Politik 9/2020, S. 48.

5   Linke-Vorsitzende Hennig-Wellsow – „Das ist eindeutig der Pakt mit dem Faschismus". YouTube, 5.2 2020.

6   Der Thüringer Ministerpräsident Thomas Kemmerich (FDP) auf einer Pressekonferenz, Thüringer Staatskanzlei, 6.2.2020.

7   Martin Debes: Christine Lieberknecht: Von der Mitläuferin zur Minister-präsidentin. Klartext-Verlag Essen 2014, S. 161.

8   Björn Höcke: Seit an Seit mit Neonazis. Tagesspiegel, 14.2.2017.

9   Thomas Vitzthum: Berauschte AfD setzt rasanten Aufstieg fort. Die Welt, 14.9.2014.

10   Andreas Niesmann, Hannes Vogel: Sein Kampf. Focus, 13.9.2017.

11   Björn Höcke in der Sendung „phoenix vor Ort" in Berlin, phoenix, 15.9.2014.

12   Stephan Haselberger: Sellering fürchtet Schaden für das Amt des Minister-präsidenten. Tagesspiegel 2.11.2014.

13   Fabian Klaus, Martin Moll, Gerlinde Sommer: Die große Demo gegen Rot-Rot-Grün in Erfurt – eine Bilanz. Thüringische Landeszeitung, 11.11.2014.

14   Sonja Vogel: Fackelmarsch statt Lichtermeer. tageszeitung, 10.11.2014.

15   Linke, SPD und Grüne einigen sich auf Koalitionsvertrag. Zeit Online, 19.11.2014.

16   Melanie Amann, Peter Müller: Thüringer Komplott. Der Spiegel, 8.12.2014, S. 26.

17   Martin Morlok: Die verfassungsrechtlichen Rahmenbedingungen der Wahl des Ministerpräsidenten im dritten Wahlgang nach Art. 70, Abs. 3. S. 3 der Verfassung des Freistaats Thüringen. Gutachterliche Stellungnahme im Auftrag des Thüringer Justizministeriums, 22.11.2014.

18   Sebastian Haak: Tut sie es oder tut sie es nicht? Zeit Online, 26.11.2014.

19   Thüringer CDU-Politiker Mohring wird in anonymer Anzeige Manipulation von Mitgliederlisten vorgeworfen. Der Spiegel, 30.11.2014.

20   Lieberknecht verzichtet auf Kampfkandidatur gegen Ramelow, Zeit Online, 2.12.2014.

21   Sebastian Haak: Tut sie es oder tut sie es nicht? Zeit Online, 26.11.2014.

22   „Wir wollen Ramelow verhindern": Mike Mohring im Gespräch mit Jasper Barenberg. Deutschlandfunk 4.12.2014.

23   Gunther Lachmann: Warnung vor der „totalen Wende". Welt, 2.10.2014.

24   CDU-Spitze warnt Parteifreunde vor Wahl mit AfD Stimmen. Der Spiegel, 3.12.2014.

25   Martin Debes: „Mein Name ist Bodo Ramelow", Thüringer Allgemeine, 6.12.2014, S. 3. Die folgende Passage übernimmt in Teilen die damalige Reportage des Autors.

26   Bodo Ramelow: „Früher galt ich als Wadenbeißer...". Bild-Zeitung, 16.2.2016.

27   Bodo Ramelow: „Meine Mutter hat mich ausgepeitscht". Bild am Sonntag, 7.12.2014.

28   Frank Schauka: Bodo Ramelow. Ein Linker aus dem Westen erobert Thüringen, Essen 2014.

29   Henry Bernhard: „Bin gerne der Kieselstein im Schuh meiner Partei". Deutschlandfunk, 18.11.2019.

30   Martin Debes: Hoff hofft, Der Spiegel, 11.8.2019. Die folgende Passage übernimmt in Auszügen die damalige Reportage des Autors.

31   Benjamin Immanuel Hoff: Die Linke: Partei neuen Typs?. Berlin 2014

32   Ebenda, S. 9.

33   „Meine Mutter hat mich ausgepeitscht". Bild am Sonntag, 7.12.2014.

34   Melanie Amann, Peter Müller: Thüringer Komplott. Der Spiegel, 8.12.2014, S. 26.

35   Generationswechsel in Thüringer CDU: Mohring Parteichef, Voigt, Hirte und Diezel Stellvertreter. Thüringer Allgemeine, 9.12.2014.

36   Merkel schwört CDU auf Kampf gegen linke Mehrheit im Bund ein. dpa, 9.12.2014.

37   Protokoll 27. Parteitag der CDU Deutschland, 9.–10. Dezember 2014, Köln. Konrad-Adenauer-Stiftung, S. 104.

38   Ebenda, S. 222.

39   Martin Debes: Die Rückkehr des Dieter Althaus: Wie sich die CDU der AfD öffnet. Thüringer Allgemeine, 15.12.2014, S. 10. Die folgende Passage übernimmt in Auszügen die damalige Reportage des Autors.

40   Sebastian Haak: Der Thüringen-Plan. Zeit Online, 9.12.2014.

41   Ebenda.

42   Martin Debes: Der Lehrer der Nation. Thüringer Allgemeine, 31.10.2019, S. 3.

43 Martin Debes: Der Extremist, Thüringische Landeszeitung 17.9.2019, S. 2. Die folgende Passage übernimmt in Auszügen den damaligen Text des Autors.

44 Erfurter Resolution, 14. März 2015; zitiert nach: Bundesamt für Verfassungsschutz: Gutachten zu tatsächlichen Anhaltspunkten für Bestrebungen gegen die freiheitlich demokratische Grundordnung in der „Alternative für Deutschland" (AfD) und ihren Teilorganisationen. 15.1.2019.

45 Maria Fiedler: Götz Kubitschek – der Stratege der Neuen Rechten. Tagesspiegel, 8.9.2018.

46 Andreas Kemper: Landolf Ladig, NS-Verherrlicher. Blog andreaskemper.org, 9.1.2016.

47 Rede von Björn Höcke (AfD) am 30.9.2015 in Erfurt.

48 Höckes Reden – Goebbels' Sound? Magazin Monitor, ARD.

49 Björn Höcke: „Gemütszustand eines total besiegten Volkes". Tagesspiegel 19.1.2017.

50 Marie Fiedler, Matthias Meisner: „Petry: Höcke hat unter Pseudonym die NPD gelobt". Tagesspiegel, 12.4.2017.

51 Bundesamt für Verfassungsschutz: Gutachten zu tatsächlichen Anhaltspunkten für Bestrebungen gegen die freiheitlich demokratische Grundordnung in der „Alternative für Deutschland" (AfD) und ihren Teilorganisationen. 15.1.2019.

52 Protokoll 29. Parteitag der CDU Deutschlands. 6.–7.12.2016 in Essen, S. 126.

53 Martin Debes: Ramelow trifft Althaus statt Papst. Thüringer Allgemeine, 25.2.2016. Die folgende Passage besteht in Auszügen aus dem damaligen Beitrag des Autors.

54 Martin Debes: „Angela Merkel in Apolda – die Machtschau der CDU". Thüringer Allgemeine, 18.8.2017.

55 Thüringen-CDU kürt Mohring zum Spitzenkandidaten. Leipziger Volkszeitung, 20.10.2018.

56 Lisa Duhm: Nur ein Vogelschiss. Der Spiegel, 2.6.2018.

57 Martin Debes: „Partei der Sicherheit": So wollen CDU-Kandidaten in Thüringen überzeugen. Thüringer Allgemeine, 22.11.2018.

58 Protokoll 31. Parteitag der CDU Deutschlands, 7.–8. Dezember 2018, Hamburg, S. 112.

59 Sonstige Beschlüsse. Protokoll 31. Parteitag der CDU Deutschlands, 7.–8. Dezember 2018.

60 Redaktionsnetzwerk Deutschland: Mike Mohring hat offenbar Krebs – Stellungnahme per Facebook, 14.1.2019.

61 Minderheitsregierungsmodell bei Rot-Rot-Grün umstritten, dpa, 23.8.2019.

62 Brandenburgs CDU-Landeschef schließt Koalition mit Linken nicht aus, dpa, 27.12.2018.

63 Kramp-Karrenbauer vergleicht Erneuerung der CDU mit Hürdenlauf. dpa, 2.9.2019.

64 Höcke will bei der nächsten Landtagwahl „30 plus x Prozent", dpa, 22.10.2016.

65 Björn Höcke: „Gemütszustand eines total besiegten Volkes". Tagesspiegel, 19.1.2017.

66 Martin Debes: Ein Ministrant gegen Höcke. Die Zeit, 27.10.2019.

67 Martin Debes: Doch kein Widerstandskämpfer? Zeit Online, 3.2.2020.

68 Höcke fordert vorgezogene Neuwahlen auf Bundesebene. dpa, 1.9.2019.

69 Im Sender phoenix, 2.9.2019.

70 Wolfram Weimer: Mike Mohring plant die Simbabwe-Koalition. n-tv, 3.2.2019.

71 Tagesschau, ARD, 27.10.2019.

72 „Die Zeit der Ausgrenzung ist vorbei". Der Spiegel, 12.6.2019.

73 Gegenüber n-tv. 3.10.2019.

74 Kramp-Karrenbauer und Söder würdigen Mut der ehemaligen DDR-Bürger. dpa, 3.10.2019.

75 Brigitte Werneburg: Bringste mir ein Bier mit, Mike. tageszeitung, 25.10.2019.

76 Martin Debes: Thüringer Linke will AfD-Kandidaten aus Polizeidienst werfen. Hamburger Abendblatt, 25.10.2019.

77 Martin Debes: Die Hürde für den Cowboy. Die Zeit, 2. Oktober 2019. Die Passage folgt in Teilen diesem Beitrag des Autors.

78 Bericht: Mohring fordert von Maaßen Bekenntnis zu CDU-Positionen. dpa, 20.9.2019.

79 Frank Schauka: Maaßen distanziert sich von Thüringer AfD. Thüringer Allgemeine, 23.10.2019.

80 AfD auf dem Domplatz in Erfurt: Als Björn Höcke redet, muss die Polizei eingreifen. Thüringen24, 26.10.2019.

81 Mohring für Viererkoalition von CDU, SPD, FDP und Grünen in Thüringen. dpa, 25.10.2019.

82 Stefan Hantzschmann, Basil Wegener, Jörg Blank: Langer Schatten der Groko, dpa, 25.10.2019.

83 Sascha Meyer, Michael Zehender: Linke siegt klar in Thüringen – aber keine Regierung in Sicht. dpa, 27.10.2019.

84 CDU gibt grünes Licht für Gespräche mit Linken. Bild, 28.10.2019.

85 Ebenda.

86 Benjamin Immanuel Hoff: Glaubwürdigkeit statt taktischer Spiele. freitag. de, 1.11.2019.

87 „Die SPD steht bereit, Verantwortung zu übernehmen". dpa, 28.10.2019.

88 MDR Aktuell, 28.10.2019.

89 Jana Hensel: Zwei Wege bieten sich ihm dar. Die Zeit, 30.10.2019.

90 Zusammen mit den Linke? Scharfe Kritik an Mohrings Kurswechsel. Redaktionsnetzwerk Deutschland, 28.10.2019.

91 Ebenda.

92 Mohring will Gespräche mit Ramelow führen. Thüringer Allgemeine, 29.10.2019.

93 „Das wäre das Ende der Volkspartei." Carsten Linnemann im Gespräch mit Jörg Münchenberg. Deutschlandfunk 29.10.2019.

94 Eichsfelder CDU-Landrat offen für Zusammenarbeit mit der Linken. MDR, 30.10.2020.

95 Mohrings Vize erklärt, wie ein Bündnis mit der AfD aussehen könnte. Die Welt, 1.11.2019.

96 „Demokratie erfordert Dialog". Appell konservativer Unionsmitglieder in Thüringen. 5.11.2019.

97 Ziemiak nennt Forderung nach Gesprächen mit AfD in Thüringen „irre". Rheinische Post, 5.11.2019.

98 Gespräche mit der AfD? Scharfe Kritik an Thüringer Politikern. Tagesspiegel 5.11.2019.

99 Martin Debes: Der Thüringer Tabubruch: Wie die Nazis das erste Mal indirekt mitregierten. Thüringer Allgemeine, 31.1.2019. Diese Passage folgt dem damaligen Beitrag des Autors.

100 Rot-Rot-Grün: CDU darf keine Gespräche mit AfD zulassen, dpa, 5.11.2019.

101 Martin Debes: Ramelow: „Das ist das Ende der alten Bundesrepublik", Thüringer Allgemeine, 5.11.2019; Diese Passage folgt dem damaligen Beitrag des Autors.

102 Martin Debes: Die Selbstzerstörung der Thüringer CDU. Zeit Online, 7.11.2019. Diese Passage folgt teilweise dem damaligen Beitrag des Autors.

103 Anna Lehmann: Jetzt soll es flott gehen. tageszeitung, 6.12.2019.

104 Elmar Otto: CDU und FDP wollen rot-rot-grüne Minderheitsregierung nicht stützen. Thüringische Landeszeitung, 4.12.2019.

105 Bundes-CDU und CSU gegen „Projektregierung" von Linke und CDU. dpa, 8.1.2019.

106 Florian Gathmann, Kevin Hagen und Lydia Rosenfelder: Projekt Tabubruch. Der Spiegel, 9.1.2020.

107 Ramelow geht weiter von Minderheitsregierung mit SPD und Grünen aus. dpa, 9.1.2020.

108 Florian Gathmann, Kevin Hagen und Lydia Rosenfelder: Projekt Tabubruch. Der Spiegel, 9.1.2020.

109 Thüringer Linke winkt bei Projektregierung mit CDU ab. dpa, 10.10.2020.

110 Ebenda.

111 Martin Debes: Der Phantomkandidat. Der Spiegel, 8.1.2020. Diese Passage folgt dem damaligen Beitrag des Autors.

112 Hans-Georg Maaßen will nicht Ministerpräsident von Thüringen werden. Nordkurier, 31.12.2019.

113 Die Welt, 18.1.2020.

114 Elmar Otto: Regierungsbildung: Zwischen „hinreichend unkonkret" und „zuversichtlich". Thüringische Landeszeitung, 14.1.2020, S. 2.

115 Ebenda.

116 Thüringer AfD will eigenen Ministerpräsidentenkandidaten aufstellen. dpa, 22.1.2020.

117 Unterstützung Kemmerichs durch AfD war bereits Thema auf FDP-Fraktionssitzung vor einer Woche. Der Spiegel, 6.2.2020.

118 Martin Debes: „Ich war der Strohmann". Die Zeit, 3.2.2021. Die Passage folgt in Auszügen dem Beitrag des Autors.

119 Karl-Eckhard Hahn: Überlegungen zur Entscheidungsfindung im 7. Thüringer Landtag. The European, 2.2.2020.

120 Alexander Volkmann: Bernhard Vogel: Keine Totalverweigerung im Landtag. Thüringer Allgemeine, 3.2.2020.

121 Christian Voigt: Auch Mohrings CDU schuld an Thüringens Wahl-Desaster. Bild, 3.2.2020.

122 Martin Debes: Das Phantom von Thüringen. Zeit Online, 25.2.2020.

123 Freies Wort, 5.2.2020, S. 2.

124 Martin Debes, Elmar Otto: Das Beben von Erfurt: Chronologie des Tages der Ministerpräsidentenwahl. Thüringer Allgemeine, 6.2.2020, S. 3.

125 n-tv, 5.2.2020.

126 „Hauptsache, die Sozialisten sind weg". Tagesspiegel, 6.2.2020.

127 MDR Thüringen Journal, 5.2.2020.

128 Plenarprotokoll Thüringer Landtag, 7. Wahlperiode, 7. Sitzung, 5.2.2020, S. 8ff.

129 Der Spiegel, 8.2.2020, S. 20.

130 Financial Times, 6.2.2020, zitiert nach dpa.

131 La Vanguardia, 6.2.2020, zitiert nach dpa.

132 Neue Zürcher Zeitung, 6.2.2020.

133 „Gestimmt haben wir für einen Mann der Mitte". Bernhard Vogel im Gespräch mit Jörg Münchenberg. Deutschlandfunk, 6.2.2020.

134 „Ich habe nicht gefoult, ich bin der Gefoulte". Cicero, 29.01.2021.

135 CDU plant zunächst keine Neuwahlen in Thüringen. sueddeutsche.de, 6.2.2020.

136 Ebenda.

137 Robin Alexander: Machtverfall. Merkels Ende und das Drama der deutschen Politik, München 2021, S. 151.

138 Thüringer Abgeordnete wollen Mike Mohring stürzen. dpa, 7.2.2020.

139 SPD-Chefs sehen Koalition durch Thüringen-Eklat beschädigt. dpa, 7.2.2019.

140 Beschluss des Präsidiums der CDU Deutschlands, 7.2.2020.

141 Robin Alexander: Machtverfall. Merkels Ende und das Drama der deutschen Politik, München 2021, S. 153.

142 Linke-Fraktionschefin: Kemmerich versucht, Zeit zu schinden. dpa, 7.2.2020.

143 MDR 7.2.2021.

144 Die Welt, 8.2.2020.

145 Lindner: Kemmerich-Rücktritt nicht auf Druck der Kanzlerin, dpa, 9.2.2020.

146 In einer E-Mail des Presse- und Informationsamts der Bundesregierung an den Autoren, 21.5.2021.

147 Thüringer Linke-Chefin fordert CDU-Bekenntnis für Ramelow-Wahl, dpa 8.2.2020.

148 CDU-Aufstand gegen Merkels Thüringen-Strategie. Bild, 9.2.2020.

149 Mohring will von der Spitze der Thüringer CDU abtreten. dpa, 14.2.2020.

150 Kramp-Karrenbauer sieht in Rückzug von Mohring Chance für Neuanfang. dpa, 14.2.2020.

151 Martin Debes: In kollektiver Wartstellung. Zeit Online, 17.2.2020. Die folgende Passage folgt auszugsweise dem damaligen Beitrag des Autors.

152 Martin Debes: Das Experiment der Professoren. Die Zeit, 3.9.2020.

153 Martin Debes, Elmar Otto: Ramelows Coup, Mohrings Konter. Thüringer Allgemeine, 19.2.2020, S. 2.

154 Ulrike Nimz: „Ein neuer Tag in Absurdistan". Süddeutsche Zeitung, 20.2.2020.

155 Linke fordert erneut Neuwahlen oder Wahl von Ramelow mit CDU-Stimmen. dpa, 19.2.2020.

156 Martin Debes: Das Phantom für Thüringen. Zeit Online, 25.2.2020. Die Passage folgt in Auszügen der Reportage des Autors.

157 Martin Debes: Ringen um Stabilität, Thüringer Allgemeine, 22.2.2020, S. 2. Die Passage folgt in Auszügen dem damaligen Beitrag des Autors.

158 Martin Debes: Unter Blockflöten. Zeit Online, 9.1.2020; Die Passage folgt in Auszügen dem damaligen Beitrag des Autors.

159 Frankfurter Allgemeine Sonntagszeitung, 23.2.2020.

160 Bild am Sonntag, 23.2.2020.

161 Martin Debes: Die Taufe des Kandidaten Merz. Zeit Online, 26.2.2020. Die Passage folgt in Auszügen der damaligen Reportage des Autors.

162 Martin Debes: Ramelows Risiko. Zeit Online. 3.3.2020. Die Passage folgt auszugsweise dem damaligen Text des Autors.